근로자와 조직이 함께 성장하는 ● ●

관계기반 근로자지원교육프로그램 (R-EAP)

● ● ●

김현경

박영story

좀 친한 동료 또는 학교 선후배인데 같은 회사를 다녀가지고 모이면 육아 얘기를 되게 많이 해요. 남자들도 육아에 대해서 누구나 고민이 있고, 그 어떤 답답함 때문에, 그거를 얘기할 데가 많이 없으니까 술 마시면서 푸는 거예요. 그냥 아빠로서 답답함을 토로하는 거 정도로만. 그런데 거기에 어떤 변화가 있을 수가 없는 게, 한 번 얘기하고 끝나는 거지. 이런 식의 변화가 나올 수가 없는 거니까.

(PT(5)-알OO-평가 · 소감)(김현경, 2019a: 1)

프롤로그

일과 삶의 균형(Work-Life Balance)과 일-가정 양립의 문제는 더욱 중요시되고 있고, 가족친화제도가 노동생산성과 이직률 등에 영향을 미친다는 선행연구들도 보고되고 있다. 그러나 관건은 이런 중요성과 효과성을 근로자와 조직이 모두 느낄 수 있어야만 한다는 점이다. 근로자와 조직 모두에게 도움이 되는, 그리하여 기업 안에서 지속적으로 자생할 수 있는 대안적인 근로자지원교육프로그램이 필요하다.

프롤로그

임사체험(臨死體驗)을 하듯 사건과 시간들이 스쳐간다. **관계기반 근로자 지원교육프로그램**(Relations-based Employee Assistance Program: 이하 R-EAP)[1]을 개발하게 된 계기는 2008년 초겨울로 거슬러 올라간다. 아이 서넛을 키우는 부모에게는 우스운 일일 수도 있지만, 나와는 너무나 다른 초등학교 3학년 남자 아이 한 명을 키우는 것도 나에게는 매일매일 숨통을 조여 오는 시간이었다. 전화벨과 초인종이 울릴 때마다 심장이 곤두박질쳤다. '오늘은 또 누가 무슨 일로 전화를 하는 거지? 초인종은 누가 왜 누르는 거야?' 담임 선생님의 전화가 가장 무서웠다. **그렇게 살다가는 죽을 것 같았다.** 죽어버릴 것 같았다. 그때 중학생 아들을 키우며 비슷한 어려움을 겪고 있던 지인을 통해 만나게 된 것이 부모교육이었다. 1주일에 한 번씩 듣는 **부모교육의 약발**은 채 3일을 가지 못했다. 좋은 부모가 되기 위해서

1) 관계기반 근로자지원교육프로그램(Relations-based Employee Assistance Program: R-EAP)은 김현경(2019a)의 박사학위논문에서 처음 특정한 개념으로, 근로자지원프로그램(Employee Assistance Program: EAP) 중 EAP 생활지원서비스로서의 성격을 띠는 근로자지원교육프로그램을 뜻한다. 가정과 직장에서의 근로자의 생활을 통합적 관점에서 지원하는 교육프로그램으로서, 직장 내 조직 구성원 중에 가정 및 직장에서의 관계성 개발을 원하는 근로자들이 모여 본인이 경험한 결정적 사건을 중심으로 문제상황과 관련된 관계에 대한 이해를 넓히고 본래적 관계맺음을 실천하는 모습으로 구체화될 수 있다.

라기보다 내가 살기 위해, 아이를 이해하고 변화하기 위해 지속적인 부모교육이 필요함을 느꼈다. 그 이후 부모교육 안에 머무르기 위해 부모교육 강사과정을 1년 가까이 밟게 되었다. 아이를 학원에 하나 더 보내는 것보다 내가 부모교육을 지속적으로 받으면서 **내 삶을 견디고 변화시키는 것**이 더욱 절박했다. 그렇게 시작된 부모교육과의 만남이 R－EAP를 개발하게 된 출발점이 되었다.

부모교육강사를 하면서 만나게 된 수많은 부모들은 너나 나나 할 것 없이 힘든 나날을 보내고 있었다. 그런데 그런 힘든 시간은 결코 부모 중 어느 한 사람의 노력만으로 변화되거나 극복될 수 있는 것이 아니었다. 무엇보다도 안타까운 것은 교육에 올 수 있는 부모들은 대부분 전업주부에 한정되어 있다는 점이었다. **취업모와 아버지**들은 부모교육을 듣고 싶어도 들을 수 있는 시간적 여유가 없었고 공간적으로도 접근하기 쉽지 않았다. 그때 떠오른 생각이 **'부모교육을 기업교육 안에 도입할 수 있는 방법이 없을까?'**였다. 그리고 그런 생각은 경영학 석사과정을 밟으면서 다시 수정되었다. 기업은 궁극적으로 생산성을 중요시할 수밖에 없고, 기존의 부모교육은 **기업의 요구를 반영하는 데 한계**가 있음을 인식하게 되었다. 근로자의 요구와 조직의 요구를 모두 반영할 수 있으면서 지속적인 교육을 통해 근로자의 성장이 이루어져야 하고, 그 결과 조직에도 직접적이든 간접적이든 성과에 영향을 미칠 수 있어야만 한다는 점을 깨달았다. 일과 삶의 균형(Work-Life Balance)과 일－가정 양립의 문제는 더욱 중요시되고 있으며, 가족친화제도가 노동생산성과 이직률 등에 영향을 미친다는 선행연구들도 보고되고 있다. 그러나 관건은 이런 중요성과 효과성을 근로자와 조직이 모두 느낄 수 있어야만 한다는 점이다. **근로자와 조직 모두에게 도움이 되는**, 그리하여 기업 안에서 지속적으로 자생할 수 있는 **대안적인 근로자지원교육프로그램**이 필요하다. 이러한 필요성에 대한 인식은 교육공학 박사과정을 통하여 R－EAP를 개발하는 원동력이 되었다.

본 저술은 R−EAP의 해석학적 수업설계모형을 개발한 박사학위 논문(김현경, 2019a)과 그 전후로 쓰여진 7편2)의 학술논문의 핵심내용을 발췌·수정·보완하여 R-EAP에 **대한 독자들의 이해를 돕고자 한 것**이다. 독자의 이해를 돕고자 한다는 의미는 두 가지다. 첫째, R−EAP의 해석학적 수업설계모형을 개발하기 위하여 EAP, 부모교육, 해석학, 경영학, 교육(공)학, 일반체제이론(Bertalanffy, 1968/1990) 등의 다양한 학문 영역에서 주요 개념과 원리를 차용하였다. 관련된 학문 영역이 넓고 차용된 개념 및 용어가 철학적이고 전문적이며 일상적으로 사용하는 용어와 거리가 있어서 독자들의 이해가 쉽지 않았다. 본 저술에서는 이러한 한계를 보완하기 위해 철학적 개념을 최대한 이해하기 쉽도록 진술하여 **용어의 낯섦**을 덜어내고자 한다. 그러나 특정 철학자의 철학 개념을 저자가 이해한 수준에서 저자의 언어로 재진술하는 것이 과연 오해의 소지 없이 그 의미를 올곧이 전달할 수 있을지에 대한 우려를 내려놓을 수는 없다. 또한 여전히 저자의 언어적 표현 능력의 한계를 느낀다. 이런 까닭에 독자의 이해를 어디까지 확장시킬 수 있을지에 대한 대답은 명확하지 않다. 추후 이에 대한 독자들의 다양한 의견을 들을 수 있기를 기대해 본다.

둘째, R−EAP는 가정과 직장에서 경험한 과거의 결정적 사건과 현

2) 본 저술은 '김현경(2019a). 관계기반 근로자지원교육프로그램(R−EAP)의 해석학적 수업설계모형 개발. 박사학위논문, 한양대학교 대학원.', '김현경(2019b). 관계기반 근로자지원교육프로그램(R−EAP)에 대한 요구분석적 탐색. 경영교육연구, 34(5), 219−251.', '김현경(2019c). 관계기반 근로자지원교육프로그램(R−EAP)의 교육적 지향: 자녀양육 및 생활 지원을 중심으로. 열린부모교육, 11(4), 1−26.', '김현경, 유영만(2017). 결정적 사건으로 바라본 부모로서의 삶에 대한 의미 찾기. 교육인류학연구, 20(1), 99−133.', '김현경, 유영만(2018). 대안적 부모교육 프로그램의 개념적 관계망 개발을 위한 질적 연구. 열린부모교육연구, 10(1), 1−30.', '김현경, 유영만(2020a), 관계기반 근로자지원교육프로그램(R−EAP)의 해석학적 수업설계모형 개발을 위한 이론적 탐색. 기업교육과인재연구, 22(1), 195−229.', '김현경, 유영만(2020b). 관계기반 근로자지원교육프로그램(R−EAP)의 개념적 모형과 교육적 지향의 관계 이해. 질적탐구, 6(3), 35−74.', '김현경, 유영만(2021). 관계기반 근로자지원교육프로그램(R−EAP)의 구현을 위한 학습자중심 활동방법에 대한 해석학적 이해. 학습자중심교과교육연구, 21(3), 235−265.'에 게재된 글을 부분적으로 발췌·수정·보완한 것이다.

재의 문제상황을 연결하여 다양한 맥락 관계에 대한 성찰·통찰을 지속함으로써 일터와 삶터에서의 근로자의 생활을 지원하는 실천적인 수업을 지향한다. 이러한 과정은 관계에 대한 성찰과 통찰, 이를 기반으로 한 변화를 향한 실천이 중요한데, 성찰과 통찰의 과정은 눈으로 볼 수 있는 것이 아니며 실천 역시 앎과 삶을 하나가 되게 한다는 측면에서 교육적 난제이다. 이와 관련하여 본 저술은 자기성장 또는 관계성 개발과 관련된 **성찰·통찰·실천의 방법론적 난제**를 상황(인용글)을 중심으로 최대한 쉽게 풀이하여 독자의 이해를 돕고자 한다. 상황중심의 이해를 통하여 R-EAP에 참여하는 근로자가 자신이 경험한 결정적 사건 및 문제상황에 대하여 관계 인식을 확장하고 본래적 관계맺음을 실천하는 '학습자로서의 역할'을 익힐 수 있기를 바란다. 동시에 가정과 직장에서 자녀나 동료 근로자들이 다양한 관점에서 문제상황을 해석하고 이해할 수 있도록 지원하는 '교수자로서의 역할'도 학습할 수 있기를 희망한다.

R-EAP는 앞서 언급한 바와 같이 저자에 의해 창안된 근로자지원교육프로그램이며 그 출발점은 부모교육이었다. 그러나 R-EAP는 부모들만을 대상으로 하는 자녀양육지원프로그램은 아니다. 가정 및 직장에서의 생활 관련 어려움을 겪고 있는 사람이면 누구나 교수-학습의 주체가 될 수 있다. R-EAP는 **자기성장(자기계발)과 가족관계와 직장에서의 관계맺음**을 선순환적 관계로 파악하고 그 관계를 통합적으로 지원하고자 한다. R-EAP가 실제로 구현되는 모습은 **부모교육과 기업교육을 융합**하는 자발적 실천공동체(Community of Practice: 이하 CoP)에 의한 무형식적 교육에 가깝다. 또한 교육과 집단상담의 중간 형태로 보일 수도 있다. R-EAP를 운영하는 교수자는 부모교육 또는 자녀양육과 관련된 외부의 전문가가 될 수도 있고, 직장 내의 인적자원개발(Human Resources Development: 이하 HRD) 담당자가 될 수도 있으며, 자발적으로 모인 직장 내 커뮤니티의 구성원인 근로자가 될 수도 있다. 중요한 것은 교수자의 역할을 누가 담당

하든지 간에 R－EAP에 참여하는 근로자는 **학습자인 동시**에 가정과 직장에서 관계성 개발을 촉진하는 **교수자의 역할도 실천**할 수 있도록 상황맥락에 맞게 R－EAP를 설계해야 한다는 점이다. 이를 통하여 R－EAP에 참여하는 근로자들은 궁극적으로 외부 전문가의 지원 없이도 동료 학습자들과 상호 협력하며 문제상황을 개선할 수 있어야 한다.

R－EAP에 대한 논의를 시작하는 지금, 독자는 R－EAP가 구현되는 구체적인 모습을 그려내기 어려울 것이다. 당연하다. 그러나 이 글이 끝나갈 때쯤 독자의 마음속에 '**아, R-EAP는 대충 이런 모습으로 그려질 수 있겠구나. 나도 동료들과 함께 R-EAP 커뮤니티를 한번 만들어볼까?**'하는 생각이 든다면 이 글에 대한 독자의 이해는 충분하다고 말할 수 있을 것이다. 그러면 지금부터 R－EAP에 대한 이해를 시작해 보자.

목 차

표/그림 목차

제1부 <<<

- **제1장** 시대적 변화와 교육적 요청
- **제2장** 영역별 관계성 개발의 중요성 및 난점

제1부

시대적 변화와 ‘관계’의 중요성

VUCA의 시대적 변화와 그에 따른 교육적 요청은 '관계'라는 강조점을 거대한 흐름으로 부각시킨다. 시대적 특성과 교육에 대한 요청, 그리고 '관계'의 중요성은 '떼려야 뗄 수 없는' 공속(共屬)(Heidegger, 1978/2000)적 관계에 놓여 서로가 서로에게 영향을 미친다.

제1장

시대적 변화와 교육적 요청

1 VUCA의 시대적 특성과 '관계'

4차 산업혁명 시대의 세계관을 대표하는 VUCA－**변동성**(volatility), **불확실성**(uncertainty), **복잡성**(complexity), **모호성**(ambiguity)－는 현재와 미래 사회의 시대적 특성을 반영한다(김성남, 2018). 넘쳐나는 VUCA의 특성은 인간의 이성으로 상황을 미리 예측하고 통제하기 어렵게 만들고, 이로 인하여 복잡계(complex system)에서 살아가는 인간은 **데카르트적 불안**(Bernstein, 1983/2017)에 빠지게 된다(김현경, 2019a). 합리적 이성을 중시한 데카르트적 사유방식을 따르는 인간은 완전한 예측이 불가능할수록 더욱 합리적 이성에 기대어 상황을 통제하기를 원한다. 그렇지만 복잡계의 **비구조화된 문제**(ill－structured problem)[1]는 인간의 이성으로 파악할 수 있는

1) 비구조화된 문제(ill－structured problem)는 문제의 구조화된 수준이 낮으며 문제의 상황에 따라서 문제 해결을 위한 개념이나 해결 과정이 크게 차이를 보이는 상황의존성이 강한 문제를 말한다(Voss, 1987). Jonassen(1997)에 의하면 해결해야 하는 구체적인 목

수준을 넘어서는 경우가 많기 때문에 인간을 더욱더 불안으로 몰아넣는다. **복잡계의 비구조화된 문제상황**은 한 개인의 역량만으로 해결하기 어렵고, 데카르트적 불안을 완화하기 위해서는 협력적 관계맺음을 통하여 문제상황에 얽힌 복잡한 관계들을 파악하여 체제적 관점에서 전체를 통찰할 수 있을 때 한 걸음 더 나아갈 수 있다. 이런 까닭에 다양한 관계에 대한 이해를 기반으로 상호 협력에 의한 융합적 활동을 필요로 한다. 지식이 폭증하는 시대에 여러 학문 분야를 융합하는 역량이 문제해결을 위하여 필수적이라는 관점도 이런 맥락에서 이해될 수 있다. 4차 산업혁명 시대에 경쟁력 확보 방안으로 융합교육 및 역량기반 융합교과 개발을 중시하는 것(김현경, 류옥현, 2021; 김혜영, 2013; 진성희, 2019; 최혜미, 2019; 홍병선, 2016)도 VUCA의 시대적 특성에 적응하고자 하는 교육적 요청에 대한 응답이라고 말할 수 있다.

4차 산업혁명이 산업 전반을 흔들어 놓았듯이, VUCA의 특성은 시대적·교육적 상황과 결부하여 하나의 흐름을 강조하고 있다. VUCA의 시대적 변화와 그에 따른 교육적 요청은 '관계'라는 강조점을 거대한 흐름으로 부각시킨다. **시대적 특성과 교육에 대한 요청**, 그리고 **'관계'의 중요성**은 '떼려야 뗄 수 없는' **공속(共屬)**(Heidegger, 1978/2000)적 관계에 놓여 서로가 서로에게 영향을 미친다. 인간은 복잡계에서 살아가고 있다. Davis(20004/2014: 186)에 의하면 복잡계는 스스로 변형되기에 유사한 계(system)들이 동일한 환경에서 전혀 알 수 없는 이유로 매우 다르게 반응할 수 있다. 또는 동일한 상황에 대하여 같은 계가 달리 반응할 수도 있다. 인간이 살아가는 복잡계의 문제상황을 해결하기 위해서는 복잡계 안에서 전혀 알 수 없는 이유로 달리 반응하는 '관계'에 대한 이해를 최대한

표 및 방법이 제시되지 않는 문제를 일컬으며, 현상에 대한 예측과 실제로 나타난 현상 간에 차이가 존재하는 상황이 비구조화된 문제를 불러일으킨다. 비구조화된 문제의 해 또는 해결방안은 여러 가지이거나 존재하지 않을 수 있다.

확장할 수 있어야 한다.

과거 논리적이며 합리적인 사유에 기반하여 일상을 이해했던 합리주의 시대에는 이분법적 사고에 의하여 세계를 바라보았고, 연역적 추론에 의하여 문제를 해결하고자 하였다. 합리주의 시대의 선형적 사고방식은 '관계'에 대한 이해도 부분에 대한 분석을 통하여 전체를 이해할 수 있는 환원론적 관점을 취한다. 합리적 이성에 의하여 '관계'를 완전히 파악할 수 있다고 보는 것이다. 그런데 VUCA의 시대적 상황에 합리주의적 관점을 그대로 적용하는 것은 무리가 있다. 하나의 정해진 진리나 정답이 있고 특정한 절차를 따르면 문제를 해결할 수 있다고 보는 분석적이며 선형적인 관점은 복잡계의 특성이 더욱 강해지는 미래사회의 '관계'를 이해하는 데 적응적으로 대응하기 어렵기 때문이다. 전혀 알 수 없는 이유로 달리 반응하는 '관계'의 복잡성을 이해하기 위해서는 불변의 진리가 객관적으로 존재한다고 보는 객관주의적인 인식과, 한 개인의 주관적 경험만을 중시하는 인식을 넘어서야 한다. VUCA의 시대적 변화에 맞게 간주관성과 간객관성에 의한 '관계' 이해를 융합할 필요가 있다.

Davis(20004/2014)에 따르면, **간주관성**(intersubjectivity)은 '인간에 의한 해석과 사회적 동의'라는 관점에서 지식을 이해한다. 지식은 이성적 논의를 포괄할 뿐만 아니라 동시에 그것을 넘어서는 해석이며 사람들 간의 사회적 합의에 기반한다. 간주관성에 있어서 학습은 주체(the subject)가 객관(the object)을 구성하는 것이되, 모든 지식은 사회적으로 구성된다. 과거의 확고한 과학적 성취에 기반한 정상과학(normal science)도 과학자들 간의 주관적인 합의에 의하여 구성된 것이다(Kuhn, 2012/2013). VUCA의 시대에는 어느 한 개인에 의한 주관적 '관계' 파악보다, 여러 사람들 간의 간주관적인 사회적 동의에 의하여 '관계'를 다각적으로 바라보고 해석할 수 있을 때 비구조화된 문제 해결이 더욱 효과적이다.

한편 **간객관성**(intersubjectivity)에 의한 지식은 간주관적 합의에 의한 것이 아닌, 현상과 현상에 대한 지식들이 서로 감응하는 '관계'에 의해 생성된다(Davis, 20004/2014). 간객관성의 관점에서 인간은 주관적이거나 간주관적으로 존재하지 않고, 세계와 연결되어 상호 영향을 주고받으며 간객관적으로 변화해가는 존재이다. 따라서 인간의 행위가 변화하면 관계를 맺고 있는 세계의 물리적 구조도 함께 변화한다고 본다. VUCA의 시대적 변화에 보다 적응적으로 대응하기 위해서는 기존의 간주관성에 기반한 사회적 합의에 의한 '관계' 이해뿐만 아니라, 간객관성을 드러내는 복잡성 과학과 생태주의 관점을 취하여 '관계' 이해의 폭을 확장할 필요가 있다.

먼저, **복잡성 과학**(complexity science)은 스스로 조직하고 적응하는 복잡계에 대한 연구로서, 일상적으로는 살아 있는 계에 대한 연구이며 교육적으로는 학습 체제에 대한 연구이다(Davis, 20004/2014). 이를 시대적 특성과 연결하여 생각해 보면, VUCA의 특성이 증가하는 시대는 인간이 살아가는 세계가 더욱 복잡계적 특성을 띠게 되었다는 것을 뜻한다. 그에 따라 복잡계에서 살아가는 인간의 삶을 이해하기 위해서는 체제(세계)를 이해하는 데 있어서 주요 관건인 '관계'에 대한 인식을 확장하고 심화하는 것이 중요하게 되었다. 이는 복잡성 과학의 주요 연구분야 중 하나인 일반체제이론(General System Theory)(Bertalanffy, 1968/1990)에서 체제 전체를 이해하기 위해 체제를 이루는 구성요소들 간의 '관계' 파악을 중요시하는 관점과 일치한다. 나아가 학습 체제를 바라보는 시각도 복잡성을 반영하는 진화된 교육적 관점이 필요함을 의미한다.

다음으로 **생태주의**(ecology) **담론**은 모든 사물이 서로 얽혀 있다고 보는 상호연결과 '관계'에 관한 것이다. 모든 형태와 사건이 깊이 얽혀 있다고 보는 신념은 복잡성 과학도 공유하지만, 복잡성 과학이 실용적 노하우를 추구하는 반면 생태주의는 윤리적 노하우에 대한 관심에서 촉발된 것이다(Davis, 20004/2014). 생태주의 담론에서 윤리는 형식적 원리나 정리가 아니라 행동(action)의 문제이다. 즉, 윤리의 문제는 인식의 문제가 아니라 행동과 실천의 문제인 것이다. 또한 윤리를 간주관적인 관점에서 파악하기보다 간객관적인 관점에서 바라본다. 이때 윤리에 관한 논의를 인간의 문제로 한정하지 않고 인간 세계 그 이상의 것(the more-than-human world)(Davis, 20004/2014)까지 포괄한다. 이렇듯 생태주의 담론에 있어서 윤리는 복잡성의 개념을 넘어 '연관성(complicity)'의 문제로 나아간다. 인간과 비인간을 차별하지 않는 생태주의적 관점은 윤리의 대상도 세계 전체로 확장시킨다. 인간의 윤리적 책임은 인간을 넘어 자연과 우주로까지 확장된 '관계' 전체에 관한 것이다. 이러한 생태주의적 관점을 VUCA의 시대적 특성과 연결해 본다면 불확실하고 모호한 문제상황에 대한 '관계' 이해의 범위와 실천의 대상도 인간을 넘어 비인간을 포함한 세계 전체로 확장할 필요가 있다.

2 시대적 변화에 따른 '관계'에 대한 교육적 요청

VUCA의 시대적 특성은 '관계'에 관한 이해의 폭과 깊이를 확장시킬 필요를 불러일으켰다. 합리주의에 기반한 환원주의적 분석과 개인의 경험에 관한 주관적 해석을 넘어, 간주관성과 간객관성에 기반한 '관계' 이해로까지 확장할 필요가 있다. 이러한 시대적 변화에 따른 필요는 공속적 관계를 맺고 있는 교육에 대한 요청이기도 하다. 시대적 특성과 교육에 대한 요청은 '떼려야 뗄 수 없는' 공속(Heidegger, 1978/2000)적 관계를 맺고 있기 때문이다. **VUCA의 시대적 특성**은 **교육적 요청**과 연계하여 **세 가지 측면에서 '관계'의 중요성**을 이해할 수 있다. 첫째는 개정 교육과정과 관련된 측면이고, 둘째는 교수-학습의 주체와 관련된 행위주체성의 측면이고, 셋째는 교육을 운영하는 교육 영역 간 융합의 측면이다.

먼저, **개정 교육과정과 관련된 측면**에서 시대적 변화에 따른 '관계'

에 대한 교육적 요청을 확인하자. 국내 개정 교육과정의 흐름을 살펴보면, 2015 **개정 교육과정**은 OECD의 DeSeCo(Defining and Selecting Key Competencies) 프로젝트(1997–2003)의 역량교육과 관련된 내용을 명시적으로 반영하고 있다(이상은, 2019). 또한 앞으로 적용될 2022 개정 교육과정은 DeSeCo 프로젝트를 정교화한 The Future of Education and Skills: OECD Education 2030 프로젝트(이하 Education 2030 프로젝트)의 역량 관련 연구결과를 반영한다(교육부, 2021a). 개정 교육과정에서 역량교육을 중요시하는 것은 시대적 변화에 기인한 것이고, 이는 교육도 시대적 환경 변화에 적합하게 역량 함양 교육을 발전적으로 개정하여 적용해야 함을 나타낸다. 2022 개정 교육과정 총론의 주요사항 신·구대비표를 보면 미래사회의 불확실성에 대응할 수 있는 기본 역량과 변화대응력을 키워주는 교육 체제를 구현하는 것을 개정 방향으로 삼고 있다(교육부, 2021b: 1). '미래사회의 불확실성'은 시대적 변화와 관련된 것이고, '기본 역량'과 '변화대응력'을 키우는 것은 '미래사회의 불확실성'이라는 시대적 변화에 따른 교육에 대한 요청을 나타낸다.

2022 **개정 교육과정** 총론의 주요사항(시안)을 보면 인간상 설정 시 고려사항에 첫째, 자기 주도성(주체성, 책임감, 적극적 태도), 둘째, 창의와 혁신(문제해결, 융합적 사고, 도전), 셋째, 포용성과 시민성(배려, 소통, 협력, 공감, 공동체 의식)을 명시하고 있다(교육부, 2021a: 12). 이는 '불확실성'이라는 시대적 특성에 효과적으로 대응할 수 있는 인간상의 지향성을 제시한 것으로, 2022 개정 교육과정에서 '관계'의 중요성이 어떻게 함축되어 있는지 확인할 수 있다. '창의와 혁신'이 가능하기 위해서는 '문제해결' 역량과 '융합적 사고' 역량이 중요하다. 해결하고자 하는 문제상황의 다양한 '관계'를 파악하고 융합적 사고에 의해 '관계'를 연결할 수 있어야 한다. VUCA의 시대에 복잡계에서 살아가는 인간은 문제상황을 해결하기 위해서 전혀 알 수 없는 이유로 달리 반응하는 복잡계의 '관계' 이해를 최대한 확장하

여 융합할 수 있어야 한다. 이런 측면에서 '관계 인식' 역량을 함양할 수 있는 교육과정이 요청된다. 한편 '포용성과 시민성'을 키우기 위해서는 '배려, 소통, 협력, 공감, 공동체 의식'이 중요하다. 복잡계의 '관계'를 다각도로 파악하기 위해서는 한 개인의 관점보다 협력적 활동에 기반한 다양성과 융합적 관점을 도입하는 것이 보다 효과적이다. 협력적 활동에 있어서 구성원의 다양성은 갈등을 내포할 가능성이 높고, 이로 인하여 타인에 대한 포용성이 중요시된다. 나와 다른 타인을 포용하기 위한 '배려, 소통, 협력, 공감'의 역량은 '관계맺음'과 관련된 것이고, '공동체 의식'은 나와 타인의 '관계'에 대한 연관성을 인식할 수 있을 때 발현될 수 있다. 이는 생태주의적 관점에서 윤리와 책임이 복잡성의 개념을 넘어 '연관성(complicity)'의 문제로 나아가는 것(Davis, 20004/2014)과 동일한 맥락에서 이해될 수 있다.

둘째, **교수-학습 주체의 행위주체성 측면**에서의 '관계'에 대한 새로운 교육적 요청이다. 행위주체성의 의미를 교수−학습의 주체와 관련하여 Education 2030 프로젝트에 나타난 학생 행위주체성(student agency) 및 교사 행위주체성(teacher agency)과 연결하여 살펴보자. 먼저, 우리가 원하는 미래를 성취하기 위해서는 학생들 자신이 지지하는 목표를 달성하는 데 스스로 적극 투자하며 유목적적이고 성찰적이며 책임감 있는 행위자(agent)로 부상할 필요가 있다(OECD, 2018). **학생 행위주체성**은 이러한 학생의 역할을 드러내는 용어로서 '적극적' 또는 '학생 중심적' 학습과 관련이 있다. 그렇지만, 적극적이더라도 목적의식이 없거나 이론과 실제에 관한 지식 없이 학생이 단순히 소비자처럼 선택만 하는 것은 온전한 의미의 행위주체성이 아니다(이상은 외, 2018). 학생 자신이 의도적으로 추구하는 목적을 가지고, 학습이나 행동 과정을 성찰하며, 자신의 목표를 추구하는 데 많은 지적·신체적 노력과 시간을 투자하고, 자신의 행동에 책임을 지는 것이 학생 행위주체성의 구성요인이 된다. 다음으로 **교사 행위주체성**

은 교사들이 자신의 전문적 성장을 이끌며 동료의 성장에 공헌하기 위한 건설적이고 유목적적인 행동을 할 수 있는 능력을 뜻한다(이상은 외, 2018). 교사는 학습의 결정적 매개자로서, 교사의 역할은 수업에서의 상호작용이나 학습 경험의 질적 변화에 있어서 매우 중요하다. 교사는 학생 행위주체성을 지지하기 위해서 교사 행위주체성을 발달시킬 필요가 있다.

VUCA의 시대적 특성이 요구하는 교육적 요청을 파악하기 위해서는 교사 행위주체성은 **교수자중심교육** 또는 객관주의에 기반한 **전통적 교수-학습방법**과 구별해야 하고, 학생 행위주체성은 학습자중심교육 또는 구성주의에 기반한 대안적 교수－학습방법과 구별해서 이해해야 한다. 권성연 외(2018)에 의하면 일반적으로 전통적 교수－학습방법은 객관주의적 관점에 기반하여 외부 세계에 존재하는 절대적 진리와 지식을 전달하는 것에 중점을 둔다. 강의법이 가장 대표적인 교수법이었고, 전문가로서의 교수자는 지식과 기능을 학습자에게 설명을 통해 전달한다. 반면 **대안적인 교수-학습방법**은 구성주의적 관점에 기반하며 세계에 대한 의미는 인간의 해석에 의해 주관적으로 구성된다고 본다. 학습자 간 상호작용을 활성화하는, 학습자의 참여와 흥미를 높일 수 있는 방법을 모색한다. 그러나 **학습자중심교육**은 학습자가 주도하는 교육을 목표하지만, 국내의 입시위주의 교육상황에서는 현실적으로 진정한 의미의 학습자 주도가 이루어지고 있다고 보기는 어렵다. 단순히 학습자를 바쁘게 하는 즉, 교수－학습방법 측면에 있어서 학습자의 참여를 활성화하는 수준에 머무는 경우가 많다. 학습자가 진정한 학습 주체로 설 수 있는 주체화(Subjectification)에 관심을 기울여야 하고(Biesta, 2016), 진정한 의미의 행위주체성을 구현하는 학습자중심수업이 확장되어야 한다(김현경, 2022).

행위주체성의 '관계'에 있어서 시대적 흐름에 따른 교육적 변화를 살펴보면, 객관주의가 지배적인 시대에는 교수자중심교육이 주를 이루었고 교육의 주체는 교수자였다. 구성주의가 대세인 시대에는 학습자중심교육이 주목을 받았으나 진정한 의미의 학습자 행위주체성이 구현되었다고 보기는 어렵다. 그리고 현재 복잡성 과학과 생태주의가 부각되고 있는 시대적 상황에서는 보다 본질적인 의미의 관계론적 행위주체성이 요구되고 있다. VUCA의 시대에 교수-학습의 주체는 교수자나 학습자 중 어느 일방만이 주도하는 교육적 관계를 넘어서야 한다. Education 2030 프로젝트에서 강조한 행위주체성은 학습자와 교수자 모두에게 필요한 개념으로서, 학습자와 교수자 모두가 행위주체성을 발휘하여 함께 성장하고 진화하는 협력적 공진화(共進化, coevolution)의 관계를 요청한다. 학생 행위주체성에 대한 어떤 논의도 교사들의 역할을 고려하지 않는다면 의미가 없다(이상은 외, 2018)는 주장도 학생 행위주체성과 교사 행위주체성이 공속적 관계에 있으며 상호 협력적 공진화를 추구해야 함을 나타낸다. 특히 모든 것이 연결되어 있다고 보는 생태주의적인 교육 관점에서 볼 때, 학습자와 교수자는 개체론적으로 존재하는 분리된 객체가 아니며 세계와 연결된 관계론적 존재이다. 이로 인하여 행위주체성도 개별적으로 발휘되는 것이 아니라, **관계론적 입장**에서 교수-학습 맥락에 따라 학습자의 역할과 교수자의 역할을 모두 수행하며 행위주체성도 두 가지 역할 모두에서 체제적으로 발현되는 관계여야 한다.

셋째, **교육 영역 간 융합의 측면**에서 시대적 변화에 따른 '관계'에 대한 교육적 요청이다. 교육 영역 간 융합의 측면은 포개진 신체(nested bodies)(Davis, 20004/2014) 및 협력적-행위주체성(co-agency)(OECD, 2018)의 개념, 평생학습사회의 특징과 연결하여 이해될 수 있다. 복잡성 과학에서의 학습자의 개념은 개인 학습자뿐만 아니라 사회적 집단을 포괄하는 포개진 신체로 확장된다. **포개진 신체**로서의 학습자의 의미는 개인인 학생의 신체가 학급 집단, 학교, 지역 사회 등과 동시에 관계를 맺고 그 안에 중첩적으로 속해 있으므로, 미시적인 개인뿐만 아니라 가정, 학교, 직장, 지역사회처럼 보다 거시적인 사회적 집단도 학습자에 해당함을 나타낸다. 또한 Education 2030 프로젝트에 따르면 학생과 교사는 모두 협력적－행위주체성을 발달시킬 필요가 있는데, 이때 **협력적-행위주체성**은 학생과 동료, 교사, 학부모, 지역사회가 서로의 행동과 발달을 협력적으로 규제함을 뜻한다(OECD, 2018). 행위주체성이 개인적 수준, 협력적 수준, 집단적(사회적) 수준의 세 수준에서 작동한다는 연구(Leadbeater, 2017)와 연계되며, 학습자의 범위는 학생뿐만 아니라 교사, 학부모, 지역사회 등의 모든 사람들로 확장된다(이상은 외, 2018). 이런 관점은 평생학습사회의 특징에서도 찾아볼 수 있다. **평생학습사회**는 **시공간적 초월성**을 강조하여, 학교라는 공간적 경계와 학령기라는 시간적 경계를 넘어서고자 하는 의지를 중시한다(UNESCO, 2005). 특히 학교 등 특정 장소에서만 학습이 이루어지는 것이 아니라 개인이 살아가는 모든 삶의 공간이 학습공간으로 재구성되는 평생학습사회의 특징(조대연, 2021)은 다양한 교육 영역 간 융합의 가능성을 보여준다.

포개진 신체 및 협력적－행위주체성의 개념과 시공간을 초월하는 평생학습사회의 특징에 의하면 학습자의 범위는 개인을 넘어 집단적·사회적 수준으로 확장된다. 이런 관점은 교수－학습이 일어나는 교육 영역 역시 학습자의 범위를 어디까지 보느냐에 따라 달라질 수 있다. 기존 전통적 관점의 교육은 학교교육이 주를 이루었지만, VUCA의 시대적 특성에 적절히 대응하기 위한 교육은 특정 교육 영역 하나에 국한하지 않고, 교수자와 학습자가 관계를 맺는 다양한 교육 영역을 연계하여 융합할 때 복잡성 문제의 해결가능성은 높아질 수 있다. 불확실성이 증가하는 시대적 흐름은 **교육 영역 간**의 **'관계'**를 파악하고 **융합**할 것을 요청한다. 근로자가 해결하고자 하는 문제상황은 비록 직장에서 발생한 것이라도 그와 관련된 관계 맥락은 가정, 학교, 지역사회 등과 연결될 수 있다. 그러므로 문제해결을 위한 교육도 **기업교육**의 관점에서만 바라볼 것이 아니라 **부모교육, 학교교육, 시민교육** 등의 다양한 교육 영역을 고려하여 통합적 관점에서 관계를 파악할 때 보다 효과적으로 문제를 해결할 수 있다. VUCA의 시대적 변화는 교육 영역 간의 융합을 요청한다.

융합이라는 게 되는 걸 본 적이 없어요. … 학문적으로도 그렇고, 사람도 그렇고. … 결국은 사람들끼리 싸우고 제각각 알아서 그냥 하자고 이렇게 나오고.

(연구 참여자 C-3차 협의-16)(김현경, 류옥현, 2021: 776-777)

VUCA의 시대적 상황은 융합을 촉구하지만 현실은 학문 간의 융합도 어렵고, 사람 간의 협업도 갈등으로 인하여 파국으로 치달았다. 파국을 넘어 비구조화된 문제상황을 해결하기 위해서는 융합을 위한 '관계'에 대한 새로운 통찰과 실천이 중요하다.

제2장

영역별 관계성 개발의 중요성 및 난점

1 가정에서의 부모교육 관점의 관계성 개발의 문제

가정에 있어서 '관계'의 중요성은 두 가지 측면에서 확인할 수 있다. 첫째, **생애발달사적 측면**에서 관계성 개발의 시초가 가정에서부터 시작되고 지속적으로 영향을 미친다는 점이다. 특히 초기 애착관계는 Bowlby의 내적 작동모델(internal working model)[1]에 근거하여 부모와 자녀의 관계뿐만 아니라 자녀의 정서발달과 사회성 발달 등 전 생애에 걸쳐 영향을 미친다(정옥분, 정순화, 2016). 즉, 관계성은 인간의 정서적·사회적 발달과 관련하여 생애 전반에 지속적으로 영향을 미치는 요인이며, 관계성 개발은 가정에서부터 시작되기 때문에 부모교육에서 부모역할과 연계된 의미

1) "내적 작동모델은 영아가 양육자에 대한 반응성과 접근가능성을 바탕으로 자신과 타인에 대해 형성한 정신적 표상을 의미한다. 자신에 대한 표상은 자신이 가치 있고 사랑받을 만한 존재인가에 대한 것이며, 타인에 대한 표상은 도움이 필요한 상황에서 자신이 애착을 형성한 대상이 의지하고 믿을 만한 사람인가에 대한 표상이다."(정옥분, 정순화, 2016: 29)

있는 주제가 된다. 부모역할은 발달단계에 따라 자녀가 수행해야 할 과업을 원만하게 수행할 수 있도록 지원하는 것이다. 초기 애착관계가 어떠한가에 따라 전 생애에 걸친 사회적 관계맺음이 영향을 받을 수 있으므로, 부모는 생애발달사적 측면을 고려하여 가정에서 관계성 개발을 위한 부모역할을 지속적으로 수행해야 한다.

둘째, 가정에서 부모는 자녀에게 문제상황에 대해 다각적으로 이해하고 통찰할 수 있도록 **관계에 대한 인식의 관점**을 넓혀주어야 한다(김현경, 유영만, 2018)는 점에서 '관계'의 중요성이 드러난다. 김현경과 유영만(2018)은 대안적 부모교육프로그램의 개념적 관계망을 개발하는 과정에서 '관계'에 대한 의미 있는 진술을 하였다. 부모는 자녀가 부딪히고 있는 다양한 갈등상황에 대하여 보다 포괄적인 이해와 총체적인 통찰이 가능하도록 관계에 대한 인식의 관점을 넓혀주는 역할을 해야 한다는 것이다. 부모는 가정에서 관계 인식에 대한 다양한 관점을 열어주고, 자녀가 불특정 다수와 관계를 맺을 때 보다 유연한 반응을 보일 수 있도록 지원해야 한다.

> 애가 성장하면 관계망들이 확대되죠. 이 얘기는 영향받는 대상이 그만큼 폭발적으로 많아진다는 거죠. … 그러면 다수의 사람들을 상대해야 되는 아이는 그것에 대한 노하우, 나(자녀)를 정확하게 사람들 속에 어떻게 표현해야 하는지 또는 그 사이에서 어떤 문제가 발생을 했을 때 어떤 식으로 접근을 해야 하는지에 대한 정확한 학습이 필요해요. (연구 참여자 C)(김현경, 유영만, 2018: 17)

> 애들은 그 나이 정도의 생각의 폭을 가지고 있는 거잖아. 부모는 삶의 경험이 있고 또 애들이 경험하지 못한 그런 것들도 보는 눈이 있기 때문에, 아이들한테 선택하라라고 강요하기보다 정보제공 차원에서 들려줘야 할 것 같아. 여러 가지를 볼 수 있게 해주는, 애들이 더 넓게 생각할 수 있는 의미에서의 정보 제공. (연구 참여자 B)(김현경, 유영만, 2018: 17)

가정에 있어서 '관계'의 중요성과 관련된 두 측면은 김영환, 이승민, 강두봉(2017)의 연구결과와도 상통한다. 김영환 등(2017)은 부모교육 관련 국내 연구동향을 분석한 결과, 부모교육에 대한 두 가지 접근이 필요하다고 하였다. 첫째, **생애주기 단계별**로 **부모교육**이 지속적으로 이루어져야 한다고 하였다. 부모교육은 영유아기의 자녀를 둔 부모들에게만 필요한 것이 아니라, 아동기와 청소년기, 성년기의 자녀를 둔 부모들에게도 각각의 단계마다 요구되는 부모교육을 연속적으로 제공해줄 수 있어야 한다(Feldman & Scherz, 1967; 정채옥, 2009). 이런 관점은 전생애(lifelong)에서 발생하는 모든 교육을 시간적으로 통합하는 평생교육의 개념(조대연, 2021)과도 맥을 같이 한다. 부모교육은 자기이해를 기반으로 생애주기별로 부모로서의 삶의 특징과 역할에 대한 끊임없는 학습과, 자녀에게 수행해야 할 실천적 가르침에 대한 통찰을 지속적으로 제시할 수 있어야 한다. 이를 통하여 부모는 자녀가 맺는 불특정 다수와의 관계맺음에 있어서 자녀가 인식하지 못하는 다양한 관계와 관점을 보여줄 수 있어야 한다.

둘째, 부모교육은 미래사회를 살아갈 자녀들을 위한 **시대적 요구를 반영**해야 한다고 하였다(김영환 등, 2017). 변동성과 불확실성, 복잡성과 모호성으로 집약되는 VUCA의 시대적 특성은 4차 산업혁명 시대의 산업 생태계를 흔들어 놓았을 뿐만 아니라 가정에서의 삶도 뒤흔들고 있다. VUCA의 시대에 인간의 이성으로 상황을 명확히 예측하고 통제하는 것이 어렵게 됨으로써 데카르트적 불안은 가중되고 있다(김현경, 2019a). 부모가 VUCA의 시대를 살아갈 자녀에게 시대적 상황과 요구에 상응하는 명확한 정답을 제시해 주는 것은 불가능해졌다. 단지 부모는 행복한 삶이 어떤 것인지, 성장한다는 것이 어떤 의미인지를 끊임없이 성찰하며, 자녀가 문제상황에서 관계 인식의 폭을 확장하고 관계맺음을 개선할 수 있도록 지원할 수 있을 뿐이다. 자녀가 삶에 대한 **지평**[2](관점)을 넓힐 수 있도록 지원하는 것이 중요한 부모의 역할이 되었다. '관계'에 대한 이해는 부모 자신과 자녀의 인식의 지평을 넓히고 삶에 대한 통찰력을 키우는 데 필수적이다. 그러나 부모역할로서 '관계'에 대한 이해를 넓혀주는 활동은 복잡성의 문제와 맞물려 더욱 어렵게 되었다.

관계성 개발을 위한 부모교육프로그램을 운영하는 데에도 어려움이 있다. **국내 부모교육의 문제점**을 살펴보면, 지속적인 장기교육이 아니라 **일회성 단기교육**으로 운영된다는 점(이원영, 이태영, 강정원, 2008), 정보나 지식을 전달하는 **소극적**이며 **수동적인 수준**의 부모교육이 이루어진다는 점(김정원, 1999; 서영희, 권미량, 김은주, 2006), **시공간적인 제한**으로 인하여 부모교육에 참여하기가 어렵다는 점(박성환, 최성우, 2010; 최형윤, 2007), 교육내용 선정에 있어서 부모의 **실제적인 요구**를 반영하지 못하고 있다는 점(박성환, 최성우, 2010; 배지희, 조미영, 봉진영, 김은혜, 2011; 이호준, 2007) 등이 있다. 이런 한계는 현실적으로 관계성 개발을 위한 부모교육프로그램을 운영하는 데 큰 어려움으로 작용할 수 있다. 다양한 현상과 대상들 간의 관계를 파악하고 관계맺음을 개선하기 위한 교육적 노력은 필연적으로 장기적·지속적으로 이루어져야 하는데, 부모교육은 일회성 단기교육으로 운영된다는 한계가 지적되었다. 더불어 학습자 본인의 사례를 통하여 구체적으로 관계성을 개발할 수 있는 실천적 과정을 포함해야 효과적인데, 부모교육은 단편적인 정보나 지식을 전달하는 수동적인 수준에 머물고 있다는 한계도 드러났다. 또한 학습자는 시간과 공간의 제약을 벗어나 언제든 용이하게 부모교육의 장 안으로 들어갈 수 있는 시스템과 부모의 실제적 요구를 반영한 프로그램을 제공할 수 있어야 하는데 이에 대한 어려움도 지적되었다. 특히 김현경과 유영만(2018)은 민간기업과 자영업에 종사하

2) "어떤 지점에서 시야에 들어오는 모든 것을 포괄하는 가시권"(Gadamer, 1990/2012: 187).

는 **취업모(就業母)와 취업부(就業父)**가 **현실적 제약**을 넘어 부모교육에 참여할 수 있는 실효성 있는 방안이 제시되고 있지 못함을 문제시하였다.

> 직장여성인반, 아버지교실 해가지고 밤에도 많이 했는데, 결국 우리 예상을 빗나간 거는 딱 여섯 시에 퇴근하는 공무원들을 생각했다는 거죠. 그런데 자영업자라든지 뭐 이런 사람들은 도저히 일곱 시에 올 수가 없죠. 특히 와야 될 사람, 아이들을 케어하지 못하는 사람들은 보통 열 시나 열한 시가 돼야 끝나. 꼭 와야 될 사람들이 못 오는 것을 해결하는 방법이 뭔가… (연구 참여자 G)(김현경, 유영만, 2018: 19)

2 학교에서의 융합교육 관점의 관계성 개발의 문제

학교에서의 '관계'의 중요성은 **융합교육 측면**에서 이해될 수 있다. 4차 산업혁명 사회의 지식의 폭발적 증가와 융합의 가속화는 학교교육에도 변화와 혁신을 요구한다. **융합교육**은 4차 산업혁명, 역량, 융합의 삼각구도 안에서 상호 유기적으로 연계되어 부각되었다. 4차 산업혁명 시대는 '무엇을, 어떻게 가르칠 것인가'에 대한 근본적인 성찰을 기반으로 한 교육적 패러다임의 전환을 요청한다. 빠른 속도로 변화하는 기업현장에 적응하기 위하여 대학교육도 산업현장의 요구와 특성에 맞게 학습자에게 지속적인 변화를 안내해야 한다. 변화하는 직업세계는 폭발적으로 증가하는 지식에 유연하게 대처하고 이들 간의 결합을 가능하게 만드는 역량을 요구한다(최상덕, 2016). 세계화와 정보화를 주도하는 경쟁력과 핵심역량을 함양하기 위한 대학교육의 질 제고가 필요하다. 이를 위한 실질적인 방안으로 등장한 것이 융합교육이다(최혜미, 2019). 융합교육이 창의 산업(creative industries)의 근간이 된다는 관점은 미래사회를 주도하는 교육으로 융합교육이 자리하고 있음을 의미한다(홍병선, 2016).

국내 대학교육에서 '융합'이라는 용어가 본격적으로 사용되기 시작한 것은 2000년대 이후이다. 융합교육은 학제 간 교육, 융복합교육, 융합전공교육 등의 이름으로 대두되기 시작하여, 이전과는 다른 모습의 교육 형태로 대학 전체에 확산되고 있다(홍병선, 2016). 융합교육을 통한 핵심역량을 갖춘 인재 양성은 대학교육의 중요한 목표이며 평가의 지표가 되고 있다. 교육부(2013)가 대학입학정원 감원 등의 구조조정 계획과 대학 특성화 계획을 발표하면서 외부 환경변화에 발맞추어 학제 간 융합이 이루어지게 되었다(차용선, 2016). 창의력, 융합역량, 글로벌 역량 등 핵심역량 강화의 필요성이 지속적으로 제기되었고, 기업의 경쟁력과 과학기술 경쟁력 확보를 위해 대학교육의 질 제고가 중요하다는 인식이 확산되었다(김현경, 류옥현, 2021). 지식이 폭증하는 시대에 실제적인 문제해결을 위해서는 특정 학문 분야의 전문가도 필요로 하지만, 여러 학문 분야를 넘나들며 이를 융합하고 창조하는 능력이 필수적이다(최혜미, 2019). 융합교육은 다양한 학문 분야의 지식과 경험을 필요로 하고, 그것들 간의 '관계'에 대한 이해를 전제로 한다. 따라서 '관계'에 대한 이해는 VUCA의 시대적 상황에 적응적으로 대응할 수 있는 융합교육의 기반이 된다.

'관계'의 중요성을 내포하는 **융합교육에 대한 필요성**은 교육과정에서도 확인할 수 있다. 2015 **개정 교육과정**은 지식정보사회가 요구하는 핵심역량을 함양하여 창의융합형 인재를 양성하는 것에 중점을 두었고, 2022 **개정 교육과정**의 개정 방향도 불확실성에 대응할 수 있는 기본역량 및 변화대응력을 키워 포용성과 창의성을 갖춘 주도적 인간을 육성하는 것을 중요시한다(교육부, 2021b). 불확실성과 복잡성의 시대에는 첨단과학기술이 발전해도 실생활의 문제해결을 위해서는 여전히 사람들 간의 융합적 관계맺음을 필요로 하며, 그러한 융합적 활동을 통하여 지식들 간의 관계를 파악하고 융합하여 새로운 지식과 가치를 창출하고자 한다.

이렇듯 학교교육은 융합교육을 통하여 복잡성을 드러내는 문제상황을 해결하고자 한다. 따라서 복잡계의 문제해결을 위해 문제상황의 '관계'를 다각적으로 이해할 수 있도록 융합적 활동을 지원할 필요가 있다. 그러나 김현경과 류옥현(2021)이 확인했듯이 융합의 길은 현실적으로 녹록하지만은 않다.

> '융합'이라는 말이… 음, 일단 좀 그렇게 좋지가 않죠. 융합이라는 말이 별로. 융합이라는 게 되는 걸 본 적이 없어요. … (중략) … 학문적으로도 그렇고, 사람도 그렇고. 예전에 과학원 시티대학원부터 시작해가지고, 결국은 사람들끼리 싸우고 제각각 알아서 그냥 하자고 이렇게 나오고. (연구참여자 C-3차 협의-16)(김현경, 류옥현, 2021: 776-777)

VUCA의 시대적 상황은 융합을 촉구하지만 현실은 **학문 간의 융합**도 어렵고, **사람 간의 협업**도 갈등으로 인하여 **파국**으로 치달았다는 것이다. 파국을 넘어 불확실하고 복잡한 비구조화된 문제상황을 해결하기 위해서는 융합을 위한 '관계'에 대한 새로운 통찰과 실천이 중요하다. 이와 관련하여 관계의 의미는 김현경(2019a), 김현경과 유영만(2020a)에 의하여 '관계 인식(relations) 차원'과 '관계맺음(relationship) 차원'의 의미로 구분하여 제시되었다. 융합교육은 상이한 지식들 간의 관계 인식을 확장하고 융합하는 인지적 측면의 관계 인식 역량과, 융합 과정에서 발생하는 갈등상황을 이해하고 조율하는 정의적·행동적 측면의 관계맺음 역량을 필요로 한다. 융합교육은 다양한 교육현장에서 필요로 하지만, 특히 **학교교육**에서는 **기본적인 관계 역량**을 함양할 수 있는 기회를 지속적으로 제공함으로써 관계 역량을 **체화**할 수 있도록 하는 것이 중요하다.

3 직장에서의 HR 관점의 관계성 개발의 문제

직장에서의 '관계'의 중요성은 인적자원(Human Resources: 이하 HR) 관점에서 지식공유와 창출, 다양성 확보와 협업, 관계론적 HRD 측면에서 확인할 수 있다. 첫째, **지식공유 및 창출**과 관련하여, 지식은 공동체 구성원 간 상호작용 속에서 암묵적 지식이 공유될 때 새롭게 생산되고 지식의 창출은 촉진된다(Nonaka & Takeuchi, 1995). 그러나 경쟁적인 조직 구조에서의 지식공유는 필연적으로 개인의 가치와 영향력을 감소시키고 공유행위를 꺼리게 하는 장애요인으로 작동하게 된다(조옥래, 이도화, 김정만, 김미숙, 2007). 지식공유를 활성화하기 위해서는 근로자 개인의 **지식공유 딜레마**를 감소시킬 수 있는 구체적인 방안이 마련되어야 하고(김현경, 강수돌, 2015), 실제로 지식공유 행위가 발현되기 위해서는 **신뢰 관계**가 전제되어야 한다(임대환, 김동주, 2014; 전정호, 2012). 지식공유 딜레마에서 벗어날 수 있게 하는 근로자 간의 신뢰와 협력은 '관계'를 기반으로 하므로, 관계성을 개발하는 것은 신뢰를 형성하는 것이며 이는 지식공유의 전제조건이 된다. 이렇듯 지식공유와 창출은 근로자 간의 신뢰 관계가 중요하고, 신뢰를 쌓는 행위는 결국 관계맺음을 의미하며 조직은 이는 뒷받침하는 시스템적 환경을 조성해야 한다. 지식은 고정된 객관적 실체가 아니라 사람들 간의 대화에 관여하는 동적 흐름이며, 이해의 과정으로서 인간적 만남이 전제되는 친화관계에 기반한다(유영만, 2007). 이런 까닭에 직장에서의 '관계'는 HR 관점에서 중요한 관리 대상이 된다.

둘째, 직장에서의 '관계'의 중요성은 **다양성**(diversity)(Jackson, May & Whitney, 1995)[3] **확보**와 **협업의 측면**에서 나타난다. 다양성 확보의 문제는

3) "Jackson, May & Whitney(1995)는 다양성을 표층적 다양성과 심층적 다양성으로 구분한다. 표층적 다양성은 명확한 생물학적 특성에 따른 인구통계학적 속성의 다양성이고,

채용 및 선발에 있어서 고려사항이다. 기업에 있어서 교육 및 육성에 대한 관점과 채용 및 선발에 대한 관점은 시대적 변화나 구조적 저성장 등과 같은 경제위기 상황에서 서로 맞서왔다. 일반적으로 경기 침체기에는 교육을 통하여 근로자의 역량을 개발하는 것보다 채용 시 우수한 인재를 선발하는 것을 더 중시한다(김광현, 이찬, 고승연, 2017). 개인의 성격과 태도가 중요한 영향요인으로 작용하는 직군에서는 교육보다는 채용에 초점을 맞추는데, 성격과 태도는 교육에 의해 쉽게 변화하지 않는 요인이기 때문이다. 그러나 기업이 교육보다 채용에 더 초점을 맞추어 근로자를 선발한다고 하더라도 채용 이후의 근로자들 간의 협업 및 신뢰 형성을 위해서는 **교육**과 같은 **관계 개선 노력**이 중요하다. 지식공유와 창출을 위한 다양성 확보 노력은 선발 시 구성원의 특성을 면밀히 검토하게 하지만, 실제적인 협업을 위해서는 삶 속에서 서로를 알아가는 과정 중에 신뢰를 쌓는 관계 구축이 관건이다.

셋째, 직장에서의 '관계'의 중요성은 **관계론적 HRD의 관점**에서도 인식된 바 있다. 유영만 외(2009)는 기존의 개체론적 HRD로부터 벗어나 관계론적 HRD로의 전환을 촉구하며 제4세대 HRD를 제언하였다. 제4세대 HRD(유영만 외, 2009)는 농업화 시대의 제1세대 HRD, 산업화 시대의 제2세대 HRD, 정보화 시대의 제3세대 HRD를 뛰어넘는 창조화 시대의 새로운 HRD 패러다임을 반영한다. 제4세대 HRD는 효율중심의 개체론적 HRD의 한계를 지적한다. 기존의 효율중심의 개체론적 HRD는 인간을 하나의 분리된 개별적 자원으로 인식하며 경제적 가치창출의 수단으로 바라본다. 반면 관계론적 HRD의 패러다임을 취하는 **제4세대** HRD는 인간을 중심에 놓고 감수성과 상상력, 보람찬 성과와 행복을 지향하는 총체적 관계망으로서의 일터조성을 지향한다. 관계론은 존재의 본질을 개체성에

심층적 다양성은 심리적 속성인 성격, 태도, 가치, 신념 등에 의한 다양성을 뜻한다." (김현경, 2019a: 31)

서 찾지 않고 관계성에서 찾으며(유영만, 2007), 모든 개체는 개별적으로 존재할 수 없고 사회역사적 관계맺음의 산물로서 관계 안에서 존재한다. 관계론적 HRD는 인적자본 활용중심의 HRD 패러다임에서 벗어나, 개인적 가치와 조직적 가치를 함께 추구하는 인간중심적 HRD 패러다임으로의 전환을 요청하는 흐름(윤선경, 정보영, 차미리, 송영수, 2017; 조태준, 2013)과도 맥을 같이한다.

제2부 <<<

- 제1장 근로자지원프로그램(EAP)과의 관계 및 R-EAP의 필요성
- 제2장 관계기반 근로자지원교육프로그램(R-EAP)에 대한 HR 관점의 요구

제2부

관계기반 근로자지원교육프로그램 (R-EAP)의 필요성 및 요구

근로자에 대한 생활지원은 그것이 가정생활지원이든 조직생활지원이든 간에 단기적·단속적으로 해결될 수 있는 문제보다는 장기적·지속적인 지원을 필요로 하는 상황이 문제시 된다. ... 근로자들이 EAP 생활지원서비스를 지속적으로 제공받기 위해서는 근로자들의 요구와 조직의 요구를 동시에 반영하며, 조직이 가지고 있는 인적·물적 제약을 고려하는 대안적인 근로자지원교육프로그램이 필요하다.

제1장

근로자지원프로그램(EAP)과의 관계 및 R-EAP의 필요성

1 EAP의 개념과 유형

일과 삶의 균형(Work-Life Balance: 이하 WLB)은 인사조직관리의 핵심 이슈로 부각되었고(남기섭, 2017), 국내의 HRD 연구동향에 있어서도 큰 이슈로 조명되고 있다(윤선경 등, 2017). 일과 회사를 중요시하던 근로자의 인식은 삶의 질을 보다 중시하는 경향으로 바뀌었고(남기섭, 2017; 박순, 장영철, 2015), 경영진은 이를 더 이상 간과할 수 없게 되었으며 국가적으로도 적절한 대응을 위한 노력을 기울이고 있다(이정미, 강희경, 최수형, 2018). WLB는 근로자 개인의 희망을 넘어서 시대적인 요청이 되었다. 국내 기업은 **WLB를 위한 방안**으로 **근로자지원프로그램**(Employee Assistance Programs: 이하 EAP)을 도입하고 있으며, EAP는 근로자의 직무만족과 욕구 충족을 위한 방안으로 활용된다(박시현, 연문희, 2009). EAP 서비스 중 전 세계적으로 가장 높은 이용률을 나타내는 EAP 생활지원서비스는 가족과 관계된 자녀양육, 부부관계, 노부모 부양 등의 문제뿐만 아니라 인간의 삶과 연관된 정서 문제, 우울감, 분노, 이성 관계, 결혼 문제 등을 총체적으로 다룬다(최수찬, 우종민, 왕은자, 장승혁, 2017).

국내에서의 EAP 운영과 관련하여 주목할 점은 EAP의 설립을 법적으로 명시하고 **정부의 주도** 아래 EAP 서비스를 제공하고 있다는 것이다. 이런 측면은 세계적으로도 유례를 찾아보기 어렵다(최수찬 등, 2017). 2010년 개정된 근로복지기본법에는 근로복지증진에 관한 기본계획에 EAP 운영과 관련된 사항을 포함하도록 하고 있으며(제9조), 근로복지종합정보시스템 구축 및 운영 내용에 EAP를 포함하였다(제14조). 여성가족부에서는 일-가정 양립의 기업문화를 확산하기 위하여 가족친화인증기업의 발굴과 워킹맘·워킹대디 지원프로그램 등을 제공하고 있는데, 기업 내 EAP 등 근로자지원제도의 유무는 정부의 가족친화인증의 주요기준이 된다(최수찬 등, 2017). 이처럼 WLB와 일과 가정의 조화는 개인과 기업뿐만 아니라 사회와 국가 모두의 주요관심 대상이 되었고, 구체적인 실현방안 중 하나로 EAP를 제공하고 있다.

EAP의 개념은 여러 학문 분야와 상호 연관되어 있고 다양한 관점들과 학자들에 따라 다양하게 정의되고 있는데, 국제근로자지원전문가협회(Employee Assistance Professionals Association: EAPA)에서는 생산성에 문제가 발생하고 있는 직무조직을 돕고, 업무성과에 영향을 미칠 수 있는 건강 문제, 부부·가족의 생활문제, 법·재정의 문제, 알코올·약물 문제, 정서 문제, 스트레스 등 근로자의 문제를 해결하기 위하여 개발된 사업체 기반의 프로그램이라고 정의하고 있다(EAPA, 2011. 10). 고용노동부와 근로복지공단은 2011년에 발행한 「선진기업복지제도 업무메뉴얼」을 통하여 EAPA의 정의를 기반으로 한 EAP의 개념을 정리하였다. 그에 따르면 EAP는 직무성과에 영향을 미칠 가능성이 있는 개인적 문제를 완화하기 위하여 조직 내부 또는 외부의 자원을 활용하는 사회심리적 서비스이며, 개입 대상은 근로자 자신과 그 가족과 친지, 직무조직과 지역사회 등을 포괄한다(박종길 외, 2011).

Kurzman(1993)은 **EAP의 주요 개입모형**을 개입 초점에 따라 개입대상이 약물이나 약물을 남용하는 근로자인 핵심기술모형(core technology model)과, 업무수행에 장애를 일으킬 수 있는 모든 개인과 환경을 대상으로 하는 포괄적서비스모형(comprehensive service model)으로 구분하였다. **핵심기술모형**은 알코올 또는 약물남용 근로자들을 주요 개입대상으로 하고, 병리학적 관점에서 내담자의 문제를 해석하며 치유와 직무복귀 및 사후관리에 주안점을 둔다. 핵심기술모형은 내담자, 가족, 사업장 등의 영역이 독립적·개별적으로 존재한다고 보기 때문에, 영역 간의 문제들을 상호배타적으로 해결할 수 있다는 관점을 취한다. 그렇지만 직장에서 일어나는 문제들은 매우 복잡하게 얽혀 있고, 근로자의 스트레스는 개인적 기질에 의해서만 유발되는 것이 아니다. 근로자의 주변 환경인 외부의 다양한 요인들과 상호영향을 주고받기 때문에 핵심기술모형의 독립적·개별적 관점만으로 직장의 문제를 해소하기에는 한계가 있을 수 있다(Kurzman, 1993; 채준안, 이준우, 2012).

반면 **포괄적서비스모형**은 문제 해결을 위하여 근로자의 사회적 기능(social functioning)을 중시하기 때문에, 알코올이나 약물남용의 문제뿐만 아니라 일상적인 생활 문제라고 할지라도 업무수행에 지장을 초래할 수 있는 것이라면 모두 EAP의 관심 대상이 된다. 포괄적서비스모형은 근로자의 주변 환경 및 사회적 기능을 중시하여 근로자뿐만 아니라 자녀, 배우자, 노부모와 관련된 문제도 지원 대상으로 한다(채준안, 이준우, 2012; 최수찬 등, 2017). 진단과 의뢰에 집중하는 핵심기술모형과 달리, 포괄적서비스모형은 예방과 치료 부문까지도 포괄하는 전체적인 시각을 강조한다. 포괄적서비스모형이 전체적 시각을 중시하는 이유는 일반체제이론(Bertalanffy,

1968/1990)에 근거한 **생태체제 관점**의 PIE(Person-In-Environment)**적 사고관**을 배경으로 하기 때문이다(최수찬 등, 2017). PIE적 관점은 내담자의 내적 속성과 그를 둘러싼 환경적 요소 간의 상호영향관계를 규명하는 것을 기반으로 하며, EAP 담당자는 내담자 개인뿐만 아니라 주변 환경을 총체적으로 이해할 수 있어야 한다. 생태체제 관점은 근로자와 환경 사이의 '공생적 관계와 소통'을 지원하고자 하며(채준안, 이준우, 2012), 포괄적서비스모형은 업무수행을 방해하는 모든 환경적 요인들에 관심을 기울이고 이를 진단과 개입의 대상으로 삼는다. 따라서 EAP 담당자는 근로자를 대상으

그림 1 포괄적서비스모형에 근거한 EAP

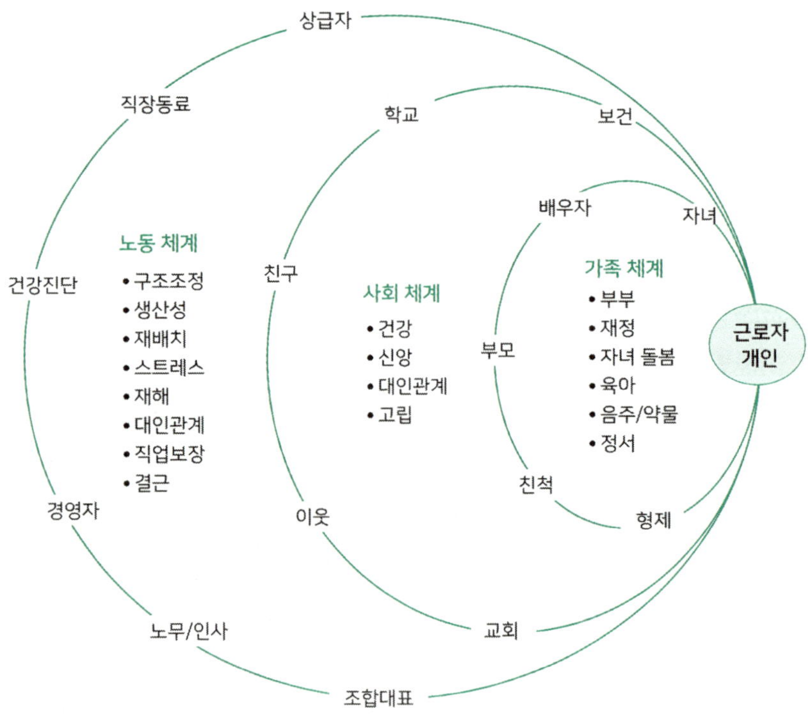

출처: 최수찬 등(2017: 22) 재인용

로 하는 상담서비스 이외에 영유아 대상의 보육관련서비스, 노부모 문제를 해결하기 위한 복지서비스, 청소년 문제해결을 위한 특별교육프로그램 등 다양한 서비스를 다각도에서 계획하고 종합적으로 제공할 수 있다(채준안, 이준우, 2012; 최수찬 등, 2017). [그림 1]은 Quick, Bhagat, Dalton과 Quick이 제시한 포괄적서비스모형에 근거한 EAP의 예이다(최수찬 등, 2017: 22 재인용).

고용노동부와 근로복지공단에서는 **국내 EAP의 서비스 범위**를 생활지원서비스, 건강증진 및 웰니스 프로그램, 위험관리의 3가지 영역으로 구분하고 있다(박종길 외, 2011; 정현옥 외, 2010; 채준안, 이준우, 2012). 첫째, **생활지원서비스**는 가정과 직장에서 모두 성공할 수 있도록 적극적인 지원을 제공하는 조직의 정책과 프로그램을 뜻한다. 신속하고 전문적인 정보 제공을 통하여 일상생활 속의 크고 작은 문제들을 해결할 수 있도록 하는데 중점을 두며 부부관계, 자녀 양육 및 교육, 노부모 부양, 이성 관계 및 결혼문제, 정서적 불안감 등의 사적영역도 포함하는 포괄적 서비스이다. 둘째, 건강증진 및 웰니스 프로그램은 작업관련 질환과 스트레스 등의 정신건강 문제가 사회적 문제로 대두되면서 질병에 걸리기 이전에 신체적·정신적 건강을 유지하고 증진하기 위한 프로그램이다. 셋째, 위험관리는 근로자와 관련된 업무 관련 정신질환과 개인적 문제에 의한 업무수행능력의 저하, 업무상 사고 등의 위험성을 방지하기 위한 서비스를 말한다. EAP의 포괄적서비스모형(Kurzman, 1993)의 관점에 따르면 국내 EAP 서비스의 세 범위는 통합될 수 있다. 이는 근로자의 삶을 둘러싼 다양한 환경적 요인을 포섭하는 것이며, 전통적인 EAP와 결합하여 현대적 의미인 포괄적 EAP로의 변화 양상을 보여주는 것이다.

EAP의 도입 효과를 살펴보면, 근로자인 개인 측면과 직무 조직 측면에서 확인할 수 있다. 우선, 근로자 개인 측면에서는 EAP를 이용함으로써 산업재해를 예방하고 스트레스로부터 벗어나 심인성 질환을 감소시키며 자신감을 고양할 수 있다(김대성 외, 2006; 우종민 외, 2009; 최수찬, 2004). 또한 지각·조퇴·결근 등을 감소시키고 조직 몰입도를 높일 수 있으며 미래의 직무 지속성을 확보할 수 있다(김대성 외, 2006; Van Den Bergh, 1995). 나아가 직무 조직 측면에 있어서는 안정된 노동력의 확보와 유지가 가능하며 생산성의 향상을 가져오고 사회적 책임을 이행하는 효과가 있다. 특히 Compton과 McManus(2015)는 EAP를 인적자원관리(Human Resource Management: 이하 HRM)와 조직지원의 중요한 요소라고 하였으며, EAP와 HRM 간의 밀접한 연관성으로 인하여 EAP를 도입하게 되면 조직의 광범위한 문제해결에 유의미한 결과를 가져오게 된다고 하였다. 또한 우종민과 최수찬(2008)은 서구에서 EAP의 위상은 이미 조직 내에서 포괄적인 서비스로 발전하였고, HRM의 한 측면으로서 제도적 정착을 이루었다고 하였다. 서구에서 EAP는 1970년대 이후 발전을 거듭하여 직접적인 인사관리 영역을 제외하고 직장 내에서 가장 큰 비중을 차지하는 서비스프로그램으로 인정받고 있다(임성견, 우종민, 2011). 더불어 EAP를 운영함으로써 복지수준이 우수한 기업으로 인식되어 기업 이미지를 제고하는, 즉 사회적 책임을 완수하고 있다는 인식을 얻을 수 있다(최수찬, 2005; 최수찬 등, 2017).

2 EAP 운영의 현실적 한계

> 좀 친한 동료 또는 학교 선후배인데 같은 회사를 다녀가지고 모이면 육아 얘기를 되게 많이 해요. 남자들도 육아에 대해서 누구나 고민이 있고, 그 어떤 답답함 때문에. 그거를 얘기할 데가 많이 없으니까 술 마시면서 푸는 거예요. 그냥 아빠로서 답답함을 토로하는 거 정도로만. 그런데 거기에 어떤 변화가 있을 수가 없는 게, 한 번 얘기하고 끝나는 거지. 이런 식의 변화가 나올 수가 없는 거니까. (PT(5) – 알OO – 평가·소감)(김현경, 2019a: 1)

근로자들이 겪고 있는 자녀양육의 어려움은 취업모(就業母)에게만 해당하는 문제가 아니라 취업부(就業父)의 문제로 확장되었음을 확인할 수 있다. 최근 아버지는 자녀양육의 중심인물로서 그 역할이 중요하게 인식되고 있다(정옥분, 정순화, 2016). 근로자인 **취업모와 취업부 모두**는 자녀양육 및 생활지원에 대하여 실질적이며 지속적인 지원을 원하지만 현실은 육아에 대한 **고민과 답답함**을 **토로**하는 수준에 머물고 있다(김현경, 2019a). 자녀양육의 문제는 동료들과 나누는 이야기만으로는 실질적인 변화와 개선을 가져오기 어렵고, 부모로서 근로자가 경험하는 자녀양육의 어려움은 커질 수밖에 없다.

국내 기업에서는 EAP를 제공함으로써 근로자의 자녀양육과 생활 속의 어려움을 지원하고자 한다. EAP의 주요 내용 중 생활지원서비스 영역에는 부모교육과 상담이 세부사업으로 제공된다. 부모교육의 세부 내용으로는 한부모 가정 및 이혼가족에 대한 지원이 이루어지고 있다. EAP 서비스에 있어서 부모교육과 상담의 위치는 〈표 1〉에서 확인할 수 있다. 〈표 1〉은 고용노동부와 근로복지공단이 제시한 국내 EAP 서비스 범위 설정의 근간이 된 EAP 서비스의 주요사업 내용을 제시한 것이다(정현옥 외, 2010).

김현경(2019a)에 의하면 **국내 EAP 생활지원서비스**는 근로자의 자녀양육 및 생활지원 측면에서 다음과 같은 **한계**가 있다. 첫째, 주로 **단기적 상담**이나 **일회성 행사**로 제공되고 있다(임성견, 우종민, 2011)는 점이다. 서구의 EAP는 이미 조직 내에서 포괄적인 서비스로 발전하여 HRM의 한 측면으로서 제도적 정착을 이루고 있으며, 상담뿐만 아니라 교육, 전문정보 제공, 복지서비스의 연계 등 다양한 방법에 의하여 운영되고 있다(우종민, 최수찬, 2008). 반면 국내에서는 EAP를 흔히 상담 서비스라고만 인식하는 경향이 많다(채준안, 이준우, 2012). 국내 기업 조직에서 제공되고 있는 생활지원 EAP는 다양한 형식으로 제공되는 서구의 포괄적 EAP와는 달리 단

표 1 EAP의 주요 서비스 내용

주요사업	세부사업	세부내용
일반상담 및 의뢰	임상서비스	약물남용/정신질환/스트레스/정서적 문제/생활주기의 큰 변화/결혼 및 가족문제/건강 및 섭식문제/대인관계 곤란
업무 및 생활지원서비스	법률서비스	이혼 및 가정문제/범죄/상해 및 교통위반/유언장 작성
	재정 및 신용상담	부채문제/자산관리/세금문제/은퇴설계
	아동양육	아동보육/재가보호/방과 후 프로그램/긴급보호 및 예비보호/특수교육 프로그램
	입양문제	입양기관, 변호사, 입양지지그룹 및 입양 후 상담·의뢰
	노인부양	재가보호/지지서비스(자원봉사, 지지그룹) 노인부양기관 정보제공 및 의뢰 환자보호서비스(요양원, 생활시설) 이동서비스/재활서비스
	부모교육·상담	한부모 가정/이혼가족
	학업정보지원	정부보조프로그램/교육상담/입시정보제공
위기상황 스트레스관리법	위기상황 스트레스 해소법	위기 반응프로그램/개별상담 및 그룹해소/직장복귀 후 평가
경영관련 상담·자문	조직·인사관련 상담 및 세미나	성추행 및 직장 폭력/직무스트레스 관리/리더십 기술발달/대화기술 및 갈등해결/효과적 시간관리/조직변화 관리 및 대처/약물 없는 직장 만들기
	프로그램 촉진	EAP 안내책자, 소식지, 포스터/근로자 오리엔테이션(employee orientation)/감독관 훈련(supervisory training)/부모교육(parent education) 및 한부모 가정 생활가이드

출처: 정현옥 외(2010: 280)

기적인 개인상담의 비중이 상대적으로 높다(임성견, 우종민, 2011). 또한 국내 EAP 상담의 표준이 6회 내지 8회의 단기상담으로 운영되는 것(최수찬 등, 2017)에서 알 수 있듯이, 근로자의 문제를 단시간 내에 해결하고자 한다. 이는 EAP 상담이 가지는 해결중심의 단기적 특성을 반영한 것이다. 국내 EAP는 부부문제, 자녀양육문제, 가족 간의 의사소통 및 갈등의 문제들을 개인상담을 통하여 단기적으로 해결하고자 한다. 이는 기업이 근로자의 문제를 단기적으로 해결하여 생산성을 회복하는 데 주된 관심이 있고, 상담서비스를 지속적으로 제공하기에는 조직이 보유한 물적·인적 자원에 한계가 있기 때문이다. 근로자의 자녀양육 및 생활지원을 지속적으로 제공하기 위해서는 단기적 상담이나 일회성 행사로 진행되는 EAP의 제공 방식을 보완할 필요가 있다.

둘째, EAP 생활지원서비스로 제공되는 **부모교육프로그램**은 **요구분석적 측면**에 있어서 **한계**가 있다. 부모교육프로그램 중 **근로자의 요구**와 **조직의 요구**를 동시에 충족시킬 수 있는 프로그램을 찾아보기 어렵다(김현경, 유영만, 2018). 우선 근로자의 현실적 요구에 맞는, 직장 내에 정착하여 자녀양육 및 생활지원을 실질적으로 도와주는 근로자지원교육프로그램은 많지 않다. 근로자 개개인의 실제 요구를 분석하여 상황에 맞게 그때그때 수업설계가 이루어지는 것이 아니라, 외부로부터 미리 개발되어 일방향적으로 제공되는 부모교육프로그램이 대부분이다. 한편 조직의 입장에서 볼 때, EAP 생활지원서비스로 제공되는 기존의 부모교육프로그램은 조직의 요구를 충족시키고 현실적 문제를 보완하는 데 한계가 있다. 다시 말해 기존의 부모교육프로그램은 기업의 존재 이유인 생산성을 향상시키는 것과는 거리가 있다. 부모교육은 근로자의 삶을 지원한다는 측면에서는 근로자의 요구를 반영할 수 있지만, 생산성 향상이라는 기업의 본질적 요구는 충족시키기 어렵다(김현경, 유영만, 2018). 또한 기업은 영리추구 목적과 조직의 물적·인적 자원의 한계로 자녀양육을 지원하는 부모교육프로그램을 장기적으로 지원하기 어렵다.

국내 51개 기업을 대상으로 EAP 실시 현황을 분석한 임성견과 우종민(2011)의 연구를 살펴보면, 가족관계를 지원하는 EAP 사업은 EAP 운영 대상기업의 약 1/3만 도입하고 있었다. EAP의 **도입**과 **추진**에 있어서 가장 큰 **장애요인**은 조직의 인적·물적 자원의 부족(32.9%)으로 나타났다. 특히 교육의 형태로 제공되는 EAP 생활지원서비스는 부부관계, 가족서비스, 자녀양육과 관련하여 각각 전체 EAP 서비스의 7.2%, 5.5%, 3.6%만이 제공되고 있었다. 국내 기업에서 지원하는 EAP 생활지원서비스는 제공비율도 낮을 뿐만 아니라, 근로자들의 자발적 참여와 협력에 기반하는 교육 형태보다는 수당이나 휴가, 일회성 행사, 단기 개인상담의 형태로 제공되는 경향이 있었다. 그러나 가정 내 문제상황은 인간의 생애발달단계에 따라 지속적으로 발생하며 대부분 단기간에 해결하기 어려우므로, 일회성 행사나 단기 상담서비스로 운영되는 국내 EAP 생활지원서비스는 한계가 있다. 근로자가 생활과 관련된 문제상황을 스스로 성찰하고 통찰하여 실천적 변화로까지 나아갈 수 있도록 지속적인 지원이 필요하다.

조직이 EAP를 도입하는 목적은 EAP의 정의(EAPA, 2011, 10)에서도 확인할 수 있듯이 근로자의 업무를 방해하는 문제를 신속히 해결하여 생산성을 향상시키는 데 있다. 그런데 단기적으로 운영된다는 점이 부모교육의 문제점으로 지적되는 것(이원영 등, 2008)은 부모교육을 단기간 제공하여 교육적 효과를 거두기 어렵기 때문이다. 뿐만 아니라 부모교육을 현재 제공하고 있는 조직일지라도 부모교육을 외부로부터 끊임없이 제공하는 것은 조직의 인적·물적 자원에 있어서 현실적인 한계가 있다. 현재의 부모교육은 근로자와 조직 모두의 요구를 반영하여 장기적으로 운영할 수 있는 수업모형을 제시하고 있지 못하다. 따라서 EAP 생활지원서비스는 EAP를 **상담서비스라고만 인식하는 경향**에서 벗어나 **교육**을 통하여 근로자의 생활을 **통합적·지속적**으로 지원함으로써 일과 삶의 균형을 추구하는 동시에, **조직의 요구**와 **인적·물적 자원의 한계**를 고려하여 조직에도 긍정적 변화를 가져올 수 있어야 한다.

3 R-EAP 개발의 필요성

국내 EAP **생활지원서비스**는 주로 단기적인 개인상담의 형태로 제공되고 있다. 그렇지만 가정생활을 지원하는 EAP 서비스는 상담의 형식뿐만 아니라 **교육의 형태**로도 제공될 수 있다. 물론 상담 형태의 EAP는 문제상황의 심각성에 따라서 교육적 형태의 EAP보다 더 긍정적인 효과를 가져올 수 있다. 그렇지만 단시간 내에 문제상황을 해결하고자 하는 단기적 EAP 상담은 가정생활에서의 문제상황이 인간의 발달단계에 따라 연속적으로 발생하므로 단기간에 해결되기 어렵다는 난관에 봉착하게 된다. 또한 근로자들 간에는 가정생활에서 유사한 문제상황을 경험하는 경우도 많다는 점을 고려해 볼 때, 근로자들의 공통 관심사를 대상으로 자발적 참여와 협력에 기반하는 EAP 교육서비스를 장기적으로 제공한다면 그 효과의 지속성과 확장성은 배가될 수 있다.

EAP는 상담의 기능을 일부 수행할 뿐이며 치료가 아니라 성장에 관한 것이다(채준안, 이준우, 2012). 성장의 관점에서 볼 때, **태도나 행동의 실천적 변화**로까지 근로자가 성장할 수 있도록 지원하는 것은 **교육의 중요한 목표**이다. 또한 근로자 개인이 겪고 있는 자녀양육 및 생활의 문제는 제각각 달라 보이지만 그 안에는 유사한 문제상황을 담고 있는 경우도 많다. 공통 관심사를 가진 다수의 근로자들에게 개인상담의 형태가 아닌 교육의 형태로 EAP 생활지원서비스를 제공한다면 조직의 물적 자원의 한계는 보완될 수 있다. 더불어 문제상황에 대한 동료 근로자들의 다양한 관점을 교육의 장 안에서 공유함으로써 인식의 지평을 확장하고 새로운 통찰을 얻을 수 있다. 교육의 형태로 제공되는 EAP 생활지원서비스는 개인상담보다 다수의 근로자를 대상으로 운영할 수 있기 때문에 비용절감의 효과가 있고 다양한 관점의 교류와 협력을 안내할 수 있다.

그러나 교육의 형태로서 EAP 생활지원서비스로 제공되는 **기존의 부모교육**은 단기적으로 운영될 뿐만 아니라, 근로자의 요구는 비교적 반영하기 용이하지만 생산성 향상과 같은 조직의 요구는 반영하기 어렵다(김현경, 2019a)는 점에서 기업 조직 안에서 지속적으로 운영되기에는 **한계**가 있다. 또한 조직이 근로자들에게 EAP 생활지원서비스를 장기적·지속적으로 제공하는 데에는 인적·물적 측면에 제약이 있다(임성견, 우종민, 2011). 근로자에 대한 생활지원은 그것이 가정생활지원이든 조직생활지원이든 간에 단기적·단속적으로 해결될 수 있는 문제보다는 장기적·지속적인 지원을 필요로 하는 상황이 문제시된다. 자녀양육과 관련된 문제만 보더라도 생애발달사적 측면에서 영유아기뿐만 아니라 아동기, 청소년기, 성년기의 자녀를 둔 부모들은 지속적으로 부모역할과 관련된 어려움을 겪게 된다(정채옥, 2009). 따라서 EAP 생활지원서비스를 단기적·단속적으로 제공하는 것은 근로자의 생활을 지원하는 데 부족함이 있다.

근로자들이 EAP 생활지원서비스를 지속적으로 제공받기 위해서는 **근로자들의 요구**와 **조직의 요구**를 동시에 반영하며, 조직이 가지고 있는 **인적·물적 제약**을 **고려**하는 대안적인 근로자지원교육프로그램이 필요하다. 다시 말해, 근로자와 조직의 현실적 요구와 한계를 고려하는, 기업 조직 내에 자녀양육에서부터 생활지원 전반에 걸쳐 지속적으로 운영 가능한 새로운 형태의 근로자지원교육프로그램이 요청되고 있다. R－EAP는 근로자의 요구뿐만 아니라 조직의 요구도 반영하여 기업 내에서 자생할 수 있도록 고안된 학습자중심의 생활지원 교육프로그램으로, **학문영역 간의 융합**과 **교육영역 간의 융합**을 지향한다(김현경, 2019a). 즉, 자녀양육 등에 있어서 근로자의 부모로서의 가정생활을 지원한다는 측면은 부모교육의 성격을 띠지만, 한 인간으로서의 본래적(Heidegger, 1979/1998)[1] 성장

1) 본 저술에서의 '본래적'의 의미는 Heidegger(1979/1998)의 '본래성(Eigentlichkeit)'에서 차용된 개념이다. "본래성의 존재 양식은 타인으로부터의 규정에서 벗어나 자기를

을 지원함으로써 개인의 성장뿐만 아니라 조직의 발전에도 기여할 수 있도록 한다는 측면은 상담 및 기업교육의 목적과도 연계된다. R-EAP는 근로자의 생활지원을 위하여 제공되는 국내 EAP 상담의 단기적 운영의 한계(임성견, 우종민, 2011)와, 부모역할에 대한 정보 제공에 초점을 맞추어 조직의 요구는 반영하지 못했던 기존 부모교육의 한계(김현경, 유영만, 2018)를 넘어 **인간의 본래적인 성장**을 지원함으로써 **자녀로서, 부모로서, 직장인으로서** 근로자의 삶을 **통합적**으로 **지원**하고자 한다.

R-EAP는 근로자와 조직의 요구를 모두 반영하여 **근로자의 성장**과 **조직의 발전**을 동시에 기여하고자 상담, 부모교육, 기업교육 간의 융합을 추구한다. 일터와 삶터에서의 생활을 체제적 관점에서 통합적으로 지원하고자 하는 R-EAP는 6개의 관련된 학문 영역의 이론을 해석학적 관점에서 융합함으로써 R-EAP의 해석학적 수업설계모형으로 구체화되었다(김현경, 2019a). 6개의 이론적 영역에는 부모인 근로자의 요구를 반영하기 위한 EAP(상담 및 부모교육) 영역, 기업 조직의 요구를 충족시키기 위한 경영학(HRD) 영역, R-EAP가 철학적 기조로 삼는 해석학 영역, 수업설계모형의 개발 과정과 관련된 교육(공)학 영역, 인간의 본래적인 성장과 관련된 선행연구 영역, 체제적인 관계 이해를 위한 일반체제이론(Bertalanffy, 1968/1990)이 해당된다. R-EAP에 대한 근로자와 조직의 요구를 파악하기 위하여 집중적으로 탐색된 학문적 영역은 경영학(HRD) 영역과 EAP(상담 및 부모교육) 영역이지만, R-EAP의 정체성과 교육적 지향 및 효과성 등에 대한 이해는 6개의 영역 전반에 걸쳐서 그 특성을 파악할 때 보다 깊이 있게 이해될 수 있다.

되찾고 자신의 존재를 온전히 떠맡아 스스로 자기 자신으로 존재하는 양태를 말한다(Heidegger, 1979/1998). 본래적 현존재는 자신의 존재가능성에 대하여 끊임없이 자각하고 마음을 쓰며 실현하고자 애를 쓴다. 세계 안에서 공속적 관계를 맺고 있는 모든 존재자들 역시 그 존재가능성대로의 삶을 살아갈 수 있도록 본래적 마음씀을 넓혀간다."(김현경, 2019a: 86-87)

R－EAP의 해석학적 수업설계모형은 부모인 근로자의 성장과정과 양육과정에서 경험한 결정적 사건(Woods, 1993)들 간의 영향 관계를 통찰하는 활동을 학습과제로 한다. R-EAP의 **해석학적 수업설계모형**(김현경, 2019a)은 두 가지 측면의 **학습과제**에 초점을 맞춘다. 첫째, 근로자가 과거 성장과정에서 자녀로서 경험한 결정적 사건과 현재 부모로서 양육과정에서 경험한 결정적 사건 간의 관계를 통찰함으로써 결정적 사건들에 대한 관계 인식의 확장과 그 사건과 관련된 다양한 대상들과의 본래적인 관계 맺음을 실천하는 활동이다. 이러한 활동은 시간성(Heidegger, 1979/1998)의 측면에서 가정생활지원과 관련된 성찰과 통찰, 실천을 중시하는 것이다. 둘째, 근로자가 직장에서 경험한 결정적 사건과 가정에서 경험한 결정적 사건 간의 관계를 통찰하는 활동을 통하여 직장과 가정에서 겪게 되는 생활 속 어려움을 체제적 관점(Bertalanffy, 1968/1990)에서 통합적으로 파악하고 개선하고자 하는 활동이다. 이는 공간성의 측면에서 근로자의 생활지원을 확장한 개념으로 일터와 삶터에서의 생활을 모두 지원함으로써 근로자의 통합적 성장을 추구하고 나아가 조직의 발전에도 기여하고자 하는 R－EAP의 지향을 반영한 것이다.

R－EAP가 근로자의 생활을 지원한다는 의미는 부모인 근로자가 부모역할을 수행할 수 있도록 도와준다는 부모교육에 대한 협소한 시각을 넘어선다. R－EAP는 부모의 **자기이해**와 **자기통찰**을 가능하게 하며 부모 자신에 대한 자아존중감을 향상시키고 자기실현을 이룰 수 있도록 지원한다. 이를 통하여 근로자는 **시간성과 공간성**의 측면에서 **결정적 사건**에 대한 **성찰·통찰·실천**을 수행함으로써 근로자의 자기성장을 통하여 삶터에서의 가족과 일터에서의 동료들에 대한 태도 변화를 시도한다(김현경, 2019a). 이는 **근로자의 성장**이 **조직의 발전**에도 **기여**할 수 있도록 하는 기반을 제공하는 활동이다. 시공간적인 제약으로 인하여 부모교육에 참여하기가 어렵다(박성환, 최성우, 2010)는 문제점은 기업 현실에서 볼 때 단순

히 시공간의 문제라기보다는 부모교육의 효과성 및 필요성에 대한 경영진과 HRD 담당자의 확신과 관련된 문제이다. R－EAP가 기업에 정착하여 근로자의 생활을 장기적으로 지원하기 위해서는 부모인 근로자들만을 대상으로 부모역할을 지원하는 교육에 그치는 것이 아니라, 조직의 요구도 반영하여 근로자의 성장이 궁극적으로는 조직의 발전에도 기여할 수 있다는 확신을 경영진에게 제공할 수 있어야 한다.

문제는 근로자의 삶을 지원하는 EAP로서의 교육이 어떻게 근로자의 요구와 조직의 요구를 동시에 담아내며 장기적·지속적으로 운영될 수 있는가 하는 점이다. R－EAP는 그 접점을 '**관계**'에서 찾는다. '**관계성 개발**'은 **가정과 직장** 모두에서 관심을 갖는 **중요한 이슈**이며, 근로자가 경험한 결정적 사건이나 문제상황에 대한 관계 인식의 확장과 본래적 관계맺음의 실천은 궁극적으로 근로자와 조직 모두의 성장에 기여할 수 있다고 본다. 따라서 R－EAP는 근로자가 가정과 직장에서 경험하는 문제상황에서 어떻게 관계 인식을 확장하고 본래적 관계맺음을 실천할 수 있도록 할 것인지, 어떻게 하면 일터와 삶터 모두에서 관계를 기반으로 개인과 조직의 성장을 동시에 지원할 수 있을 것인지에 대하여 교육적 관심을 기울인다.

R-EAP가 조직 내에서 운영됨으로써 근로자의 생활을 실질적으로 지원하기 위해서는 교육의 수혜자인 근로자의 요구를 파악하는 것뿐만 아니라, 이해관계자로서 교육을 제공하는 조직의 요구도 종합적으로 파악하는 요구분석적 탐색이 필요하다.

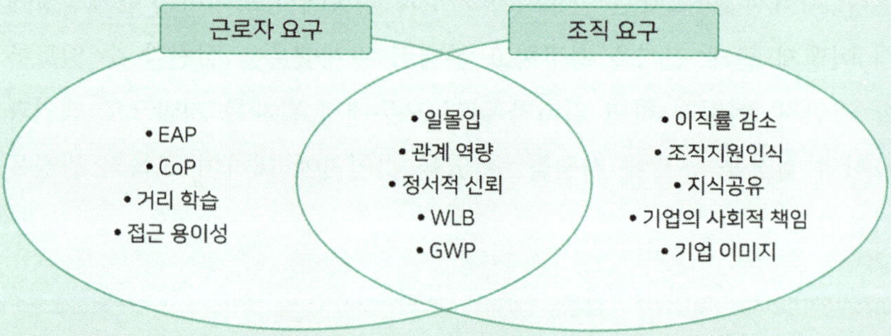

[R-EAP에 대한 요구 분류](김현경, 2019b: 242)

제2장

관계기반 근로자지원교육프로그램(R-EAP)에 대한 HR 관점의 요구[1)]

김현경(2019a)은 근로자와 조직 모두의 요구를 반영하며 일터와 삶터에서 근로자의 생활을 장기적으로 지원함으로써 근로자 개인의 성장과 조직의 발전에도 기여할 수 있는 관계성 개발을 위한 R-EAP를 착안하고, 그에 대한 해석학적 수업설계모형을 개발하였다. 수업설계에 있어서 요구는 '현상태'와 '이상태' 간의 차이로서, 현재의 상태와 바람직한 상태 사이의 차이를 의미한다(Gilley, Eggland, & Gilley, 2002/2003). 현상태와 이상태 간의 차이를 확인하는 **요구분석**은 HRD나 평생교육 영역에서 교육프로그램을 개발하는 데 필수적인 요소라고 할 수 있다(신은경, 현영섭, 2017). R-EAP가 조직 내에서 운영됨으로써 근로자의 생활을 실질적으로 지원하기 위해서는 교육의 수혜자인 근로자의 요구를 파악하는 것뿐만 아니라, 이해관계자로서 교육을 제공하는 조직의 요구도 종합적으로 파악하

1) '김현경(2019b), 관계기반 근로자지원교육프로그램(R-EAP)에 대한 요구분석적 탐색. 경영교육연구, 34(5), 219-251.'에 게재된 글을 부분적으로 발췌·수정·보완한 것이다.

는 요구분석적 탐색이 필요하다. **요구분석적 탐색**이 상세히 제시될 때 EAP 생활지원서비스로서 제공되는 **기존의 EAP 상담**과 **부모교육의 한계**를 **보완**하는 방안을 구체화할 수 있고, 이를 통하여 R-EAP의 정체성과 효과에 대한 이해도 심화할 수 있다. 2장에서는 HRD 담당자와 EAP 상담사를 대상으로 심층면담에 의한 현장의 요구를 확인하고, 그와 관련된 이론 및 선행연구를 해석학적 연구방법에 의하여 분석함으로써 근로자와 조직의 요구를 보다 깊이 있게 해석하였다.

1 연구방법

1) 해석학적 연구방법

해석학(Hermeneutics)은 의미를 이해하는 인식론이자 방법론이며(Grondin, 2008/2009), 해석학적 방법론은 역사적으로 정신과학적 교육학 분야에서 의미 있는 텍스트들의 분석 및 해석을 위한 방법론으로 인정받아 왔다(오인탁, 1990). **해석학적 접근**에는 **이야기 형태**와 **문헌 형태**가 있는데(이종규, 2006), 본 연구에서는 이 두 형태를 통합하여 심층면담 속의 경험에 대한 해석을 문헌 형태의 이론과 연결하였다. 이는 R-EAP에 대한 근로자의 요구와 조직의 요구를 보다 깊이 있게 이해하고자 심층면담과 관련된 이론적 측면을 해석학적 방법에 의하여 이중적으로 해석한 것이다. 본 연구는 진권장(1999)의 해석학적 연구 절차 5단계를 따랐다. 1단계에서는 학문적 필요성, 배경 및 상황 조건 등을 고려하여 연구주제 및 연구 참여자를 선정하였다. R-EAP에 대한 근로자와 조직 모두의 요구를 파악하고 있는 HRD 담당자 및 기업소속 EAP 상담사를 대상으로 친밀감, 접촉 가능성, 정보 획득 가능성, 자료의 수집 용이성 등을 종합적으로 고려하여 선정하였다. 2단계에서는 R-EAP에 대한 근로자 및 조직의 요구를 탐색하는, 즉 이론적 문헌자료와 경험적 현장자료를 수집하는 활동이 이루어졌다. 현장자료인 심층면담을 진행할 때는 상황과 분위기뿐만 아니라 연구 참여자의 비언어적 반응이 나타내는 의미까지도 파악할 수 있도록 하였다. 3단계에서는 수집된 자료에 기반하여 텍스트를 작성한 후 해석 주제를 설정하였다. 심층면담 텍스트에 나타난 근로자와 조직의 요구를 찾아내고 범주화하여 공통된 주제로 통합하였다. 이때 김현경(2019a)의 연구에 제시된 R-EAP의 요구와 관련된 심층면담 인용글의 일부를 함께 범주화하였다. 4단계에서는 해석학적 순환에 의한 해석과 논의가 이루어졌다. 경험적 텍스트에 내포된 근로자와 조직의 요구를 경영학·교육학·EAP 등의 관련 이론과 연결하여 이론적 지지를 확인하였다. 5단계에서는 해석학적 순환에 의한 결론 도출과 보고서의 수정 및 정리 작업을 수행하였다.

2) 연구 참여자

경험적 차원의 심층면담을 위한 연구 참여자를 선정하기 위하여 EAP 전담부서가 상설되어 있고, EAP 상담 및 부모교육의 경험이 있는 EAP 상담사와 기업교육을 기획·운영한 경험이 있는 HRD 담당자 중 자녀를 양육하고 있는 근로자를 대상으로 목적표집(purposeful sampling)하였다. HRD 담당자와 EAP 상담사의 역할을 수행하는 근로자를 대상으로 함으로써 R-EAP에 대한 일반 근로자들과 조직의 요구를 모두 인식하고 있는 근로자를 선정하고자 하였다. 동시에 자녀양육 경험이 있는 근로자를 대상으로 함으로써 R-EAP에 대한 자녀·부모·직장인으로서의 근로자의 요구를 폭넓게 파악하고자 하였다. 또한 연구 참여자의 성별을 고려하였는데 이는 최근 아버지가 자녀양육의 중심인물로 중요시되는 점(정옥분, 정순화, 2016)과 자녀양육의 어려움이 성별과 관계없이 생활 관련 고충으로 나타나고 있는지를 확인하기 위함이었다. 연구 참여자는 총 4인으로, 업무에 따르면 3인은 HRD 담당자였고 1인은 EAP 상담사였다. 성별에 따라서는 남녀 각각 2인으로 구성되었고, 그들의 자녀는 유아에서부터 대학생까지 다양하였다.

연구 참여자 A는 국내 대기업의 전자·통신기기 제조업체에서 8년간 HRD 담당자로 다수의 교육프로그램을 기획·운영하였고, 창의교육프로그램을 선도적으로 개발하여 보급한 경력이 있었다. 연구 참여자 B는 국내 대기업과 공무원 조직에서 HRD 담당자로서 약 15년 동안, HRM 담당자로서 약 3년간 근무하였다. 연구 참여자 B는 민간조직과 공공조직 간의 교육 및 훈련에 대한 시각 차이와, 기업교육에 대한 조직과 근로자의 요구가 어떻게 다른지 포괄적으로 인식하고 있었다. 연구 참여자 C는 정보통신업체와 식품·유통·생명공학 관련 대기업에서 HRM 및 HRD 담당자로서 약 24년간 근무하였다. 연구 참여자 C는 직무관련 프로그램 외에 가정생활을 지원하는 프로그램도 개발·운영한 경험이 있었다. 연구 참여자 D는 8년 이상의 상담 및 부모교육의 경력을 가지고 있었고, 면담 당시 기업 소속 전문상담사로서 이동통신사의 콜센터 상담원들을 대상으로 EAP 개인상담 및 집단상담프로그램을 운영하고 있었다. 연구 참여자 D를 통하여 EAP의 사내모형(internal model)에 의한 근로자의 생활지원 모습

표 2 연구 참여자 정보

연구 참여자	조직 구성원으로서의 정보					부모로서의 정보
	성별	연령	경력	업무	학력(전공)	자녀 특성
A	여	38세	8년	HRM, HRD	학사(정치외교학)	여 6세
B	남	47세	18년	HRM, HRD	박사과정(교육학)	남 5세
C	남	51세	24년	HRM, HRD	박사과정(교육공학)	남 20세, 여 18세, 여 16세
D	여	48세	8년	EAP 상담, 부모교육	석사(상담심리)	여 19세, 여 15세

을 구체적으로 확인할 수 있었다. 연구 참여자의 기본정보를 정리하면 〈표 2〉와 같다.

3) 자료의 수집 및 분석

경험적 측면의 자료 수집방법으로 심층면담을 수행하였다. 심층면담은 HRD담당자 3인과 EAP 상담사 1인을 대상으로 반구조화된 면담(semi-structured interview) 형식에 의하여 진행되었다. 반구조화된 면담을 면담 가이드에 기반하여 진행하되, 자유로운 반응을 보일 수 있도록 개방형 질문을 구사하였고 반응에 따라 추가 질문을 더하였다. 면담 준비단계에서 면담 가이드의 내용을 연구 참여자에게 제공하여 연구에 대한 사전 이해를 높였다. 심층면담은 2018년 9월 29일부터 10월 22일 사이에 연구 참여자의 자택이나 근무처 주변의 장소에서 수행되었다. 연구 참여자별 첫 심층면담 시간은 약 90분에서 120분 정도로 진행되었으며, 추가 질문이 필요한 경우에는 전화면담에 의한 후속면담을 수행하여 반응에 대한 의미 파악을 깊이 하였다.

이론적 측면의 문헌자료는 주로 경영학, 교육학, EAP 영역에서 수집되었다. 이 세 영역은 R-EAP가 근로자의 개인적 요구뿐만 아니라 생산성 관련 조직의 요구도 반영한다는 점에서 경영학(HRD)과 연계되고, 근로자의 성장을 지원하는 교육프로그램이라는 측면에서 교육학(HRD, 부모교육)과 연관되며, 근로자의 생활지원을 추구한다는 점에서 EAP(상담, 부모교육)와 관련된다. 이러한 세 영역에서 근로자와 조직의 요구를 반영하는 이론 및 선행연구가 탐색되었고, 경험적 측면의 심층면담 텍스트와 연결하여 R-EAP에 대한 요구 해석을 이론적 측면에서 병행하였다.

2 R-EAP에 대한 요구

R-EAP에 대한 요구를 **근로자 측면, 조직 측면, 공통 측면**으로 분류하였다. 요구들에 대한 분류 기준은 각 요인들에 대하여 누가 그것을 더 많이 요구하는지, 누가 그것으로부터 얻는 혜택을 더 많이 취하게 되는지 등을 고려하였다. 분류에 대한 타당성을 확보하기 위하여 심층면담에 의한 경험적 텍스트와, 선행연구의 이론적 텍스트를 오가며 해석학적 순환에 의한 반복적 검토를 수행하였다. 더불어 연구 참여자들의 의견과 상호 동료 보고 및 전문가 검증을 거쳐 분류에 대한 이견을 확인하고 조정하였다. 이러한 분류를 시도한 까닭은 R-EAP에 대한 요구를 근로자 측면과 조직 측면에서 균형 있게 탐색하고, 근로자 및 조직의 요구를 R-EAP에 통합적으로 반영하기 위함이었다. R-EAP에 대한 요구를 도식화하면 [그림 2]와 같다.

그림 2 R-EAP에 대한 요구 분류

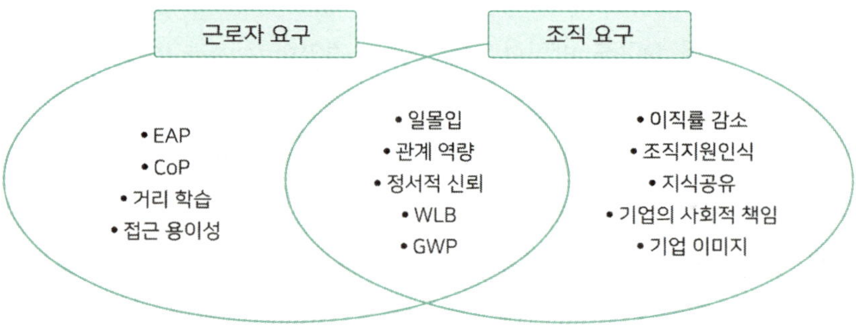

출처: 김현경(2019b: 242)

1) 근로자 측면의 요구

(1) EAP의 속성

이제 문제는 (주 52시간 근로제로 인해서) 시간은 나아지는데 아빠들이 뭘 해야 될지 몰라요. 애들이 친구 같은 아빠만, 딸바보, 아들바보, 그런 표현이 있다는 게… 애들하고 그냥 여유 있는 시간에 놀아주는. 뭐, 그게 아빠의 역할이라고 보는데, 어느 순간에 그럼 애들이 닫아버리잖아요. 소통이 안 되니까. 그런 것들을 극복할 수 있는… (OS(1)－C－CR－1.9)

저희가 그건 책으로 배우고 …(웃음)… 그래서 부모교육 하신다길래. 제가 지금 잠깐 말씀드렸지만 그러면 저희를 좀 교육시켜 달라고 말씀을 드렸던 게. 특강도 다니고 사실 그렇게 많이 자가 수업을 한 거죠. self study로 많이 했어요. 정규프로그램을 받은 적은 없어요. (OS(1)－A－REM－1.24)

국내 EAP 서비스는 사회·국가적인 차원에서 필요성이 인식되어 정부의 주도 아래 근로자의 삶을 지원하고 있다(최수찬 등, 2017). 그러나 취업부들에게 아버지로서의 역할 인식은 '뭘 해야 될지 모르는', '여유 있는 시간에 놀아주는' 정도이다. 보다 적극적으로 자녀양육에 관심을 기울이는 취업모도 책과 특강 등을 통한 'self study' 수준의 학습에 머무르고 있었다. '저희를 좀 교육시켜 달라고'의 표현에서 알 수 있듯이 교육을 통한 보다 깊이 있는 지원을 희망하고 있었다. 최근 자녀양육의 중심인물로서 아버지의 역할이 중요하게 인식되고 있고(정옥분, 정순화, 2016), 맞벌이 부모에게 일－가정 갈등의 영향(이한나, 한정원, 2018)과 맞벌이 부모의 양육 부담감(임해진, 조유진, 2018)에서도 알 수 있듯이 취업모와 취업부를 막론하고 근로자들은 양육과 관련된 많은 어려움을 겪고 있다.

여전히 상담이라는 것에 대한 인식이 내가 문제가 있는 사람이어서 저걸 받으러 간다는 생각을 가진 사람들은 정작 도움이 필요해도 상담을 신청하지 못하는, 외부의 시선 때문에. 그리고 부서 내에서 나를 이상하게 바라볼 것 같은 두려움 때문에 못하는 사람들이 있거든. (FS(1)-D-REM-1.4)

상담을 한다는 게 정상적인 별거 아닌 걸 갖고 상담을 하거나 그러지는 않으니까. 뭔가 문제가 있는 상황에서 상담을 하고. 뭐 그런 것들을 관계적으로 더 확장한… (OS(1)-C-REM-1.13)

'부서 내에서 나를 이상하게 바라볼 것 같은 두려움'과 '정상적인 별거 아닌 걸 갖고 상담을 하거나 그러지는 않으니까'라는 언급에서 알 수 있듯이, 상담에 대한 부정적 시각으로 인하여 EAP 상담 서비스를 제공받기 꺼려하는 분위기가 기업 안에 있음을 확인하였다. EAP **상담**은 가정생활과 관련하여 근로자의 삶이나 역할을 지원하는 장점이 있지만, 문제 있는 사람들을 위한 것이라는 편견으로 인하여 근로자들이 EAP 상담에 접근하는 데 심리적 불편감을 가지고 있었다. 반면, **부모교육**은 문제 발생 이전에 예방적 차원에서 제공될 수 있다는 점에서 문제 발생 이후의 치유에 초점을 맞추는 EAP 상담에 비하여 근로자들의 심리적 접근이 보다 긍정적이었다. 근로자의 삶을 지원하는 R-EAP는 **상담의 형태보다 교육의 형태**로 제공될 때, 근로자들이 심리적으로 보다 쉽게 접근할 수 있을 것이다.

(2) CoP의 특성

제가 이렇게 동아리처럼 사람들하고 같이 학습공동체 같은 거를 만들었잖아요. 이런 거를 차라리 조직하게 해주고 거기서 필요한 소스를 제공해주는 그런 교육이면 더 좋을 거 같아요. 그래서 약간 스스로 뭔가를 하게 하고, 거기에 지원해주는 그러니까 CoP. 그런 개념이 훨씬 더 쉽게 접근할 수 있을 거 같아요. (김현경, 2019a: 276)

공통적인 관심사인데 서로 공유할 시간들이 없거든. 그러니까 직장 내에서 꼭 일하는 시간이 아니라도 저녁 시간을 활용해서도, 비슷한 상황에 처해 있는 사람들끼리 서로 상황에 대해서라도 이야기하고. 뭐, 내 상황의 특수성 이런 것들 얘기하면서 서로 조언하는. 그중에는 1, 2년 앞서가는 사람도 있고 1, 2년 뒤따라가는 사람들도 있을 수 있으니까. (OS(1)−C−REM−1.12)

'동아리처럼', '학습공동체 같은', '필요한 소스를 제공해 주는', '공통적인 관심사인데', '직장 내에서 꼭 일하는 시간이 아니라도'에서 알 수 있듯이, 생활지원교육에 대한 요구는 근로자들이 필요로 하는 공통 관심사를 학습내용으로 하되 시공간적으로도 유연한 참여가 가능하기를 희망하였다. 정해진 교육내용을 수동적으로 학습하는 것보다 '스스로 뭔가를 하게 하고, 거기에 지원해주는' **실천공동체**(Community of Practice: CoP)(Lave & Wenger, 1991)의 방식이 기업 내 생활지원교육으로 적합하다는 인식이었다. '비슷한 상황에 처해 있는 사람들끼리'는 학습자들 간의 상황적 유사성을 기반으로 공동체를 구성하되, '내 상황의 특수성'을 '1, 2년 앞서가는 사람' 또는 '1, 2년 뒤따라가는 사람'과 나눔으로써 열린 관점에서 상황을 이해할 수 있기를 희망하였다. 즉, 양육 및 생활 관련 어려움을 겪고 있는 근로자들이 스스로 CoP를 구성하고 그 안에서 선배 양육자와 후배 양육자들이 서로 의견을 교류하며 자신들의 문제를 해결해 나가기를 바라고 있었다.

CoP(Lave & Wenger, 1991)의 개념은 시기와 학자마다 다양하게 정의되지만, 특정한 주제에 대한 공통적인 관심과 열정을 공유하며 신뢰를 기반으로 지속적 상호작용에 의하여 관심 분야의 지식 및 전문성 등을 제고하고자 하는 집단을 말한다(Wenger, McDermott, & Snyder, 2002; Wenger & Synder, 2000). CoP의 본질적 구성요소로 주제영역(Domain), 공동체(Community), 실천(practice)이 제시되었다(Wenger et al., 2002). R−EAP를

CoP의 형태로 운영할 경우, 첫째 주제영역은 근로자가 가정 및 직장에서 경험한 결정적 사건에 대한 관계성 개발이 해당된다. 둘째, 공동체는 결정적 사건의 관계 인식과 본래적 관계맺음을 통하여 스스로 성장하고자 하는 직장 내 자발적인 학습자 모임이다. 셋째, 실천은 CoP 안에 형성된 관계에 대한 해석과정과 방법, 삶을 변화시킨 결정적 사건들의 기록, 공감적 유대와 정서적 신뢰 구축 등이 해당될 수 있다.

CoP의 자발성은 CoP의 성공요인이지만 국내 기업의 CoP는 관리자에 의하여 전략적 차원에서 시작된 비자발적 CoP가 많다(이은철, 최문선, 2015). 조직에 의한 외재적 보상은 장기적으로 볼 때 CoP의 방해요인이 될 수 있고, CoP 활동에 의해 근로자의 삶이 개선됨으로써 얻는 내재적 보상은 조직으로부터 얻는 외재적 보상보다 장기적으로 CoP의 활성화 요인이 될 수 있다(Amin & Roberts, 2008). 또한 **CoP의 편재성**은 자발적 CoP를 확대하고 활성화하는 특성이 될 수 있다. CoP는 일상에 깊이 관여하여 세상 어디에나 편재되어 있고, 근로자는 직장뿐만 아니라 가정과 학교, 취미생활 등을 통하여 여러 개의 CoP에 소속되어 있다(Wenger, 1998/2007). CoP의 자발성은 삶의 곳곳에 편재한 CoP들 간의 관계를 인식하고 CoP별 근로자의 관심사를 연계할 수 있다면 자발적 CoP는 보다 활성화될 수 있다. R-EAP를 자발적 CoP로 활성화하여 조직 내에 정착시키기 위해서는 R-EAP 활동 자체가 내재적 보상으로 작동할 수 있도록 교육 프로그램을 설계해야 하며, 근로자의 삶에 편재해 있는 다양한 시공간의 문제들을 연계해서 지원한다면 보다 큰 내재적 보상으로 인식될 수 있다.

(3) 거리 학습 지향

'아이들이 서로 싸우는데 뭐라고 애네들한테 얘기를 해줘야 될지 모르겠어요.', '우리는 이런 놀이를 하고 싶어요.', '이런 coding 교육 같은 거를 해보고 싶은데 어떻게 해야 될지 모르겠어요.', 약간 좀 학습자들이 실제 자기네들의 needs를 발휘하게 해서 그거를 해결해 주는 교육이 (좋아요).

짜여진 'curriculum 그대로 가져가세요.' 이런 거는 별로 도움이 안 될 것 같아요. (김현경, 2019a: 278)

어떤 교육이든지 자신의 상황과 맞게 몰입하게 해주고 customize해서 해주는 교육이 가장 효과적이죠. 당연한 거죠. 이론적인 부분은 도입부분에 당연히 들어가야겠지만, 당연히 내가 동화되는 과정에 있어서 자기도 효과성을 훨씬 더 느끼겠죠. (김현경, 2019a: 277–278)

근로자들은 이론중심적 교육보다는 실생활에서 발생되는 문제상황을 해결할 수 있는 실천중심적 교육을 요구하고 있었다. '짜여진 curriculum', '별로 도움이 안 될 것'에서 확인되듯이 이론에만 머무는 교육이 아니라, '자신의 상황에 맞게', '내가 동화되는 과정', '실제 자기네들의 needs를 발휘하게' 등의 표현에서 알 수 있듯이 학습자의 일상에 적용할 수 있고 학습자의 내면에 지식을 동화시키고 체화하는 실천적 지식을 바라고 있었다(김현경, 2019a). 이러한 요구는 유영만(2006)에 따르면 실생활에 적용할 수 없는 틀에 박힌 이론으로서의 **'골방 학습'**이 아니라 일상의 맥락과 연계되는 '거리 학습'을 요청하는 것이다. 일터(workplace)와 일상(living)에서 이루어지는 **'거리 학습'**은 실험실 상황 속에서 철저히 통제되는, 즉 일상과 격리된 '골방 학습'과 대비되는 개념으로서 삶과 분리될 수 없으며 효율보다 효과를 중시한다(유영만 외, 2009). 학습은 실험실 속에 갇혀 있는 박제된 공간이 아닌 삶 속의 모든 상황과 현상, 관계를 설명할 수 있는 일상을 배경으로 이루어질 때 학습동기는 지속될 수 있고 학습전이 역시 용이해진다. R–EAP는 '짜여진 curriculum 그대로'를 제공하는 것이 아니라, 근로자가 경험한 자신의 결정적 사건과 문제상황을 다루게 함으로써 학습동기와 학습전이를 향상시키고자 한다.

(4) 접근 용이성 추구

주말에 community나 이런 데 찾아가려면 그것도 시간이 허락해야 되는 거고. 사실 장소로 말한다면 회사가 제일 좋겠죠. 회사 안에서 언제든 내가 지금 거기에 갈 수 있다면 좋을 것 같고. 저희 유치원에서도 부모교육 하거든요. 평일 막 4시 이래요. 갈 수가 없어요, 시간이. 그래서 퇴근 후 갈 수 있다거나 아니면 주말에 회사에서 열린다거나 그렇게 하면은 오히려 접근성이 훨씬 좋을 거 같아요. (OS(1)－A－REM－1.18)

다 바쁘고 시간도 없는데, 그런 전문적인 외부 community에서 활동하는 게 더 좋겠지만 그럴 시간도 없고. 또 그러려면 추가적인 effort도 필요하니까… (OS(1)－C－REM－1.16)

부모교육은 참여가 제한적일 수밖에 없다는 **시공간적인 한계**가 지적되어 왔다(김현경, 유영만, 2018; 박성환, 최성우, 2010). '평일 막 4시 이래요. 갈 수가 없어요', '바쁘고 시간도 없는데', '추가적인 effort도 필요하니까' 등의 표현에서 근로자들의 부모교육에 대한 참여의 어려움이 확인되었다. 지역사회에서는 부모교육의 시간적인 한계를 극복하기 위하여 직장여성인반이나 아버지교실 등을 야간에 운영하는 노력을 기울여왔지만 공무원을 제외한 민간기업의 근로자나 자영업자에게는 실효성이 높지 않았다(김현경, 유영만, 2018). '회사가 제일 좋겠죠', '언제든 내가 지금 거기에 갈 수 있다면'의 표현에서 알 수 있듯이 부모교육을 직장에서 운영한다면 가정생활을 지원하는 보다 적극적이며 효율적인 방식이 될 것이다. R－EAP를 근로자들이 합의하여 자발적 CoP의 형태로 직장 안에서 업무 종료 후나, 점심시간, 휴게시간 등을 활용하여 보다 유연하게 운영한다면 시공간적 제약은 완화될 수 있을 것이다.

부모교육의 동향을 살펴보면 부모교육을 성인교육의 한 분야로 보고, 대상자를 현재 부모인 사람들뿐만 아니라 부모가 될 사람들까지 포괄하는 경향이 있다(이호준, 2007). 청소년을 포함하여 예비부모와 조부모, 교사 및 아동 관련 직업종사자들까지 부모교육의 대상이 되었다(박성연 외,

2008). 그러나 부모교육의 대상자 범위는 확대되고 있지만, 아버지를 대상으로 하는 프로그램은 상당히 부족하다(이정주, 이종연, 2014). R-EAP를 직장 내에서 운영한다면 부모교육에서 배제되었던 **취업부와 취업모**에 대한 **생활지원**은 향상될 수 있다. 한편, 부모교육을 통하여 부모역할뿐만 아니라 부모의 자아존중감 제고와 자아실현을 지원하는 동향이 나타났다(정계숙 외, 2012). 이제 부모교육은 부모들만을 대상으로 하는 부모역할훈련에 국한하지 않고, 인간으로서 자기성장과 자아실현을 목표로 하는 데까지 확장되었다.

R-EAP도 직장 내의 부모로서의 근로자들뿐만 아니라 모든 연령대의 근로자들을 대상으로 시공간적인 접근 용이성을 제공하여 양육의 문제해결은 물론 **자기성장**과 **자기계발**을 위한 **평생교육적 접근**이 가능하도록 지원할 필요가 있다. R-EAP를 통하여 다루는 근로자의 문제상황은 자녀양육 상황뿐만 아니라 근로자 자신의 성장과정 전체와 연결되며 앞으로 다가올 미래의 삶에도 영향을 미치므로 가정과 직장, 과거와 현재와 미래를 연계하여 평생교육적인 통합적 관점에서 교육을 설계하도록 한다. 평생학습사회는 학교와 학령기를 넘어서는 시공간적 초월성을 강조하며(UNESCO, 2005), 개인이 살아가는 모든 삶의 공간이 학습공간으로 재구성되는 평생학습사회의 특징(조대연, 2021)은 기업 안에서 부모교육이 이루어지기를 바라는 근로자의 요구와도 일치한다.

2) 조직 측면의 요구

근본적으로 기업이라는 곳은 교육을 통해서 사람을 변화시키고자 하지만 그것은 어디까지나 기업의 이익을 위한 관점이고… (OS(1)-B-REM-1.4)

팀장이나 조직장을 중심으로 performance를 내야 되는데 performance를 내는 데 저해가 되는, performance를 내는 데 도움이 되는, 그런 거에 회사가 관계에 관심을 갖는 거지. performance와 관계가 없는 A팀과 B팀에 있는 이 둘의 관계가 좋다 나쁘다는 사실 아무 의미 없고. 같은 팀이나 같은 조직 내에서 synergy를 내야 되는데 관계성 때문에 synergy를 잘 낼 수도 있고, 못 낼 수도 있고, 뭐 그런 경우에 관심을 갖고 해결하려고… (OS(1)－C－RB－1.1)

R－EAP를 기업 내에서 운영하려면 '사람을 변화시키고자' 하는 것이어야 하며 동시에 '기업의 이익을 위한' 것이어야 한다. '관계성 때문에 synergy를 잘 낼 수도 있고', 'performance를 내는 데 도움이 되는' 성과에 대한 요구를 충족시켜야 한다. 현재까지 다수의 HRD 연구들은 성과 패러다임에 의한 논의를 지속해오고 있고, **성과 패러다임**에서 교육이란 '교육을 위한' 교육이 아닌 '성과를 내는' 교육을 뜻한다(정승환, 호예담, 송영수, 2014). R－EAP는 조직이 성과 향상을 위하여 관계를 중요시한다는 점을 고려한다.

(1) 이직률 감소

그게 생산성으로까지 이어지느냐 그건 좀 다른 문제고. 뭐, turnover가 많은 직업 같은 거. 콜센터 직원들, 상담사라든지 그런 분들 같으면 회사에서 그런(R－EAP) benefit을 주면 turnover가 좀 줄어들 거 같아요. 그게 어찌 보면 계량화시킬 수 있는 지표는 될 수 있을 거 같아요. (OS(1)－C－REM－1.3)

'생산성으로까지 이어지느냐 그건 좀 다른 문제고'라는 진술에는 조직은 R－EAP의 효과가 생산성과 관련된 재무적인 성과로까지 이어질 때 더욱 관심을 보일 것이라는 의미를 함의하고 있었다. '그런(R－EAP) benefit을 주면 turnover가 좀 줄어들' 것이라는 추측에는 콜센터처럼 여성근로자들의 비율이 높은 업종에 생활을 지원하는 R－EAP를 도입하면 이직률을 감소시키는 데 긍정적으로 작용할 것이라는 의미였다. 이직률을 언급한 것은 R－EAP를 제공함으로써 생산성에 대한 직접적 효과를 확인하기는 어렵겠지만, 이직률 감소를 통한 채용 및 교육 비용을 절감함으로써 간접적인 재무적 효과는 기대할 수 있을 것이라는 뜻이었다. 또한 조직은 R－EAP의 효과가 이직률과 같은 '계량화시킬 수 있는 지표'로 제시될 때 더욱 관심을 보일 것이라는 의미였다.

이직과 관련된 선행연구를 살펴보면 가족친화제도는 1인당 매출액을 증가시키고 자발적 이직률은 감소시켰으며(양동훈, 2017), 제도를 도입한 기간이 길수록 여성근로자의 이직의도는 낮게 나타났다(전종근, 김선미, 이승미, 구혜령, 2016). 양육 및 교육지원제도는 이직률과 생산성에 긍정적으로 작용하였고, 노사관계에도 간접적으로 영향을 미쳐 노사안정화를 꾀하는 제도로 활용될 수 있음을 보여주었다(이병훈, 김종성, 2009). 이런 연구결과는 R－EAP가 가족친화제도인 EAP의 속성을 띤다는 점에서 시사점을 제공해준다. R－EAP는 이직의도를 감소시키는 방안으로 비용절감 등의 효과가 있을 때 조직 내에 도입되어 지속될 수 있을 것이다. 근로자들 간에 R－EAP를 통하여 생활 문제를 공유하고 함께 해결하는 과정에서 긍정적인 관계맺음이 촉진된다면, 긍정적인 관계맺음의 효과는 이직률 감소와 그로 인한 채용 및 교육 비용의 절감 등의 간접적인 재무적 효과를 가져올 수 있다. R－EAP를 통하여 단기적으로 매출액 상승과 같은 직접적 생산성의 증가를 확인하기는 어렵더라도, 장기적으로는 **이직률 감소, 채용 및 교육 비용의 절감, 노사관계 개선** 등의 영향을 가져와 조직의 요구를 충족시킬 수 있어야 한다.

(2) 조직지원인식 고양

> 아니면 공감대라도, 서로 해결책은 못 주더라도. '아, 나만 이렇게 힘든 게 아니구나.', '우리 회사에 있는 여러 사람들이 같이 안고 있구나.' 그런 공감대 속에서 오는 회사에 대한 고마움. 이런 건 있을 거 같아요. (OS(1)－C－REM－1.2)

근로자 각자가 경험하는 구체적인 어려움은 상황과 맥락에 따라 제각각 다르지만 그 안에는 공통점도 존재한다. 가정과 직장에서 겪는 생활 속의 어려움은 크거나 혹은 작거나, 일시적이거나 또는 지속적이거나, 누구나가 겪을 수 있는 보편적인 문제를 포함한다. 특수성 안에 존재하는 보편성은 '아, 나만 이렇게 힘든 게 아니구나.', '우리 회사에 있는 여러 사람들이 같이 안고 있구나.'처럼 상호 공감대를 형성할 수 있다. R-EAP는 근로자들의 자발적 참여에 기반하여 가정과 직장에서 경험한 결정적 사건에 대한 새로운 이해를 확장하고 변화를 실천할 수 있도록 지원한다. 근로자의 자녀양육과 생활을 지원하는 R-EAP는 근로자들에게 '회사에 대한 고마움'으로 인식될 수 있다. 이는 업무에 초점을 맞춘 의무교육이 아니며 생활지원을 하는 EAP 속성을 띠기 때문에 상대적으로 더 큰 교육적 혜택으로 여겨질 수 있다. 근로자들이 공감대를 형성하며 자신의 문제를 지속적으로 개선함으로써 R-EAP를 조직이 제공하는 특별한 보상으로 인식하게 되면 근로자의 **조직지원인식**(Perceived Organizational Support: 이하 POS)은 향상될 수 있다.

POS는 Eisenberger, Huntington, Hutchinson과 Sowa(1986)에 의해 개발된 개념으로, 사회교환이론(social exchange theory)(Blau, 1964)을 바탕으로 한다. POS는 조직이 근로자의 공헌에 대하여 가치 있게 생각하고 그들의 복지에 대해서 염려하고 있는지에 대한 근로자의 인식이며 믿음이다(Eisenberger et al., 1986). POS는 사회적 교환이론(Blau, 1964)과 호혜적 관점에서 조직과 근로자 간의 상호 관계성에 기반하기 때문에, 조직으로부터 혜택을 받았다고 인식하는 근로자는 조직의 발전에 관심을 갖고 기여하고자 한다(Rhoades & Eisenberger, 2002). Johlke, Stamper와 Shoemaker(2002)는 교육훈련을 POS에 영향을 미치는 주요 요인으로 제시하였다. Guzzo, Noonan과 Elron(1994)은 **자녀 또는 가족**과 관련된 **교육훈련**을 POS의 구성요소 중 가족 지원 요소로 분류하였다. 자녀나 가족과 관련된 교육훈련이 가족 지원으로 인식되어 POS에 **긍정적 변인**으로 작동되고 있음을 확인하였다. 그런데 조직이 교육을 제공함에 있어서 POS와 관련하여 주의해야 할 점은 교육 참여자인 근로자들이 교육기회를 제공받는 것에 대하여 실제로 어떻게 생각하고 있느냐를 면밀히 살펴야 한다는 점이다.

> '회사가 우리한테 들어와서 나를 변화시켜서, 뭐 회사의 성과를 좋게 하려고 하는 거 아니야? 이거?' (웃음) 그런 관점들이 있어요. … 문제를 자기가 인식해야 되는 건데, 그거(교육)를 하는 거 자체가 '조직의 이익을 위해서 하는 거 아니야? 내가 거기에 왜 활용돼야 돼?'라는 생각을 가진 사람들이 무작정 있어요. 그냥 있다고 보시면 돼요. (김현경, 2019a: 360)

Kessler, Price와 Wortman(1985)에 의하면 조직이 실제로 근로자에게 일정한 지원을 제공했더라도 근로자가 그것을 조직지원으로 인식하지 않으면 진정한 지원이 아니라고 하였다. POS에 대한 영향은 객관적인 지원의 유무에 의해 결정된다기보다 지원에 대한 근로자의 주관적인 지각의 유무에 의해 영향을 받는다는 것이다. 뿐만 아니라 근로자의 복지를 위한 교육이라고 할지라도 **젖소 사회학**(cow sociology)[2)]의 관점에서 조직이 생산성 향상을 위하여 근로자를 착취하기 위한 수단(최동석, 2001)으로 교육을 활용하고 있다고 인식하면 오히려 POS에 **부정적 영향**을 미칠 수 있다. '조직의 이익을 위해서 하는 거 아니야? 내가 거기에 왜 활용돼야 돼?', '무작정 있어요'라는 언급에는 조직이 제공하는 교육을 근로자를 위한 것이 아니라, 조직의 이익을 위하여 근로자의 변화를 강요하는 일종의 젖소 사회학의 시선이 드러났다. 그러나 R-EAP는 근로자가 자발적으로

2) "Daniel Bell이 언급한 만족한 젖소가 가장 많은 우유를 준다는 젖소의 사회학(cow sociology)은 미국 경영학에서 인본주의적 접근에 대한 야유적 표현이다. 기업의 조직구성원에 대한 배려 정책은 소의 젖을 많이 짜내기 위하여 농장주가 소에게 잘 대해주는 것일 뿐이라는, 표면적 배려와 존중 뒤에 숨은 이윤 극대화를 위한 냉정한 계산을 비판한 것이다(최동석, 2001)."(김현경, 2019a: 34)

조직한 CoP의 형태로 자녀양육 및 생활지원과 관련된 본인의 문제상황을 해결하기 위한 것이므로, 조직이 성과 향상을 위하여 근로자를 쥐어짜는 젖소 사회학적 관점을 넘어설 수 있다. 이런 관점에서 R-EAP는 학습자인 근로자의 자발적 참여에 기반할 때 진정한 조직지원으로 인식될 수 있다.

(3) 지식공유 활성화

Grant(1996)는 **지식공유**(knowledge sharing)를 개인의 지적 자산을 공동체에 공유함으로써 지식의 활용도를 높이고 공동체의 역량을 극대화하고자 하는 활동이라고 정의하였다. 또한 조직 차원에서 지식의 활성화는 조직 내의 지식 자산을 공유하고 활용함으로써 조직의 역량을 강화할 수 있는 활동이라는 점에서 전략적으로 매우 중요하다고 하였다. 조직 내 지식공유의 필요성은 꾸준히 강조되어 왔으며, 공동체 구성원 사이의 상호작용 안에서 암묵적 지식이 공유될 때 지식은 새롭게 생산되며 창출은 촉진된다(Nonaka & Takeuchi, 1995). 지식공유가 실제 이루어지느냐의 문제는 근로자들 간의 상호작용인 그들 간의 관계에 의하여 영향을 받게 된다.

> 상사가 부하직원한테는 그런 경우도 종종 있어요. 상사가 부하직원들한테 내 조직의 창의성 향상을 위해서, 내 조직에 지식공유하는 문화를 만들기 위해서, 내가 먼저 솔선수범하고 공유해주고, 너희들끼리 공유하라고 challenge하고. 상사의 leadership 발휘를 위해서는 하는데… (OS(1)-C-RB-1.8)

> 솔직히 그건 academic한 얘기고, 실제로는 이해관계에 따라서. 이해관계가 내가 갖고 있는 정보나 자료나 이런 걸 공유해줬을 때, 뭐 국물도 없다 그러면, 재랑 나랑은 그럴 관계가 아니다 싶으면, 지식공유 차원에서? 무슨 다양성 차원에서? 사실 그거는 조금 현실적이지 않은 거 같아요. (OS(1)-C-RB-1.4)

조직 관점에서 개인의 지식공유 행위는 조직 전체의 역량 강화 요인이 될 수 있지만, 개인의 관점에서는 역량과 경쟁력을 상실할 수 있는 위험을 내포한다(Bock, Zmud, Kim, & Lee, 2005). 근로자 개인의 지식공유는 현재 시점에서 조직에는 이익이 될 수 있지만 개인에게는 불이익이 될 수 있다. 연구 참여자 C는 실제 직장 내에서의 지식공유는 '상사가 부하직원들한테', '지식공유하는 문화를 만들기 위해서' 상사가 먼저 솔선수범하는 모습으로는 종종 나타나지만, 동료들 간의 지식공유 행위는 찾아보기 어렵다고 하였다. 지식공유는 이해관계에 기반하며 자신에게 이득이 없는 경우, 순수한 의도에서의 지식공유는 '솔직히 그건 academic한 얘기'이고 '현실적이지 않은' 얘기라고 단언하였다. 이러한 진술 속에는 조직 내 협력관계보다는 경쟁관계에 대한 인식이 강하게 묻어나고 있었다.

기업 내 개인 간 **경쟁을 조장**하는 **조직문화**(organizational climate)는 지식공유에 대한 주요한 실패요인이 된다(박승립, 2017). 조직 구조 자체가 구성원 간의 협조보다는 경쟁을 조장하는 구조라면 조직 구성원의 지식공유는 필연적으로 개인의 가치와 영향력을 감소시키고 공유 행위를 꺼리게 하는 방해요인으로 작동하게 된다(조옥래 등, 2007). 특히 소통의 장애는 지식공유의 치명적인 방해요인으로 조직 구성원 간의 신뢰와 믿음 형성을 억제한다(Beckman, 1997). 반면 성공적인 지식공유는 조직 구성원 개인의 자발성에 달려있으며(Roos & Roos, 1997), 조직 내에 지식공유가 활성화되기 위해서는 금전적·물질적 보상보다는 타인을 돕고자 하는 이타성과 같은 내적동기가 작동되어야 한다(Lee & Ahn, 2007). 그러므로 R-EAP는 학습자 간에 형성된 경쟁관계를 상쇄할 수 있는 **자발적 이타성**을 불러일으킬 수 있어야 한다. 학습과정 중에 일어나는 서로에 대한 공감적 이해를 통하여 경쟁을 조장하는 조직문화가 상호 호혜적인 협력의 조직문화로 전환될 수 있어야 한다. 이와 관련하여 R-EAP를 자녀양육과 관련된 공통 관심사를 해결해가는 과정을 설계한다면, 경쟁관계에 있는 동료일지라도 자녀양육에서 겪는 비슷한 어려움을 함께 해결해가는 과정에서 동병상련(同病相憐)을 경험하며 **공감대**와 **유대감**을 형성할 수 있다. 동병상련은 경쟁관계에 있는 근로자들을 호혜적 관계로 나아가게 하는 심리적 매개가 될 수 있다는 점에서 의미가 있다.

(4) 기업의 사회적 책임 수행

현대는 CSR의 시대라고 일컬을 만큼 **기업의 사회적 책임**(corporate social responsibility: 이하 CSR)[3]이 중요시되고 있다(강승완, 2013). CSR은 사회의 목표 혹은 가치적 관점에서 바람직한 정책을 지향하고, 그러한 의사결정을 내리거나 행동을 추구해야 하는 기업인의 의무이다(Bowen, 1953). 기업이 보유한 자원을 활용하여 더욱 살기 좋은 사회로 만드는 것이 기업의 중요한 책임으로 부상하였으며(김효숙, 2008), 기업의 활동 범위가 확대되고 사회에서의 위상이 높아짐에 따라 CSR은 기본적인 사회적 책임의 완수만으로는 충분하지 않게 되었다(김요한, 2009).

> 저희 회사에 global하게 사회공헌을 하는 프로그램이 있어요. 그런데 임직원들이 해외에 있는 global startup에 가서, '언제까지 학교 지어주고 나무 심어주고 몸으로 노동하고 올 거냐? mentoring해주는 프로그램으로 바꿔보자.' 그거(mentoring 프로그램)를 운영하면서 가장 많은 challenge가 '왜 굳이 나의 지식이나 경험을 mentoring으로 줘야 되느냐?'였어요. 그 때 저희가 찾았던 근거 중에 하나가 해외에서는 leader로 성장하는 과정 중에 꼭 있어야 될 덕목이 사회참여, 사회공헌 측면이 되게 강한데 … 그런 측면에서 사회에 기여하고 이런 거를 기업이 나서서 한다. 이런 식으로 사회에 issue가 되는 거를 회사 차원에서 사회공헌 프로그램으로 하면 의미가 있을 거예요. (OS(1)－A－REM－1.22.1)

3) "CSR의 개념을 구체화하기 시작한 Bowen(1953)은 CSR을 사회의 목표 또는 가치적 관점에서 바람직한 정책을 지향하며, 그러한 의사결정을 하거나 행동을 추구해야 하는 기업인의 의무라고 정의하였다."(김현경, 2019a: 35)

CSR은 국제적인 기업 활동을 하는 데 중요한 요건이 되었다. '학교 지어주고 나무 심어주고' 하는 몸으로 하는 단순 노동을 넘어서, 지식공유 차원인 'mentoring'으로까지 사회공헌이 확대되고 있음을 확인하였다. 그러나 **사회적 책임 인식수준**[4])이 낮은 임직원들은 '지식이나 경험'을 나눠주는 것에 대한 거부의사를 드러냈다. 이러한 저항에 대하여 해외에서는 leader의 덕목으로 '사회참여, 사회공헌'이 강조되고 있으며, 이를 기업이 나서서 수행하고 있음을 부각하여 설득했다는 것이다. 임직원들이 적극적으로 사회공헌에 임하게 하기 위해서는 '기업이 나서서', '사회에 issue가 되는 거를 회사 차원에서' 사회적 책임으로 수행할 때 활성화되고 의미가 있을 것이라고 하였다. 조직이 먼저 CSR을 실천할 때 조직 구성원의 사회적 책임 인식수준은 자연스럽게 높아질 수 있고, 조직 구성원은 CSR을 조직문화로 받아들여 보다 적극적으로 수행할 수 있게 될 것이다.

> 가장 중요한 거는 사람들의 trend거든요. 우리 세대에서 중요시하는 부분 뭐, '저출산 기조를 해결하기 위해서 기업에서 어떻게 할 것인가?' 그런 화두가 던져져야겠죠. 그런 화두가 던져지면 거기에 따른 우리(HRD 담당자)의 역할들도 좀 정의가 될 것이고. 그것을 필요로 하는 조직에서 먼저 도입을 해서 큰 효과를 낼 수 있다면 따라하는 기업들이 좀 많이 생기겠죠. (OS(1)－B－REM－2.1)

'저출산 기조' 등과 관련된 CSR이 수행되기 위해서는 우선 화두가 던져져야 한다고 하였다. 사회적 관심사인 'trend'로서의 '화두'를 발견하고 '먼저 도입'한 후, '따라하는 기업'이 생김으로써 CSR을 선도하는 기업 이미지를 구축할 수 있을 것이라고 하였다. Carroll(1991)은 CSR을 경제적 책임, 법적 책임뿐만 아니라 윤리적 책임, 자선적 책임으로까지 확장하였

4) "'사회적 책임 인식수준'은 개인이 기업의 사회적 책임에 대하여 어느 정도로 중요하게 여기는지에 대한 인식의 정도를 말한다(Waldman et al., 2006)."(김현경, 2019a: 35)

고, Steiner(1979)는 내부적 책임과 외부적 책임으로 구분하였다. 내부적 책임은 조직 내에서의 사회적 책임으로 근로자의 채용과 훈련, 작업조건, 자원의 효율적인 이용 등과 관련된 책임이다. 외부적 책임은 조직의 경계를 넘어서 사회의 소외계층을 위한 원조나 문화 및 예술에 대한 공헌, 시민의 기본권리 보호, 인간존중 등에 관한 책임이다. R−EAP를 통한 근로자생활지원은 Carroll(1991)에 따르면 **윤리적 책임**이나 **자선적 책임**에 해당한다. Steiner(1979)의 구분에 의하면 R−EAP가 근로자만을 대상으로 하는 근로자의 생활지원교육일 경우에는 **내부적 책임**에 한정되지만, 근로자의 가족·주민·고객들에게도 참여의 기회를 확대한다면 **외부적 책임**을 수행하는 CSR이 된다. 저출산 기조와 관련하여 R−EAP가 자녀양육을 지원하는 기업의 윤리적 책임, 자선적 책임, 내·외부적 책임으로 인식되면 기업 이미지에도 긍정적 요인으로 작용할 수 있다.

(5) 기업 이미지 제고

기업 이미지는 소비자인 대중과 관련 기관들이 기업 자체에 대해 가지는 이미지이자 태도 혹은 신념을 말한다(Kunkel & Berry, 1968). 기업 이미지는 기업행동 이미지·사회적 행동 이미지·사회공헌 이미지로 구분되고, 사회공헌 이미지는 사회적 평판·문화적 공헌·사회복지 공헌의 기부적 이미지를 포함한다(Winters, 1986). R−EAP는 **사회공헌 이미지** 중 문화적 공헌과 사회복지 공헌의 이미지와 관련된다. R−EAP는 교육이라는 점에서 문화 활동에 해당하는 **문화적 공헌**이며, WLB 등 사회적 이슈와 관련된 측면에서는 **사회복지 공헌**의 특성을 띤다. 최근 CSR과 기업 이미지 간의 관계에 대한 연구(간형식, 류정혜, 최한아, 2012; 곽강희, 2017; 김요한, 2009; 김주헌, 조정, 2011; 장설경, 이수형, 전상택, 2017)가 다수 등장하였다. 기업 이미지의 선행변인으로서의 CSR은 사회적으로 중요한 이슈, 기업의 환경친화성, 고용의 다양성, 공동체의식, 문화행사나 자선활동에 대한 후원 등과 관련된다(허원무, 우정, 정의파, 2007). R－EAP가 자녀양육과 관련하여 사회적으로 중요한 이슈가 되는 가정폭력, 학교폭력, 청소년 비행, 인터넷 중독 등의 문제를 다룬다면 이런 교육은 CSR과 관련된 활동이 되며, 나아가 기업 이미지를 제고하는 방안이 될 수 있다.

> 그런 거를 제공해 주는 회사가 있다면 굉장히 좋은 회사라고 생각해요. 제가 만약에 사장이라면 우리 회사가 이익을 많이 낸다고 하면 그런 교육을 만들 수도 있을 것 같아요. 그리고 나랑 같이 일하는 사람들이 내 가족 같다 그러면 저런 교육을 만들고 싶은데… (OS(1)－B－REM－1.7)

연구 참여자 B는 근로자의 생활을 지원하는 '그런 거를 제공해 주는 회사'는 '굉장히 좋은 회사'라고 표현하였다. 이 표현 안에는 '굉장히 좋은 회사'라는 '기업 이미지'를 갖기 위한 선행요인으로 '그런 거'가 지목되었다. '그런 거'는 기업이 근로자의 생활을 지원하는 차원에서 내부적 책임으로 제공하는 R－EAP를 의미하였다. 그런데 '그런 교육'을 제공하는 전제로서 '회사가 이익을 많이 낸다고 하면', '같이 일하는 사람들이 내 가족 같다 그러면'이라는 조건이 전제되었다. 이는 **조직의 높은 성과**와 근로자 간의 **가족과 같은 친밀한 관계**가 R－EAP를 도입하고 지속하는 데 영향요인으로 작용할 것이라는 연구 참여자 B의 선이해를 드러낸 것이다.

> 저희는 또 디지털 기기를 만드는 회사다 보니까 … 디지털 기기 때문에 사실은 뭔가 관계에서 차단되고 그런 게 많이 생길 수 있는데, 그런 거의 반대급부로 '우리가 이런 교육프로그램을 합니다'라고 할 수도 있을 거 같아요. (OS(1)－A－REM－1.22.2)

기업의 사전 이미지가 긍정적인 경우에는 기업과 관련성이 높은 CSR 활동을 할 때 기업광고는 기업 이미지 변화에 보다 효과적이고, 기업의 사전 이미지가 부정적인 경우에는 기업과 CSR 활동 간의 관련성과 무관하게 기업광고가 기업 이미지 제고에 효과적이다(김요한, 2009). 이를 연구 참여자 A의 진술과 연결해 보면, '디지털 기기를 만드는 회사'는 대인관계에 있어서 '디지털 기기 때문에' 발생하는 관계에서의 부정적 영향을 해결하는 내용을 R-EAP로 제공하면 기업 이미지를 긍정적으로 관리할 수 있다. R-EAP가 디지털 기기가 만드는 관계에 대한 부정적 영향을 개선하는 내용을 다룬다면, R-EAP는 디지털 기업의 CSR 활동으로 인식될 수 있고, 이는 **기업 이미지**를 **제고**하는 **긍정적 광고**로 작동할 수 있다고 보는 것이다. 쉽게 말해서 자녀양육의 어려움 중에 디지털 기기와 관련된 문제상황을 R-EAP에서 다룬다면, 이러한 활동 자체가 디지털 기기를 만드는 기업에게는 CSR이 되고 기업 이미지를 긍정적으로 제고할 수 있다는 관점이다.

3) 공통 측면의 요구

(1) 일몰입 촉진

9 to 6시대에 온전히 그 시간을 일에 다 불태워도 모자랄 텐데, 가정에 어떤 issue가 있고 trouble이 있으면 몰입 잘 안 되잖아요. 일은 일, 가정은 가정. 이게 말은 딱 그렇게 이분법처럼 움직이겠다하는데 감정의 동물이니까. 그런 것들을 방지해서 일에 좀 더 몰입할 수 있도록… (OS(1)-C-REM-1.1)

집안에 문제가 있거나, 아이하고의 trouble, 뭐 배우자 trouble이 있으면 어쨌든 그 사람한테 영향을 미치게 되는 거잖아요. 사실 그게 미치는 영향이 훨씬 크다고 저는 생각하거든요, 개인의 생산성에. 하루 종일 8시간 자리에 앉아있다고 해서 일을 열심히 하는 게 아니라, 정말 4시간을 몰입해서 성과를 내게끔 만들어주려면 그 사람이 안고 있는 정신적인 자원소모를 다 찾아내주는 것도 어떻게 보면 회사가 할 일이라고 생각하는데… (OS(1)-A-REM-1.21)

근로자들은 직장 내에서 '일은 일, 가정은 가정', '그렇게 이분법처럼' 감정과 행동을 분리하여, 가정의 어려움이 업무에 영향을 미치지 않도록 행동할 것을 요구받는다. 그러나 인간은 '감정의 동물이니까'라는 표현에서처럼 가정의 삶과 일터의 업무를 완전히 분리하는 것은 사실상 불가능하다. 근로자의 **심리적 환경**을 일에 좀 더 몰입할 수 있도록 '정말 4시간을 몰입해서 성과를 내게끔', '정신적인 자원소모를 다 찾아내주는 것도 어떻게 보면 회사가 할 일'이라고 보고 있었다. 근로자의 심리적 안정은 일몰입을 위한 필수조건이라고 할 수 있다. 또한 가정에서 발생되는 갈등이나 문제로 인하여 근로자가 일에 몰입하기 어렵다면 조직 역시 그 영향으로부터 자유롭지 못하다.

주어진 직무에 집중하고 몰입하는 긍정적인 심리상태를 일컫는 **일몰입**(Kahn, 1990)은 조직 성과의 영향요인으로 주목받고 있다(이소정, 홍아정, 2017; Rich, Lepine, & Crawford, 2010). 개인의 심리상태에 주목하는 일몰입을 촉진하기 위해서는 근로자 **개인의 심리상태**와 **개인특성**에 대한 **이해**가 필수적이다(이소정, 홍아정, 2017). EAP의 목적도 직무성과에 영향을 미칠 수 있는 개인적 문제를 완화하기 위한 것(박종길 외, 2011)으로, 조직은 근로자가 일에 몰입할 수 있는 환경을 조성해 줄 필요가 있다. 일몰입을 향상시키기 위해서는 특정 과업보다는 지속적인 동기부여가 필요하고(Salanova & Schaufeli, 2008), 지속적인 동기부여를 위해서는 개인의 노력과 주변의 지지, 긍정적인 관계 등이 병행되어야 한다(이소정, 홍아정, 2017). 자기효능감(self-efficacy)도 일몰입에 유의한 영향을 미치는 요인으로 나타났다(권혁기, 박봉규, 2010). **자기효능감**은 개인이 어떤 능력이나 기술을 실제로 가지고 있느냐와 관련된 것이 아니라, 특정과업을 성공적으로 달성할 수 있다는 자신의 능력에 대한 스스로의 판단 또는 자신감이나 행동변화를 중재하는 인지체계를 의미한다(Wood & Bandura, 1989). 일몰입을 위해서는 근로자가 지속적이 동기부여를 할 수 있도록 **주변의 지지**와 **긍정적 관계맺음**

을 통하여 자기효능감을 향상시킬 수 있는 방안이 모색되어야 한다.

이런 관점에서 R−EAP는 가정과 직장에서 발생하는 문제상황을 해석하고 이해하는 과정 중에 근로자들과의 공감적 교류를 통하여 지지적 분위기와 긍정적 관계를 형성할 수 있어야 한다. 또한 이론이나 정보의 일방적 전달이 아닌 자신의 생활과 관련된 구체적 상황을 해결하는 학습 경험을 제공함으로써 자신감을 불러일으키고 자기효능감을 향상시켜 학습동기를 지속적으로 유지할 수 있도록 해야 한다. 이렇듯 근로자와 조직은 R−EAP를 통하여 근로자가 심리적 안정을 꾀하여 일에 더욱 몰입할 수 있기를 요구한다.

(2) 관계 역량 강화

> 보통 mechanism(작용원리나 구조)이라고 표현을 하죠. 업무의 mechanism이나 일의 mechanism이나 이런 부분들이 어떻게 돌아가는지 잘 파악하고 이해를 하는 사람이냐, 그렇지 않으냐. 뭐 leader의 경우에는 business acumen이 있느냐, 그렇지 않느냐. (OS(1)−B−RB−1.7)

관계 역량을 강화하는 것은 개인인 근로자뿐만 아니라 조직에도 중요하게 인식된다. R−EAP에서 **관계기반**(relations−based)의 의미는 관계 인식(relations) 차원의 의미와 관계맺음(relationship) 차원의 의미를 포괄한다(김현경, 2019a). 관계 인식(relations) 차원에서의 관계 역량은 체제(Bertalanffy, 1968/1990) 전체에 대한 구조적 관계성을 파악할 수 있는 역량을 뜻하며, 상황과 맥락 등에 얽혀 있는 사람·사물·현상 사이의 관계에 대한 인식과 통찰을 이른다. 상호관계를 맺는 부분들의 총체인 체제를 이해하는 능력이며, 체제를 구성하는 부분요소와 그와 관련된 관계를 통찰할 수 있는 역량이다. 연구 참여자 B가 언급한 '업무의 mechanism', '일의 mechanism', 'business acumen', '부분들이 어떻게 돌아가는지 잘 파악하고 이해하는' 능력은 관계 인식 차원의 관계 역량과 연결된다. **관계**

인식 차원의 **관계 역량**이 뛰어나면 업무파악을 잘하고 성과를 이끌어내며 새로운 것들도 잘 추진한다고 진술하였다.

> 저희처럼 A사 다니는 사람들 되게 목표지향적이고 개인적이고 그렇거든요. 그런데 다른 인격체가 저한테 의지하고 있다는 생각이 많이 들기도 하고, 저를 통해서 얘가 세상을 배운다는 생각을 자꾸 하니까 오히려 행동을 되게 조심하게 되고 인간으로서 좀 성숙해가는 거 같더라고요. (OS(1)−A−RB−4.1)

연구 참여자 A는 자녀양육 이전에는 매우 '개인적'이며 '목표지향적'인 사람으로 타인과의 관계 안에 있되 개체화된 관계맺음을 하는 수준이었다. 그러나 자녀양육 이후에는 '다른 인격체가 저한테 의지하고 있다는 생각'과, '저(부모)를 통해서 얘(자녀)가 세상을 배운다는 생각'을 하게 되면서 고립된 개체로서의 관계맺음이 아닌 공속적 관계맺음으로 나아갔다. 김현경(2019a)에 의하면 **관계맺음(relationship) 차원**에서의 **관계 역량**은 관계를 맺는 대상과 사람의 아픔을 그 대상과 사람이 처해 있는 사회적·역사적 구조 안에서 공유하며 공감적으로 이해하는 능력이고, 태도나 행위에 있어서 본래적 관계맺음을 가능하게 하는 역량이다. 연구 참여자 A가 자녀양육 이후 경험한 부모와 자녀 간의 관계맺음은 서로가 서로에게 영향을 미치며 떼려야 뗄 수 없는 공속적 관계맺음이었다. 이는 본래적 마음씀(Heidegger, 1979/1998)을 실천하는 관계맺음(relationship) 차원의 관계 역량과 연결된다. **본래적 관계맺음**(relationship)은 결정적 사건 속의 다양한 대상들과 **염려·심려·배려**의 **마음씀**(Heidegger, 1979/1998)을 실천함으로써 그들의 존재가능성대로 존재하도록 관계를 맺는 것이다.

> 관계는 조직에서 굉장히 중요시하죠. 동료들과의 관계도 있고. leadership과의 관계도 있고. 업무를 잘 풀어나가기 위해서 communication을 잘 해

야 하는 관계도 있고. … 그런데 관계가 곧 소통으로 연결이 되는데 소통이 원활하지 않은 사람은 performance도 낮을 수 있고, 지식의 흐름을 방해하는 요소가 될 수도 있고. 그렇기 때문에 관계에 있어서도 지식적 흐름이나 직장 내 분위기 조성이나 이런 부분에 있어서 관계를 굉장히 장려하죠. (OS(1)－B－RB－1.6)

조직 측면에서도 관계 역량은 중요하게 인식되고 있었다. 조직에서 관계는 ‘동료’, ‘leadership’, ‘업무’, ‘커뮤니케이션’ 등 다양한 측면과 관련되는데, 조직에서 관계 및 소통이 원활하지 않으면 performance는 낮아지고 지식의 흐름은 방해를 받을 수 있기 때문이었다. 조직에서 ‘관계가 곧 소통으로 연결’된다는 점에서 ‘지식의 흐름’과 ‘직장 내 분위기’와 관련하여 원활한 관계를 장려한다고 하였다. 조직이 관계를 중요시하는 이유는 Song, Lim, Kang과 Kim(2009)의 연구에서 확인할 수 있다. **신뢰 관계**를 기반으로 하는 **소통**은 사람들로 하여금 **상호 협력적 행동**을 가능하게 하며, 조직은 이를 통하여 조직 구성원 간의 갈등을 줄이고 변화에 신속히 대응할 수 있다고 하였다. 이를 연구 참여자 B의 진술과 연결해보면, 신뢰를 기반하는 소통은 ‘관계가 곧 소통으로 연결’된다는 측면과 관련되고, 상호협력적 행동은 ‘지식의 흐름’과 연계되며, 조직 구성원 간의 갈등을 줄이는 것은 ‘직장 내 분위기’와 연관된다.

예전에는 (직장에서) 상대방하고 일을 하거나 할 때 조금만 불편한 상황이 있으면 그쪽에다 언성을 높인다거나 이해를 잘 못하는 상황이 있었거든요. (지금은 직장에서) 상대방을 이해하는 게 조금 더 넓어진 거 같긴 해요. 아이가 제가 요구하는 거를 듣지 않거나 약간 싫다고 표현하고 그럴 때 있잖아요. 특히 옷을 이걸 입었으면 좋겠는데 ‘나(딸)는 분홍색이 좋아’라고 애기할 때, 저(엄마)는 분홍색 되게 싫어하는 사람인데, 저희 딸은 분홍색 lover거든요. 처음에는 그게 이해가 안 되는 거예요. 그런데 나중에는 ‘아, 그렇지. 너는 분홍색을 좋아하지.’ … 그런 게 약간 반복되다 보니까 나랑 다른 의견이나 다른 의사표현을 했을 때 예전에는 바로 공격했거든요. 지금은 한 번 더 듣는 거 같기도 해요. (OS(1)−D−RB−4.2)

가정에서의 관계 역량은 **조직에서의 관계 역량**으로 **확대**되고 있었다. 부모자녀 간의 관계에서 오는 상대방에 대한 이해는 직장에서의 관계맺음에도 태도의 변화를 가져왔다. '분홍색 되게 싫어하는 사람'인 엄마가 '분홍색 lover'인 딸의 의견을 수용하는 것은 '상대방을 이해'하는 과정이었다. '나랑 다른 의견이나 다른 의사표현'을 상대방의 입장에서 상대방의 감정에 기반하여 '한 번 더 듣는' 것은 심리적 이해(Danner, 2004/2004)와 관련된다. 심리적 이해는 심리적인 감정이입이나 감정이입적 이해를 의미한다. '아, 그렇지. 너는 분홍색을 좋아하지'라고 생각할 수 있었던 것은 자녀의 심리상태로 감정이입하여 문제상황을 새롭게 이해할 수 있었기 때문이다. 이렇듯 자녀와의 관계맺음에서 오는 상대방에 대한 이해는 직장에서 '불편한 상황'에 '언성을 높인다거나', '바로 공격'하던 관계맺음의 수준을 '지금은 한 번 더 듣는' 수준으로 변화하게 하였다. 사건이나 현상에 대한 새로운 이해는 선이해('분홍색 되게 싫어하는 사람'인 나)와 낯선 이해('분홍색 lover'인 딸) 사이에 참된 대화가 성찰적으로 일어나고, 전체 관계를 통찰할 수 있을 때 낯선 지평과의 융합(가정에서의 관계맺음의 변화가 직장에서의 관계맺음의 변화로 전이됨)이 일어날 수 있다. R−EAP는 근로자와 조직 모두에게 중요시되는 관계 역량을 강화할 수 있도록 문제상황과 관련된 관계 인식을 확장하고, 더불어 근로자와 가족 구성원, 근로자와 조직 구성원 간에 본래적 관계맺음을 실천할 수 있도록 지원해야 한다.

(3) 정서적 신뢰 심화

Lewis와 Wiegert(1985)는 신뢰를 인지적 신뢰(cognitive trust)와 정서적 신뢰(emotional trust), 행동적 신뢰(behavioral trust)로 구분하였고, 대인 간 신

뢰는 인지적·정서적 기반이 필요하다고 하였다. McAllister(1995)는 Lewis와 Wiegert(1985)의 연구를 근간으로 대인 간 신뢰를 인지기반 신뢰(cognition-based trust)와 정서기반 신뢰(affect-based trust)로 구분하였다. McAllister(1995)에 의하면 인지기반 신뢰는 상사의 능력이나 역량 등 믿을 수 있는 근거에 기반하고, 정서기반 신뢰는 신뢰자와 신뢰대상 간의 배려·성실성·유사성 등 감정적인 유대관계와 상호이해에 기초한다. 정서기반 신뢰는 합리적이고 객관적인 판단 근거에 의해 형성되는 인지기반 신뢰와 달리, 대인관계에 있어서 상호 긍정적 감정과 정서를 기반으로 하며 인지기반 신뢰에 비하여 비교적 장기적으로 형성된다.

R-EAP은 가정과 직장에서 경험한 결정적 사건에 대한 관계 인식을 확장하고, 관련된 대상들과 본래적인 관계맺음을 실천함으로써 일터와 삶터에서 근로자가 성장할 수 있도록 지원한다(김현경, 2019a). 근로자가 과거 자신의 성장과정에서 경험한 결정적 사건이 현재 가정과 직장에서 경험하는 사건 및 상황에 어떤 영향을 미치고 있는지 동료 학습자들과 함께 성찰·통찰하여 변화를 실천할 수 있도록 지원한다. 학습자들은 소통 중에 신뢰할 만한 합리적이고 객관적인 이유를 다른 학습자들로부터 발견하여 인지적 신뢰를 쌓을 수 있고, 유사한 어려움을 겪고 있다는 공감적 동질감 속에서 정서적 신뢰를 구축할 수 있다. 근로자가 생활과 관련된 어려움을 나눔으로써 **정서적 신뢰**를 쌓기 위해서는 **자기개방**이 필수적인데, 직장에서의 자기개방에 대한 연구 참여자들의 시각은 상이하게 나타났다.

> 여자들은 자연스럽게 얘기할 거구요. 뭐 회사 안에서 자기 애랑 비슷한 동년배를 키우는 여자 선배들도 있을 수 있으니까. 저는 지금 모임 하는 여기서도 자주 물어보거든요. … 약간 case-by-case이긴 하지만, 그래도 제 고민을 털어놓으니까 해소가 되는 거 같기도 해요. (OS(1)-A- REM-1.7)

> 그런데 critical한 게 뭐가 있냐면요. '그걸 꼭 회사 사람들하고 해야 돼?' 이들이 나를 어떻게 볼지 모르잖아요. 회사라는 게 한 다리, 두 다리만 거치면 다 선후배고 전에 근무했던 사람도 다 아는데, 회사 이외의 방법이 있으면 그 방법을 찾아가는 게 더 안전빵이고 좋지. 굳이 내가… (OS(1)-C-REM-1.4)

연구 참여자 A는 전반적으로 여자들은 자연스럽게 자기개방을 할 거라고 생각하였다. 자신도 '비슷한 동년배를 키우는 여자 선배들'이나 '지금 모임 하는' 학습 공동체에서 양육의 어려움을 이야기하고 조언을 구한다고 하였다. 상황을 해결할 수 있는지의 문제는 'case-by-case'이지만 '고민을 털어놓으니까 해소가 되는 거' 같다고 진술하였다. 생활과 관련된 상황을 직장 상사나 동료들과 나누는 경험이 정서적으로 위로가 되고 있음을 드러내었다. 직장 내에서의 자기개방은 가능하며 실제 그러한 과정을 통하여 정서적 지지를 경험하고 신뢰를 쌓아가고 있음을 확인할 수 있었다. 반면 연구 참여자 C는 '나를 어떻게 볼지', '한 다리, 두 다리만 거치면', '다 아는데', '회사 이외의 방법', '굳이 내가'라는 표현에서 드러나듯이, 사생활을 직장에서 나누는 것에 대해 'critical'한 상황으로 인식하고 있었으며 회사는 안전한 곳('안전빵')이 아니라고 생각하고 있었다. 직장 내에서의 **자기개방**에 대한 **두려움**을 드러냈다.

> 남녀 차이가 있을 거 같긴 해요. 저랑 동년배(아버지)는 좀 다를 수 있는데, 저보다 나이가 좀 있으신 (아버지)분들은 일단 애가 어떻게 컸는지 잘 모를 거예요. 아마 대부분이 아이하고 문제가 좀 있거나 가정에 문제가 있을 가능성이 큰데, 그런 고민을 직장 동료 또는 상사하고 나누는 게 자기 career에 damage라고 생각할 수 있을 거 같아요. 그래서 오히려 하고 싶어 하지 않을 거 같아요. 그런데 다르게 생각하는 사람들도 또 있으니까요. (OS(1)-A-REM-1.2)

연구 참여자 A는 '나이가 좀 있으신 (아버지)분들'은 회사에서 가정생활과 관련된 상황을 나누는 것을 '자기 career에 damage'라고 생각할 수 있다고 보았다. 그러면서도 '남녀 차이가 있을 거', '저랑 동년배(아버지)는 좀 다를 수 있는데', '그런데 다르게 생각하는 사람들'도 있다는 언급을 하면서 자기개방에 대한 결정요인으로 성별과 연령대를 지목하였다. 그러나 '애가 어떻게 컸는지 잘 모를 거'라는 표현의 심층을 살펴보면, 양육에 있어서 직접적인 관여 정도에 따라 문제상황에 대한 절박함과 해결하고자 하는 의지의 정도가 달라지고, 그에 따라 자기개방을 통하여 도움을 요청할 것인지 말 것인지를 결정할 것이라는 의미가 숨어있었다. 회사이기 때문에 생활과 관련된 문제를 자기개방하는 것이 어려운 게 아니라, 본인이 겪고 있는 문제에 대한 절박함의 정도가 자기개방의 여부를 결정할 것이라는 의미였다.

자기개방의 **여부**는 교육이 이루어지는 장소에 의해 결정된다기보다, **수업 참여자들 간**의 **신뢰의 정도**에 따라 달라진다. 신뢰가 구축된 참여자들 간에는 자기개방이 수월하다. 신뢰는 지식공유의 선행요인으로(임대환, 김동주, 2014) 조직에서 신뢰는 중요시되어 왔으며, 신뢰와 자기개방은 상호영향관계에 놓여 있다. 타인과의 관계형성 초기에는 타인의 행동을 계산적으로 평가하는 과정을 통하여 인지적 신뢰를 구축하지만, 장기적으로는 타인과의 가치 공유와 동일시에 의한 정서적 신뢰를 구축한다(Lewicki & Tomlinson, 2003). 조직은 인지적 신뢰뿐만 아니라 정서적 신뢰 구축에도 많은 관심과 노력을 기울여야 할 필요성이 있다. 인지적 신뢰는 신뢰대상의 능력이나 역량 등을 근거로 하므로 상대적으로 적은 시간과 노력을 투자하여 신뢰의 판단과 구축이 가능하지만, 정서적 신뢰는 신뢰자와 신뢰대상 간의 감정적 유대에 기반하므로 인지적 신뢰에 비하여 신뢰의 판단과 구축에 보다 많은 시간과 노력이 소요된다. 그러나 **완전한 신뢰**는 능력에 의한 인지적 신뢰만이 아니라, 감정적 유대인 **정서적 신뢰**

가 함께할 때 완전해진다(Luhmann, 1979). 이런 관점에서 인지적 신뢰뿐만 아니라 정서적 신뢰를 구축하기 위한 자기개방은 중요하다.

직장에서 R-EAP가 활성화되기 위해서는 학습 초기에 참여자들 간의 신뢰가 어느 정도 전제되어 있어야 효과적이다. 전체 근로자를 대상으로 top-down 방식으로 교육을 제공하는 것보다, 어느 정도 신뢰가 구축되어 있는 근로자들이 스스로 교육 희망자들을 구성하고 공통 관심주제를 학습하는 bottom-up 방식의 교육지원이 바람직하다. R-EAP를 자발적 CoP 형태로 운영하는 것은 이와 관련이 있다. R-EAP는 자발적 CoP의 기본적인 신뢰 관계를 기반으로 시작하되, 교육이 진행될수록 **자기개방**을 통해 **인지적 신뢰**에서 **정서적 신뢰**를 **심화**하는 방향으로 운영하여 조직 전반에 신뢰 분위기를 확장하도록 한다.

(4) WLB 추구

WLB는 개인 수준과 조직 수준으로 구분하여 정의될 수 있다. 개인 수준에서는 일과 삶에서의 역할 혹은 영역에 대한 균형을 지각하는 것이고, 조직 수준에서는 근로조건의 향상과 균형을 지원하는 업무조건이나 복지·전략 등을 뜻한다(이혜정, 2012). 박순과 장영철(2015)은 WLB 지원제도를 일지원제도, 가족지원제도, 성장지원제도로 구분하였다. WLB의 영역 중 가장 많은 관심을 받고 있는 영역은 가족과 관련된 영역이며, 일터와 가정 중심의 두 영역을 넘어 삶의 다양한 영역으로까지 확대되고 있다(오헌석 외, 2009; 이혜정, 2012; Quick, Henley, & Quick, 2004). 오헌석 외(2009)는 일 이외의 삶의 영역으로 대인관계·건강 및 여가 등을, 박정열과 손영미(2014)는 가정·여가·자기계발 및 성장을 제시하였다.

제가 B사에 있을 때 기획해서 반응이 좋았던 프로그램 중에 하나가 원장님 설득해 가지고 다둥이들이 겪는 어려움이 있지 않겠느냐? 아이들을 어떻게 양육해야 하는지 한 시간이라도 특강을 듣고, 다둥이를 키우는 엄마 아빠들 중에 경험을 나누고 싶은 사람들을 그룹 전체 portal에다 공개 모집해가지고 panel 토론 비슷하게 하면 어떻겠냐? 듣고 싶은 사람은 이런 다둥이 교육노하우, 양육노하우 공유한다. 난리 났었어요! 신청자가! (OS(1)－C－REM－1.7)

연구 참여자 C의 진술은 **조직 수준**에서 지원하는 **WLB의 복지**와 관련이 있었고, WLB 조직문화, 가족친화제도 및 프로그램 지원과 연관되었다. 기업에서 실제로 다둥이 관련 프로그램을 기획·제공했다는 것은 기업이 비교적 조직 수준에서 WLB를 위한 복지에 관심이 있고 가족친화적 프로그램을 지원하고 있음을 나타내었다. 그러나 '원장님 설득해 가지고' 라는 언급에는 WLB가 아직 조직문화로 완전히 정착되지는 못한, '설득'이 필요한 수준에 있음을 드러냈다. 반면, '다둥이 교육노하우, 양육노하우 공유한다. 난리 났었어요! 신청자가!'라는 진술에는 WLB 프로그램에 대한 근로자들의 높은 관심과 필요를 반영하였다.

출산 전에는 aggressive하게 일했던 사람도 다섯 시만 되면 집에 가야 된다는 생각에 불안불안하고. 상사도 그걸 아니까 약간 중요한 일을 안 시킨다거나, 야근을 유발할 수 있는 일을 안 준다거나. 그러면 그것 때문에 또 열심히 일하던 직원(엄마)도 되게 속상하고. 이런 관계가 계속 반복되다 보면 점점 도태된다는 생각이 들 때도 있거든요. 저도 복직하고 나서 그런 생각 많이 들었거든요. (OS(1)－A－REM－1.6)

출산 후의 취업모들은 다섯 시만 되면 퇴근해야 한다는 압박감을 느끼고, '상사도 그걸 아니까', '중요한 일을 안 시킨다거나', '야근을 유발할 수 있는 일을 안 준다거나' 하는 등 WLB를 지원하는 것 같은 현상이 나타났다. 그러나 연구 참여자 A는 '이런 관계가 계속 반복'되면서 '점점 도태된다는 생각'이 들었고, 특히 '복직하고 나서' 그런 생각을 많이 했다고 진술하였다. 육아휴직이라는 가족지원제도의 혜택을 받는 것도 중요하지만, 근로자가 느끼는 WLB에 대한 **조직문화**가 어떠한지가 장기적으로는 더욱 중요하다.

WLB에 영향을 미치는 조직변인에는 상사와 동료의 지원과 근무시간, 직무특성, WLB 조직문화, 가족친화제도 및 프로그램 지원 등이 있다(손영미, 박정열, 2015). 이 중 WLB 지원제도가 실질적으로 일과 삶의 균형과 생산성에 영향을 미치기 위해서는 제도를 실제로 이용할 수 있는 분위기가 조직문화로 형성되고 유지되어야 한다(Wadsworth & Owens, 2007). WLB 지원제도를 마련하고 혜택을 제공하는 것도 중요하지만, 근로자가 체감하는 WLB에 대한 조직문화가 장기적으로는 WLB에 더욱 큰 영향을 미칠 수 있다. 이런 관점에서 R-EAP를 육아휴직 전후로 양육관련 어려움을 나눌 수 있는 장으로 활용한다면 근로자가 느끼는 WLB에 대한 조직문화는 긍정적으로 인식될 수 있다. 또한 조직은 WLB의 조직변인 중 WLB 조직문화와 가족친화 프로그램 지원이라는 두 가지 변인을 동시에 관리하는 효과를 얻을 수 있다.

(5) GWP 조직문화 구축

일하기 훌륭한 일터(Great Work Place: 이하 GWP)는 상사 및 경영진에 대한 진실성·존중·공정성을 하위구성요소로 하는 신뢰와, 업무와 조직에 대한 자부심과, 동료 간에 있어서 재미가 구축되어야 한다(Levering, 2000). 관계의 질(quality of relationship)은 **신뢰**와 **자부심**과 **재미**가 높을 때 함께 향상되며 기업 경쟁력도 높아진다. 즉, GWP **조직문화**는 상사와 조직 구성원, 조직 구성원과 직무, 조직 구성원 간의 신뢰를 기반으로 관계의 질을 향상시킴으로써 조직 구성원의 만족과 조직의 성과를 동시에 높일 수 있다(Levering & Moskowitz, 1998).

임직원들 mental을 관리를 해줘야 생산성이 좋아진다는 거는 global 기업이 되면 어쩔 수 없이 해야 되는 것이기 때문에, 저희 회사에서도 점점 중요해지고 있거든요. … 막 자살하기도 하고 심리적으로 불안한 사람이 되게 많아지기도 하니까. 그런데 그 근본을 파고 들어가 보면 결국은 다 가정이랑 연관되거든요. … 저희 회사는 GWP라는 걸 꼭 해야 돼요. 요즘에는 그거(GWP)를 회식으로 술 먹고 이런 것보다는 … 오히려 이런 게(R−EAP) contents로 하나 더 들어가 있으면 훨씬 더 많이 할 수 있을 거 같아요. (OS(1)−A−REM−1.9)

'global 기업이 되면 어쩔 수 없이 해야 되는 것', '임직원들 mental을 관리를 해줘야', '그거(GWP)를 회식으로 술 먹고 이런 것보다는', '오히려 이런 게(R−EAP) contents로'라는 언급에는 GWP에 대한 인식이 드러났다. 조직은 근로자들의 심리적 건강과 GWP 조직문화 구축을 위하여 회식과 같은 소통의 자리를 제공해왔지만, 신뢰·자부심·재미라는 GWP 조직문화를 구현하기 위해서는 '오히려 이런 게(R−EAP)'라고 표현된 근로자지원교육이 더 효과적인 GWP 구현방안이 될 수 있다는 인식을 드러냈다. GWP의 조직문화 요소 중 근로자와 관리자 간의 신뢰는 가장 중요한 요소이며, 개방적이고 자유로운 커뮤니케이션, 개인의 경력개발 및 성장에 관한 관심, WLB를 위한 배려 등은 상사와 경영진에 대한 신뢰의 주요 지표에 해당한다(Levering, 2000). 이런 관점에서 상사의 리더십 특성은 GWP 조직문화 형성에 있어서 주요한 영향요인이 된다.

가정적이고 다정다감한 가장이 밖에서 leader가 됐을 때 폭력적인 모습을 보일 확률은 그렇게 많지 않을 거예요. 물론 그럼에도 불구하고 두 얼굴을 가진 사나이가 있을 수는 있는데 대체적으로 그렇지는 않을 거라고 보거든요. 그러면 자연스럽게 직장 내 분위기도 좋아지고. (OS(1)−C−CR−1.15)

연구 참여자 C는 가정에서 '다정다감한 가장'은 직장에서도 리더로서 '폭력적인 모습을 보일 확률'은 높지 않을 것이며 그로 인하여 '자연스럽게 직장 내 분위기'도 좋아질 것이라고 하였다. 자녀나 배우자에게 다정다감한 민주적 리더십을 발휘하는 가장이라면 조직 내 부하들에게도 강압적이며 지시적인 모습보다는 친밀하고 수용적인 리더십을 발휘할 것이라는 관점이었다. R-EAP는 근로자가 경험한 결정적 사건 및 문제상황을 이해하는 데 있어서 가정과 직장에서의 상호 영향관계를 분석하는 활동을 포함한다. 예를 들어 부모·배우자·자녀와의 커뮤니케이션 방식과 상사·동료·부하와의 커뮤니케이션 방식 간에 어떤 영향관계가 있는지 그 현상과 원인을 분석하고 개선 방안을 가정과 직장을 연계하여 실천할 수 있도록 수업을 설계한다. 이는 GWP 조직문화 요소 중 **신뢰**의 주요 지표인 개방적이며 자유로운 **커뮤니케이션**과 관련이 있다. R-EAP를 통한 가정에서의 커뮤니케이션 역량 강화는 직장에서의 커뮤니케이션 역량 강화로 이어질 수 있으며, 개선된 커뮤니케이션을 통한 구성원 간의 **관계의 질 향상**은 GWP 조직문화의 핵심이라는 점에서 의미가 있다. R-EAP가 관계성 개발을 위한 근로자지원교육이라는 점은 조직 구성원 간의 관계의 질 향상을 통해 GWP 조직문화를 구축하고자 하는 것과 지향점이 일치한다.

3 HR 및 교육설계 측면의 시사점

교육프로그램을 개발하는 데 있어서 다양한 이해관계자의 요구를 반영하는 것은 중요하다. 관계성 개발을 통하여 근로자의 생활을 지원하고자 하는 R-EAP는 근로자와 조직 모두의 요구를 동시에 담아낼 수 있어야 한다는 전제에서부터 시작되었다(김현경, 2019a). 그리고 R-EAP에 대한 근로자와 조직의 요구를 구체적으로 확인하기 위하여 경험적 자료인 심층면담 텍스트와 이론적 자료인 선행연구의 텍스트를 해석학적 방법에 의하여 이중적으로 해석함으로써 요구분석적 탐색을 수행하였다. 그 결과, 근로자와 조직의 요구를 근로자 측면, 조직 측면, 공통 측면의 세 부분으로 분류하여 제시하였다. 첫째, 근로자 측면의 요구에는 EAP의 속성, CoP의 특성, 거리 학습 지향, 접근 용이성 추구 등이 확인되었다. 둘째, 조직 측면의 요구에는 이직률 감소, POS 고양, 지식공유 활성화, CSR 수행, 기업 이미지 제고와 관련된 요인들이 탐색되었다. 셋째, 근로자와 조직 모두의 요구인 공통 측면에는 일몰입 촉진, 관계 역량 강화, 정서적 신뢰 심화, WLB 추구, GWP 조직문화 구축과 연관된 요구들이 확인되었다.

R-EAP에 대한 근로자와 조직의 요구는 R-EAP를 도입하고자 하는 경영진 및 HRD 담당자, 교수자 및 학습자에게 4가지 시사점을 제공한다. 첫째, **무형식적 교육**(informal education)(Livingstone, 2001)[5]의 형태를 취하는 것이 **근로자의 요구**를 담아내는 데 보다 적합하다. 이는 문제상황의 변화에 따라 유연하게 대응할 수 있는 변동성과 유연성이 전제되는 교육방식을 취해야 함을 뜻한다. 근로자가 해결하고자 하는 자녀양육 및 생활 관련 문제상황은 매우 유동적이므로, 형식적 교육(formal education)보다는 무형식적 교육의 형태로 운영될 때 보다 효과적으로 대응할 수 있다. 무형식적 교육은 형식적 교육처럼 교수자에 의하여 계획·주도되지

---

5) "형식교육(formal education), 비형식교육 (non-formal education), 무형식교육(informal education)에 대한 개념은 Livingstone의 교육과 학습 유형에 대한 4가지 분류 기준을 따른다. 형식교육은 교수자가 미리 정해진 지식을 중심으로 커리큘럼에 따라 교육할 지식을 결정하고 배정하는 교육을 말한다. 비형식교육은 교수자와 함께 구성된 커리큘럼에 따라서 학습자 스스로 결정한 관심을 지원하는 차원에서 자발적 학습을 통해 지식과 기술을 습득하는 교육을 이른다. 무형식교육은 교수자나 멘토에 의한 의도적 커리큘럼 없이 우연적·자생적 학습상황에서 이루어지는 교육을 뜻한다(최윤진, 2011: 187-188 재인용)."(김현경, 2019a: 274)

않으며 정해진 커리큘럼에 의하여 학습할 지식을 미리 결정하는 것이 아니라, 우연적이며 자생적인 학습상황에 따라 변화한다(Livingstone, 2001). 학습자들이 생활지원과 관련하여 교육적 도움을 받고자 하는 문제들은 근로자 측면의 요구인 거리 학습(유영만, 2006)과 연결되고, 거리 학습은 근로자가 경험한 결정적 사건에 대한 이해와 관련되며, 결정적 사건에 대한 관계 이해는 근로자와 조직 모두의 요구인 관계 역량 강화를 통하여 관계 인식을 확장할 수 있다. 따라서 R－EAP에 대한 **거리 학습 지향**과 **관계 역량 강화**의 요구는 무형식적 교육을 설계함으로써 상황에 따라 보다 효과적으로 대응할 수 있다.

둘째, **근로자 및 조직 모두의 요구**를 반영하기 위해서는 **장기적인 교육**이 전제되어야 한다. 근로자의 요구인 EAP 속성과 관련된 자녀양육의 문제는 자녀의 발달단계에 따라 새로운 문제상황이 지속적으로 발생하기 때문에 이에 대한 지원 역시 지속적으로 이루어져야 한다(김현경, 2019a). 또한 조직 측면의 요구 중 CSR의 수행은 단기적인 책임 수행이 아니라 기업 활동을 수행하는 동안 연속적으로 실천해야 하는 활동이고, 기업 이미지도 단기간에 제고될 수 있는 것이 아니므로 장기적인 노력을 필요로 한다. 따라서 R－EAP를 통하여 CSR을 수행하고 이를 통하여 기업 이미지를 제고하고자 한다면 무엇보다도 장기적인 교육이 전제되어야 한다. 장기적 교육의 장애요인인 조직의 인적·물적 자원의 한계는 자발적 CoP에 기반하여 교육을 운영한다면 보완될 수 있을 것이다. 더불어 근로자와 조직 모두의 요구에 해당하는 관계 역량 강화와 정서적 신뢰를 심화하기 위해서도 R－EAP는 장기적 교육으로 진행되어야 한다. 정서적 신뢰는 인지적 신뢰에 비하여 장기적으로 형성되며(McAllister, 1995), 관계맺음 차원의 관계는 정서적 신뢰의 영향을 받기 때문이다. R－EAP를 장기적 교육으로 운영하여 정서적 신뢰를 심화하고 이를 통하여 근로자들 간에 활발한 자기개방이 일어날 수 있도록 한다.

셋째, **사용자-설계자**(user-designer) **관점**(Banathy, 1991)에 의하여 학습자인 근로자가 **행위주체성**을 발휘하여 수업설계를 주도해야 한다. 이는 외부의 교수자나 수업설계자가 주도하는 교육이 아니라, 학습자인 근로자가 그들의 요구를 R-EAP에 즉각적·직접적으로 반영하여 실제 생활세계의 문제를 유동적인 상황에서도 지원받을 수 있도록 설계해야 함을 뜻한다. 사용자-설계자 관점의 수업설계를 통하여 근로자 측면의 요구인 EAP의 속성, CoP의 특성, 거리 학습 지향, 접근 용이성에 대한 요구를 담아낼 수 있다. R-EAP가 사용자-설계자 관점에서 학습자인 근로자에 의하여 주도적으로 설계된다면, 학습자는 자신이 겪고 있는 가정 또는 직장에서의 문제상황을 학습과제로 선정할 수 있다. 이를 통하여 근로자는 자신이 겪고 있는 생활 속 문제상황을 다룸으로써 EAP 생활지원서비스의 목적을 달성할 수 있게 된다. 생활세계의 문제상황을 다룬다는 것은 거리 학습(유영만, 2006)으로서 근로자의 실생활 문제를 구체적으로 성찰하고 통찰하여 변화를 실천할 수 있도록 함을 뜻한다. 또한 사용자-설계자 관점은 공통 관심사를 가진 학습자들의 자발적 참여에 기반하여 스스로 문제상황을 선정하고 해결함으로써 CoP의 본질적 구성요소(Wenger et al., 2002)인 주제영역과 공동체와 실천을 강화할 수 있다. 이는 학습자의 행위주체성을 강화하며 학습동기를 유지하는 효과를 가져온다.

넷째, 조직 측면의 요구인 POS의 고양, CSR의 수행, 기업 이미지의 제고를 위해서는 **점진적·확장적 수업설계**가 필요하다. 우선, **근로자 측면의 요구에서 시작**하여 점진적으로 **조직 측면의 요구로 확장**해가는 수업설계가 바람직하다. 이는 R-EAP가 근로자에게 젖소 사회학의 수단으로 인식되지 않고 진정한 조직지원으로 인식될 수 있도록 하기 위함이다. Kessler et al.(1985)은 조직이 실제로 조직 구성원에게 일정한 지원을 제공했다고 하더라도 조직 구성원이 이를 인식하지 못한다면 진정한 지원이 아니라고 하였다. 근로자에게 R-EAP를 제공하여 POS가 고양되기를 원한다면 근로자가 실제로 R-EAP를 조직지원으로 인식할 수 있도록 근로자들이 필요로 하는 가장 시급한 요구를 우선적으로 지원해야 한다. 그러므로 R-EAP의 초기와 중기에는 근로자의 요구를 충족시킬 수 있도록 그들의 관심사를 중심으로 수업을 구성한 후, 점진적으로 조직 측면의 요구를 충족시키는 방향과 연계하여 확장해야 한다. 특히 CSR의 수행과 기업 이미지의 제고는 장기적인 교육을 필요로 하기 때문에 교육 초기에 수업목표나 평가의 준거로 삼는 것은 바람직하지 않다. 다음으로 점진적·확장적인 수업설계는 **학습대상자**와 **학습과제**를 **선정**함에 있어서도 고려되어야 한다. R-EAP는 학습대상자를 근로자뿐만 아니라 근로자의 가족이나 이웃, 고객으로도 확장할 수 있다. 가족, 이웃, 고객과 함께 하는 R-EAP는 CSR로 여겨지고 기업 이미지를 제고하는 방안이 될 수 있다. 학습과제인 결정적 사건을 선정함에 있어서도 가정과 직장, 지역사회에서 경험한 결정적 사건 중 학습자의 우선순위에 따라 학습과제를 선정한 후, 점진적으로 다른 생활영역에서 발생한 결정적 사건과 연계할 수 있도록 설계한다. 이는 일지원제도, 가족지원제도, 성장지원제도로 구분되는 WLB 지원제도(박순, 장영철, 2015)를 EAP의 포괄적서비스모형(Kurzman, 1993)의 관점에서 하나로 통합하는 수업설계 방식이기도 하다.

제3부 <<<

- **제1장** 관계기반 근로자지원교육프로그램(R-EAP)의 개요
- **제2장** 관계기반 근로자지원교육프로그램(R-EAP)의 교육적 지향
- **제3장** 관계기반 근로자지원교육프로그램(R-EAP)의 해석학적 수업설계모형
- **제4장** 관계기반 근로자지원교육프로그램(R-EAP)의 의의 및 기여 가능성

제3부

관계기반 근로자지원교육프로그램 (R-EAP)에 대한 이해

관계기반 근로자지원교육프로그램(Relations-based Employee Assistance Program: R-EAP)은 조직 구성원 간의 자발적인 학습적 관계맺음을 기반으로 가정 및 직장에서의 사건이나 상황에 대한 복잡한 관계 인식의 범위와 깊이를 확장하고, 관련된 대상들과 본래적 관계맺음을 실천함으로써 일터와 삶터에서의 근로자의 성장과 행복을 지원하는 EAP 성격의 교육프로그램이다. R-EAP는 가정에서 가족 구성원으로서 경험하는 관계와 직장에서 조직 구성원으로서 경험하는 관계의 영향을 시간성과 공간성 안에서 통찰할 수 있도록 지원한다.

제1장

관계기반 근로자지원교육프로그램 (R-EAP)의 개요

1 R-EAP의 개념 및 목적

R-EAP(김현경, 2019a)는 EAP 생활지원서비스로서의 성격을 띠며 일터와 삶터에서의 근로자의 생활을 총체적으로 지원한다는 점에서 WLB를 위한 방안이 될 수 있다. R-EAP는 취업모와 취업부가 기업 조직 안에서 현실적으로 부모교육에 참여할 수 있는 대안적인 부모교육프로그램이 마련되어야 한다는 제안(김현경, 유영만, 2018)에서부터 출발하였다. R-EAP는 EAP 생활지원서비스로 제공되는 단기적 상담과 기존 부모교육의 한계를 보완하고, 근로자의 요구와 조직의 요구를 동시에 반영하여 기업 안에서 지속적으로 운영될 수 있도록 고안되었다. R-EAP는 김현경(2019a)의 연구에서 다음과 같이 정의되었다.

관계기반 근로자지원교육프로그램(Relations–based Employee Assistance Program: R–EAP)이란 본 논문에서 특정하여 사용하는 용어로서, 조직 내 조직 구성원 간의 자발적인 학습적 관계맺음을 기반으로 가정 및 직장에서의 사건이나 상황에 대한 복잡한 관계 인식의 범위와 깊이를 확장하고, 관련된 대상들과 본래적 관계맺음을 실천함으로써 일터와 삶터에서의 근로자의 성장과 행복을 지원하는 EAP 성격의 교육을 의미한다. 가정 내 다양한 관계는 부모·자녀·배우자·형제·친척 등 가정생활 전체를 아우르는 구체적인 상황 맥락과 연계되며, 나아가 가족 구성원으로서 경험하게 되는 관계가 조직 구성원으로서 경험하게 되는 직장에서의 관계에 미치는 영향을 시간성과 공간성 안에서 통찰할 수 있도록 지원한다. (김현경, 2019a: 10)

R–EAP는 근로자들 간의 자발적인 학습적 관계맺음에 기초하여 가정과 직장에서 경험한 **결정적 사건**(critical events)(Woods, 1993)[1]이나 문제상황에 대한 **관계 인식**(relations)을 **확장**하고, 사건과 관련된 대상들과의 **본래적 관계맺음**(relationship)을 **실천**함으로써 근로자의 자녀양육 및 생활을 지원하고자 한다. 나아가 근로자의 본래적 성장과 조직의 발전에도 기여하고자 한다. 다시 말해, R–EAP는 근로자가 자녀로서, 부모로서, 직장인으로서 경험한 결정적 사건 속에 숨겨진 다양한 관계 인식을 확장하고 본래적 관계맺음을 지원하고자 한다. 관계 인식을 확장한다는 의미는 비구조화된 문제상황 속에 숨겨진 체제성(systemicity)(Bertalanffy, 1968/1990)으로서의 관계를 해석학적 원리들과 개념들을 도입하여 그에 대한 이해를 넓히는 것이다. 본래적 관계맺음을 지원한다는 의미는 결정적 사건 속의

1) "결정적 사건(critical events)(Woods, 1993)은 이야기 속에서 화자의 생각이나 세계관에 변화를 가져올 수 있는 사건으로, 화자의 성취·역할·경험 등 개인의 삶 속에서 변화의 장면에 의미 있게 작용하며 사건의 발생시점과 회상시점 간의 시간차가 클수록 사건의 의미가 커진다(김영천, 2013). 본 연구에서의 결정적 사건은 근로자인 학습자가 가족 구성원 또는 조직 구성원으로서 경험한 사건들 중 자신의 사고와 세계관에 영향을 미치고 변화를 일으킬 만한 사건을 뜻한다."(김현경, 2019a: 11)

다양한 대상들과 **염려·심려·배려**의 **마음씀**(Heidegger, 1979/1998)2)을 실천함으로써 그들의 존재가능성대로 존재할 수 있도록 지원하는 것이다.

R-EAP는 **시간성**(Heidegger, 1979/1998)3)의 측면에서는 근로자가 부모로서 양육상황에서 경험한 결정적 사건과, 본인의 성장과정에서 자녀로서 경험한 결정적 사건 간의 관계를 통찰하는 과정을 통하여 관계 인식의 확장과 본래적 관계맺음을 실천하도록 한다. **공간성**의 측면에서는 가정에서 경험한 결정적 사건과 직장에서 경험한 결정적 사건 간의 영향관계를 통찰함으로써 근로자가 가정과 직장에서 부딪히는 생활 관련 어려움을 체제적 관점에서 통합적으로 파악하고 개선하도록 한다. 이렇듯 R-EAP는 자녀양육과 관련된 문제상황의 관계 이해로부터 가정 및 직장에서의 생활 관련 문제상황의 관계 이해에 이르기까지 통합적으로 관계성을 개발하며, 그 과정 중에 자기이해와 자기통찰을 지원한다. R-EAP는 부모역할에 초점을 맞추는 기존의 부모교육을 넘어, 자기통찰과 자기이해로까지 확장하는 최근의 부모교육(김영환 등, 2017; 한성심, 2005; Paris, 2013)의 동향을 반영한다. R-EAP는 직장 내 조직 구성원들 중에 가정 및 직장에서의 관계성 개발을 원하는 근로자들이 자발적 CoP와 같은 형태로 모여 공통 관심주제에 해당하는 문제상황을 해결해 나가는 무형식적

---

2) "인간을 인간답게 만드는 것은 본래적 존재양식으로서의 마음씀이다. 본래적 마음씀에는 염려(Sorge), 심려(Fursorge), 배려(Besorgen)가 있다(Heidegger, 1979/1998). 염려는 자신의 존재가능성에 대한 관심으로 현재의 자신에 대한 존재가능성을 걱정하면서 미래의 존재가능성을 이해하고자 하고 그렇게 살아가고자 하는 마음씀이다. 심려는 나와 관계를 맺고 있는 다른 동료 현존재들도 그들의 고유한 본질대로 존재하도록 하려는 마음씀이다. 배려는 본래적 현존재가 세계 속에서 만나는 인간 이외의 친숙한 도구적 존재자들도 그 본질대로 존재하기를 바라는 마음씀이다."(김현경, 유영만, 2020a: 209)

3) "Heidegger의 '시간성(Zeitlichkeit)'은 기재·현재·장래의 근원적 시간의 통일을 의미하는 현상으로, 미래를 현재로 끌어당기며 과거를 현재로 이끌어 올리는 것이다. 즉, 기재하면서-현재화하는-장래로서의 통일적 시간화 현상이다(배상식, 2006: 246). 다시 말해 시간성은 단순한 시간적 흐름인 과거·현재·미래를 뜻하는 시간이 아니라, 기재·현재·장래의 근원적 시간이 상호 영향을 미치며 그 시간의 구조 안에서 현존재(인간)의 존재를 구성하는 존재구성틀로서 작동한다."(김현경, 2019a: 84)

교육으로 구체화될 수 있다(김현경, 2019a). R－EAP는 교수자 주도하에 의도적·고정적인 커리큘럼을 제공하기보다, 조직 내 근로자들의 자발적인 참여에 기반하여 우연적·자생적인 학습상황에서 겪는 비구조화된(ill－structured) 문제상황과 그에 따른 학습자의 요구를 수업에 유연하게 반영할 수 있는 무형식적 교육에 가깝다. 이는 개인차원에서 일과 학습을 통합하는 일터교육으로서의 HRD가 가정, 학교, 지역사회, 일터의 무형식 학습을 포괄하는 평생학습의 활동 방향으로 전개되는 것(권대봉, 조대연, 2019)과도 맥을 같이 한다.

2 R-EAP와 관계성 개발

1) ‘관계기반’ 및 관계성 개발의 의미

R－EAP에서 **‘관계’**의 의미는 체제성(systemicity)을 드러낸다. Bertalanffy(1968/1990)는 **일반체제이론**(General System Theory)에서 체제(system)의 개념을 설명하면서 **체제성**(systemicity) 혹은 **전체성**(wholeness)으로서의 관계의 의미를 중요시하였다. [그림 3]은 Bertalanffy(1968/1990)가

그림 3 합성체의 구별

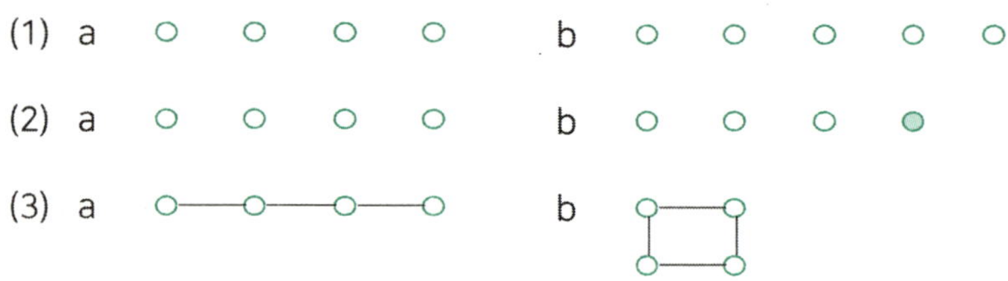

출처: Bertalanffy(1968/1990: 89)

여러 요소들로 구성된 합성체를 구별하는 방법을 설명하기 위하여 제시한 것으로, 체제성으로서의 관계의 의미를 파악할 수 있다.

Bertalanffy(1968/1990)는 여러 요소들로 구성된 합성체를 3가지 방법에 의하여 **합산적**(summative) **합성체**와 **구성적**(constitutive) **합성체**로로 구별하였다. (1)에서 a와 b는 요소의 수에 따라 구별되고, (2)에서 a와 b는 요소의 종류에 따라 구별되며, (3)에서 a와 b는 요소 간의 관계에 따라 구별된다. (1)과 (2)는 합산적 합성체이고, 고립된 요소들의 합으로서 요소들의 형태와 특징을 파악할 수 있다. 즉, 부분의 합으로써 전체를 이해할 수 있다. 그러나 (3)은 구성적 합성체이고, 이때 a와 b는 동일한 네 개의 부분요소인 'O'로 이루어져 있지만, 그 요소들을 연결하는 직선의 배열은 서로 상이하다. 여기에서 직선은 요소들을 연결하여 합성체의 형태와 특징을 결정짓는데, 이 직선이 바로 구성적 합성체를 이해하는 데 필수적인 요소들 간의 '관계'를 의미한다. 그러므로 상호 관계를 가지는 부분들의 총체로서의 체제를 이해하기 위해서는 체제의 구성요소뿐만 아니라 그 구성요소들 간의 '관계'도 알 수 있어야 한다. 인간은 자의식(self-consciousness)을 가지고 있는 하나의 체제이다(Boulding, 1956). 체제인 인간을 이해하거나 인간과 관련된 상황 또는 현상을 이해하기 위해서는 합산적 구성체가 아닌, 구성적 합성체(Bertalanffy, 1968/1990)로서 구성요소들의 형태와 특징과 구성요소들 간의 '관계'를 파악해야 한다. 즉, 인간과 관련된 부분요소들뿐만 아니라, 그 사이에 존재하는 다양한 '관계'에 대한 통찰이 가능할 때 비로소 인간과 인간의 삶을 보다 깊이 있게 이해할 수 있다.

'관계'의 의미는 흔히 대인관계 혹은 인간관계의 의미로 사용된다. 그러나 **'관계'**의 **사전적 의미**를 살펴보면, "둘 이상의 사람, 사물, 현상 따위가 서로 관련을 맺거나 관련이 있음. 또는 그런 관련.", "어떤 방면이나 영역에 관련을 맺고 있음. 또는 그 방면이나 영역."을 뜻한다(국립국어원,

2008). 사람에 국한되는 것이 아니라 사물과 현상 등 인식의 대상이 되는 모든 국면에 대한, 즉 사람들 간의 대인관계만을 의미하지 않고 자의식을 가진 체제로서의 인간(Boulding, 1956)이 세계와 관련 맺는 모든 관계를 포함하는 개념이다. R-EAP에서의 '관계기반(relations-based)'의 의미는 사람들 간에 국한되는 감정적 관계(relationship)뿐만 아니라, 사물과 현상 등 인간의 인식의 대상이 되는 모든 국면에 대한 공식적·비공식적 관계(relations)에 대한 사실적·감정적 관계 모두를 일컫는다. 따라서 '관계기반'의 의미는 relations에 해당하는 관계에 대한 인식의 폭과 깊이를 확장하고자 하는 측면과, relationship에 해당하는 사람들과의 본래적인 관계맺음을 실천하고자 하는 측면 모두를 포괄한다.

첫째, **'관계 인식(relations) 차원'**의 **'관계기반'**의 **의미**는 체제 전체에 대한 구조적 관계성을 파악하는 것이며(유영만, 2007: 157), 상황과 맥락 등에 얽혀 있는 사람·사물·현상 사이의 관계에 대한 인식의 폭과 깊이를 말한다. 이는 Bertalanffy(1968/1990)가 말한 상호관계를 맺는 부분들의 총체인 체제를 이해하는 것이며, 체제를 구성하는 부분요소와 그와 관련된 관계의 인식을 확장하는 것이다. '전체가 부분들의 合보다 크다'라는 표현에서 '合'은 점증적으로 구성되는 반면, 전체인 '체제'는 즉각적으로 구성되는 것으로 이해해야 한다(Bertalanffy, 1968/1990: 90). 그러므로 특정 대상과 관련된 상황이나 현상 등에 대한 이해는 관련된 부분요소들에 대한 인식을 하나하나 점진적으로 확장해 나가면서 부분에 대한 이해를 넓히고, 동시에 전체에 대한 이해는 부분들 간의 관계 전체에 대한 즉각적인 통찰이 일어나는 일순간에 비로소 보다 온전한 이해가 이루어진다. 따라서 R-EAP는 결정적 사건과 문제상황을 이해하기 위하여 관계 인식 차원에서 체제 전체와 관련된 부분요소들에 대한 점진적 파악과, 그 요소들 간에 형성된 구조적 관계성 전체를 통찰하는 활동을 포괄한다.

둘째, **'관계맺음(relationship) 차원'**의 **'관계기반'**의 **의미**는 태도나 행위에 있어서 변화를 시도하는 본래적 관계맺음의 실천을 뜻하는 것으로, 본래적 관계맺음은 사건 속의 다양한 대상들과 염려·심려·배려의 마음씀(Heidegger, 1979/1998)을 실천함으로써 그들의 존재가능성대로 존재하도록 관계를 맺는 것이다. 이때 관계맺음은 사람들 간의 관계맺음뿐만 아니라 세계 내 모든 존재자들과의 만남으로 확장된다. 또한 관계맺음은 관계를 맺는 대상과 사람의 아픔을 그 대상과 사람이 놓여 있는 사회·역사적 구조 속에서 공유하며(유영만, 2007), 시공간적 역사 안의 관계망 전체를 공감적으로 이해하는 활동이다. 관계를 맺는 대상과 사람을 보다 온전히 이해하기 위하여 그것 또는 그들이 맺어온 시간적·공간적 역사 안의 다양한 관계망 전체를 공감적으로 이해하는 것이다. 이때 공감적으로 이해한다는 것은 단순히 감정을 공유하는 것이 아니라, 인지적 공감에서부터 정서적 공감과 표현적 공감(Howe, 2013/2017)을 통합하는 포괄적인 개념이다.

해석학의 관점에서 **'관계기반'**의 두 가지 차원을 살펴보면, Danner (2004/2004: 64)가 제시한 '이해'의 구분에 의하여 설명될 수 있다. 그에 의하면 이해는 "어떤 것을 (인간적인) 어떤 것으로 인식하는 것이면서 동시에 그 의미를 파악하는 것"이다. 이해는 **'심리적 이해'**와 **'의미-이해'**로 구분되며, '의미-이해'는 다시 **'초보적 이해'**와 **'고차원적 이해'**로 구분된다. 심리적 이해는 감정에 의한 이해로서, 심리적인 감정이입이나 다른 것으로의 전치인 감정이입적 이해를 의미한다. 의미-이해는 사실에 기반하여 어떤 것을 어떤 것으로 이해하는 것으로, 초보적 이해는 의식적으로 애쓰지 않아도 의미를 파악할 수 있는 반면, 고차원적 이해는 반드시 더 큰 맥락에서의 전체적인 이해의 지평이 도출되어야만 이해가 가능하다. Danner(2004/2004)는 교육의 현실태를 이해하는 측면에 있어서 초보적 이해는 실태를 파악하는 데 직접적인 이해를 가능하게 하므로 반드시 고려해야 한다고 하였다. Danner(2004/2004)의 '이해'의 구분에 따르면, '관계인식 차원'의 '관계기반'의 의미는 초보적 이해와 고차원적 이해를 모두 포함하는 '의미-이해'의 측면에 해당하고, '관계맺음 차원'의 '관계기반'의 의미는 '심리적 이해'의 측면에 해당한다고 볼 수 있다.

그림 4 '관계기반'의 의미 구분

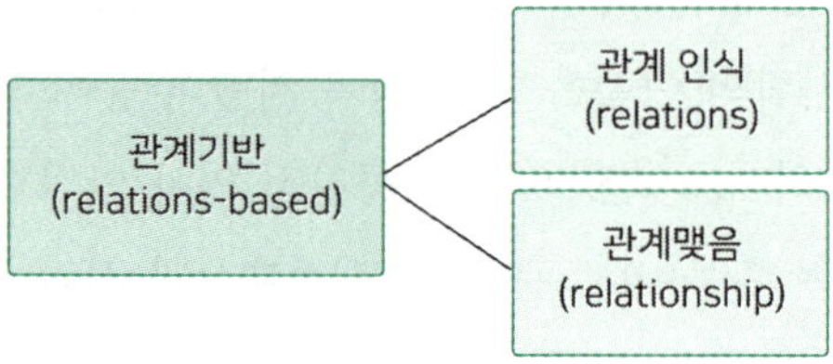

그림 5 이해의 구분

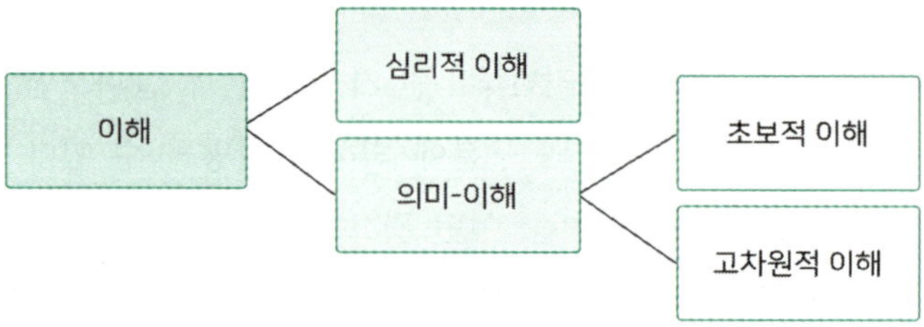

출처: Danner(2004/2004: 64)

그림 6 '관계기반'의 의미 구분과 이해의 구분 간의 관계

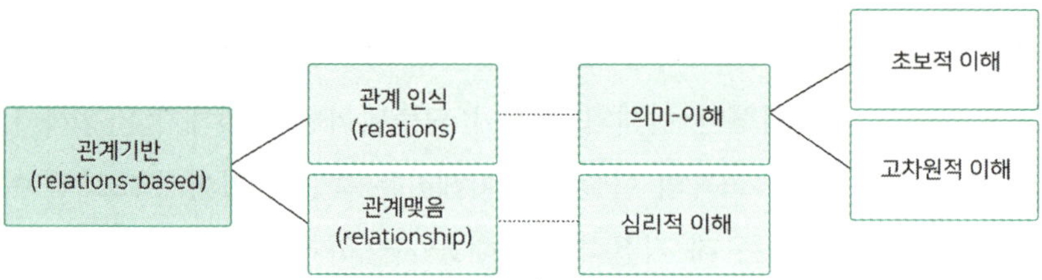

R－EAP가 관계성 개발을 목적한다고 할 때, **'관계성 개발'의 의미**는 '관계기반'의 두 차원인 **'관계 인식 차원'**과 **'관계맺음 차원'**에 해당하는 **'관계 역량'**을 **개발**하는 것을 뜻한다. 즉, 근로자가 경험한 결정적 사건이나 문제상황과 관련된 사람·사물·현상 등에 대한 관계 인식을 확장하고 본래적 관계맺음을 실천할 수 있는 역량을 함양하는 것을 의미한다. 이는 해석학의 관점에서 보면 '이해'를 위한 활동이며, 이해는 곧 관계에 대한 이해를 뜻한다. 관계를 이해하는 것은 '이미－이해'와 '심리적 이해'를 포괄하는 통합적이며 융합적인 과정이다. 자녀양육 및 생활 관련 문제상황을 이해해가는 과정은 학습자들의 다양하고 상이한 지평(관점)에 의해 '관계 인식'의 범위를 확장·심화하는 것이고, 상이한 지평(관점)에 의한 갈등 관계를 본래적 관계맺음을 통하여 서로 수용해가는 것이다. R－EAP에서 말하는 '관계성 개발'의 의미는 '관계 인식 차원'의 관계 역량과 '관계맺음 차원'의 관계 역량을 동시에 확장·심화해가는 실천적 과정을 뜻한다.

2) 관련 학문의 관계성 개발의 의미

(1) 생태체제 관점의 관계성 개발

R－EAP를 통한 **'관계성 개발'의 의미**는 생태체제 관점과 해석학 관점에서 확인할 수 있다. 먼저, **생태체제 관점**의 EAP의 **포괄적서비스모형**(Kurzman, 1993)과 관련된 관계성 개발의 의미를 살펴보자. R－EAP는 포괄적서비스모형의 특성을 따르는 근로자의 생활을 지원하는 교육프로그램이다. EAP는 직무성과에 영향을 미칠 수 있는 개인적 문제를 완화하기 위하여 조직 내부나 외부의 자원을 활용하는 사회심리적 서비스로서, 근로자, 가족, 친지, 직무조직, 지역사회 등을 개입 대상으로 한다(최수찬 등, 2017). 특히 EAP의 포괄적서비스모형은 문제해결을 위하여 근로자의 사회적 기능을 중시하기 때문에, 일상적인 생활문제라도 업무수행에 지장

을 초래할 수 있다면 EAP의 대상이 된다. PIE(Person-In-Environment)적 **사고관**을 배경으로 하는 포괄적서비스모형은 근로자 대상의 상담서비스 외에 영유아 대상의 보육서비스, 노부모 문제해결을 위한 복지서비스, 청소년 문제해결을 위한 특별교육프로그램 등 다양한 서비스를 제공할 수 있다(채준안, 이준우, 2012).

포괄적서비스모형의 개입 대상은 근로자에 국한하지 않고 가족, 친지, 지역사회까지 포괄하며 서비스의 범위도 진단에 한정하지 않고 예방과 치료 부문까지도 포괄하는 전체적인 시각을 강조한다. 이렇듯 포괄적 서비스모형이 전체적 시각을 중시하는 이유는 일반체제이론(Bertalanffy, 1968/1990)에 근거한 생태체제 관점의 PIE적 사고관을 배경으로 하기 때문이다(최수찬 등, 2017). PIE적 관점은 내담자의 내적 속성과 그를 둘러싼 환경적 요소 간의 상호 영향관계를 규명하는 것을 기반으로 하며, EAP 담당자는 내담자 개인뿐만 아니라 주변 환경을 총체적으로 이해할 수 있어야 한다. 생태체제 관점은 기본적으로 세계의 모든 것들은 서로 연결되어 관계를 맺고 있으며 상호 영향을 주고받는 **관계론적 사고관**을 취한다. 생태체제 관점의 PIE적 사고관을 따르는 포괄적서비스모형은 근로자와 환경 사이의 '공생적 관계와 소통'을 지원하고자 한다(채준안, 이준우, 2012), 포괄적서비스모형은 업무수행을 방해하는 모든 환경적 요인들 간의 '관계'에 관심을 기울인다. R-EAP는 EAP의 포괄적서비스모형과 맥을 같이 하는, 즉 관계를 중요시하는 생태체제 관점을 취한다. 그러므로 가정과 직장을 연결하여 사건 및 상황에 대한 관계 인식을 확장하고 관련된 대상들과 본래적 관계맺음을 실천함으로써 근로자의 관계성(관계 역량)을 개발하고자 한다.

(2) 해석학 관점의 관계성 개발

R-EAP의 '**관계성 개발**'의 **의미**는 **해석학**을 통해서 이해될 수 있다.

'관계'는 일터와 삶터에서 모두 중요하게 인식하는 관심의 대상으로, 근로자와 조직 양측의 요구를 동시에 충족시킬 수 있는 접점이다. 가정에서 부모로서의 근로자는 VUCA의 시대를 살아가야 하는 자녀에게 복잡한 상황과 맥락에 대한 관계 이해의 폭을 넓혀주는 역할을 수행해야 한다. 조직에서 관계는 지식공유와 창출, 다양성 확보와 협업, 관계론적 HRD 측면에서 중요성이 인식되고 있다. 관계 인식의 확장과 본래적 관계맺음의 실천을 중요시하는 R-EAP는 관계 이해의 학문인 해석학의 관점에 비추어 볼 때 '관계성 개발'의 의미를 더욱 명확히 할 수 있다.

이해의 학문인 **해석학**은 관계를 이해하고 관계성을 개발하고자 하는 R-EAP의 목적에 부합한다. 해석학은 이분법적인 사고방식이 가져오는 객관주의적 한계뿐만 아니라 모든 인식을 허용하는 상대주의적 체념 역시 수용하지 않는, 이 둘의 한계를 넘어서는 대안이다(Bernstein, 1983/2017). 실생활에서 겪게 되는 결정적 사건과 문제상황에 대한 이해는 객관주의나 상대주의 중 어느 하나의 극단적 관점에 의해서는 전체를 온전히 이해하기 어렵다. 그러므로 결정적 사건에 대한 이해를 통하여 관계성을 개발하고자 하는 R-EAP는 해석학을 통하여 이분법적인 사고방식의 **객관주의적 한계**와 모든 인식을 허용하는 **상대주의적 한계**를 뛰어넘어 보다 온전한 관계 이해로 나아가고자 한다.

해석학은 이해가 무엇인지를 다루는 학문으로(박순영, 1993; Palmer, 1969/2011), Schleiermacher와 Dilthey의 **인식론적 해석학**에 의해서는 결정적 사건에 대한 관계 인식을 확장할 수 있다. Heidegger와 Gadamer의 **존재론적 해석학**에 의해서는 인간과 진리에 대한 존재론적 이해를 가능하게 함으로써 본래적 관계맺음에 의한 실천을 가능하게 한다. Gadamer (1976/2017, 1990/2012)의 철학적 해석학에 따르면 이해와 해석과 적용은 분리될 수 없으며 동시적으로 실현된다. 이해·해석·적용의 동시성을 중요시하는 철학적 해석학은 R-EAP를 통하여 관계에 대한 이해와 해석을 이전과 달리함으로써 결정적 사건에 대한 성찰과 통찰을 안내하고 새로운 변화를 실천하도록 근로자의 성장을 지원한다. 해석학은 관계 인식의 폭을 확장하는 데 그치는 것이 아니라 이해와 해석과 적용이 동시에 일어나 새로운 관계 인식을 실천하도록 한다. 이는 R－EAP가 관계 개선을 위하여 근로자들이 알고 있지만 실천하지 못하는 부분에 대한 실천적 지원을 강조하는 것이다.

관계성 개발에 대한 **해석학의 유효성**은 해석학의 주요 원리와 방법 등을 통해서도 확인할 수 있다. 근로자가 경험한 결정적 사건에 대한 새로운 이해는 해석학적 순환과 지평 확장, 지평융합 등의 해석학적 원리와 방법을 적용함으로써 다양한 관계 인식과 본래적인 관계맺음의 실천이 가능하다. **해석학적 순환**은 부분과 전체, 선이해와 낯선 이해 사이에서 정당한 이해의 폭을 넓혀가는 끊임없는 대화의 과정이다(Gadamer, 1990/2012). R－EAP의 학습자는 결정적 사건에 대한 이해를 확장하기 위해서 부분과 전체 사이, 과거와 현재 사이, 선이해와 낯선 이해 사이에 끊임없는 대화를 해석학적 순환에 의하여 반복함으로써 이해를 확장할 수 있다. 일터와 삶터에서의 복잡하고 불명확한 상황 및 대상에 대한 관계 인식과 관계맺음은 부분과 전체 간의 해석학적 순환에 의하여 다양하게 해석되고 이해됨으로써 보다 바람직한 선택을 가능하게 한다.

전체는 부분으로부터 이해되고, 부분은 전체로부터 이해된다(손승남, 2001). 해석학적 순환은 부분과 전체 사이의 순환이며, 서로가 영향을 주고받는 상호작용을 통하여 서로에게 의미를 제공한다. 근로자의 결정적 사건에 대한 진정한 이해는 텍스트로서의 결정적 사건에 대한 부분과 전체 사이의 해석학적 순환(Schleiermacher의 Hermeneutical circle)뿐만 아니라, 결정적 사건과 연결된 다양한 사람들의 삶에 대한 이해를 위해서 특정 사건과 그들의 삶 전체 사이의 해석학적 순환(Dilthey의 Hermeneutical circle)이 필요하다. 또한 결정적 사건 속의 시간성 및 역사성과 관련된 선이해와 낯선 이해 사이의 해석학적 순환(Heidegger와 Gadamer의 Hermeneutic circle)도 필요로 한다. 시간성의 개념에서 바라본 결정적 사건에 대한 학습자의 선이해는 자신과 타인 그리고 사건과 맥락에 대한 이해를 가능하게 하는 출발점으로서, 무엇인가를 이해하는 것은 **선이해** 및 **선입견**4)을 기반으로 한다(Gadamer, 1990/2012). R－EAP는 하나의 사건을 이해할 때 사건의 부분과 전체, 경험한 사람의 삶 전체, 시간성과 역사성이 투영된 존재론적 선구조를 이해함으로써 결정적 사건에 대한 새로운 관계 이해를 불러올 수 있다.

지평5)을 획득한다는 의미는 닫힌 곳 너머를 볼 수 있게 하는 방법을 배우는 것(Gadamer, 1990/2012)으로, 지평이 크고 넓은 사람은 어떤 현상에 대하여 지평이 작고 좁은 사람에 비하여 다각도의 고찰과 보다 심층적인 관계 이해가 가능하다. 결정적 사건 및 문제상황에 대한 관계 이해도 지평이 넓은 사람은 좁은 사람에 비하여 보다 고차원적인 이해와 통찰이 가능하다. 따라서 부모이며 상사인 근로자는 가정에서는 부모로서 직장에서는 상사로서 자녀와 부하에게 관계 이해의 지평을 넓혀주기 위하여 우선 자신의 지평을 넓혀야 한다. 나아가 타인의 낯선 지평과 만나 새로운 이해를 가져올 수 있는 **지평융합**6)의 과정을 수행해야 한다. 조직 안에서도 관계 이해의 폭과 깊이를 확장하기 위해서는 근로자가 해석자의 다양한 이해 관점을 취하여 상황을 달리 해석하고 자신의 삶을 시간의 역사성 안에서 부분과 전체를 이해할 수 있을 때 관계 이해는 확장될 수

---

4) Gadamer(1976/2017: 195)는 선입견(Vorurteil)을 선이해, 선판단, 전승, 영향사로 달리 설명하며 자기이해의 출발점으로 보았다. 'Vorurteil'은 학자들에 따라 '선입견' 또는 '선판단'으로 번역된다.

5) 지평(Horizont: Horizon)은 "어떤 지점에서 시야에 들어오는 모든 것을 포괄하는 가시권"(Gadamer, 1990/2012: 187)을 뜻한다.

6) 지평융합(Horizontverschmelzung: Fusion of horizon)은 두 이해의 지평이 서로가 서로에게 다가가 서로를 변화시키는 것으로, 진정한 이해는 본질적으로 지평융합이 이루어질 때 가능하다(Gadamer, 1990/2012).

있다. 더불어 조직과 가정이라는 공간성 안에서도 부분과 부분을 연결하며 전체를 넘나들 수 있을 때, 나와 다른 낯선 타인의 지평과 정반합의 과정으로서의 지평융합이 가능하다. R-EAP가 목적하는 관계에 대한 이해와 본래적 관계맺음은 조직과 가정 모두에서 시간성과 공간성을 오가며 부분과 전체 간의 지평융합으로서의 해석학적 순환이 전제될 때 더욱 확장될 수 있다. 근로자가 가정과 직장에서 경험한 결정적 사건에 대한 새로운 이해는 해석학의 다양한 원리와 개념, 방법을 차용함으로써 관계성 개발이라는 R-EAP의 목적을 구현할 수 있다.

R-EAP가 추구하는 세 가지 교육적 지향은 R-EAP의 정체성을 보다 명확히 하고 그에 대한 이해를 도우며, R-EAP의 해석학적 수업이 구체적으로 어떻게 구현되어야 하는지에 대한 지침이 된다.

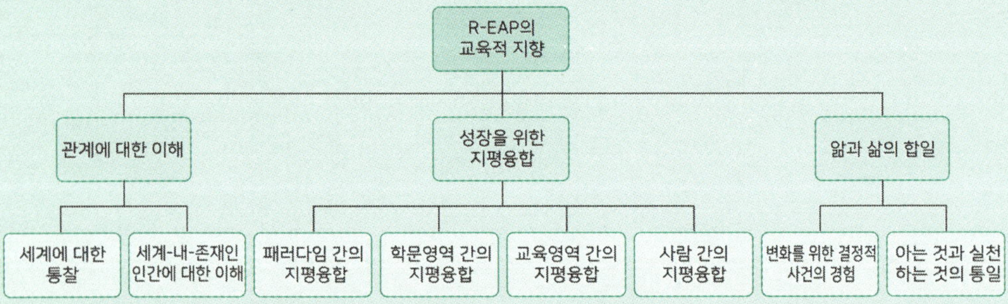

[R-EAP의 교육적 지향](김현경, 유영만, 2020b: 40)

제2장

관계기반 근로자지원교육프로그램(R-EAP)의 교육적 지향[1)]

R-EAP의 해석학적 수업설계모형은 R-EAP가 추구해야 하는 교육적 지향을 고려하여 개발되었으나, 김현경(2019a)은 R-EAP의 교육적 지향에 대한 기술을 구체적으로 상세히 제시하지 않고 간단히 언급하는 수준에 그쳤다. 이로 인하여 R-EAP의 정체성에 대한 이해가 부족하였다. 이는 김현경(2019a)의 연구가 수업설계모형의 개발에 초점이 맞추어져 있었기 때문이다. 이러한 한계를 보완하기 위하여 경험적 차원의 심층면담 내용과 그와 연관된 이론적 의미를 탐색함으로써 R-EAP가 추구하는 교육적 지향을 보다 깊이 있게 제시하고자 한다. 즉, R-EAP의 교육적 지향을 구체적으로 확인함으로써 조직 구성원일 뿐만 아니라 가족 구성원인 근로자를 지원하는 R-EAP의 정체성을 보다 명확히 드러내고자 한다. 또한 기업에 정착하여 근로자의 자녀양육 및 생활을 장기적으로 지원

1) 2장은 '김현경(2019c), 관계기반 근로자지원교육프로그램(R-EAP)의 교육적 지향: 자녀양육 및 생활 지원을 중심으로. 열린부모교육연구, 11(4), 1-26.'에 게재된 글을 부분적으로 발췌·수정·보완한 것이다.

하기 위하여 R－EAP가 무엇을 추구해야 하는지 확인하고자 한다. 나아가 R－EAP의 해석학적 수업이 구체적으로 어떤 모습으로 구현되어야 하는지에 대한 이해를 돕고자 한다.

1 연구방법

1) 해석학적 연구방법

해석학(Hermeneutics)은 과거로부터 전승된 가치 있는 것들에 관한 의미를 이해하는 철학적 인식론이자 방법론이다(Grondin, 2008/2009). **해석학적 연구방법**(hermeneutical method)은 해석학에 기반하여 인간의 이해 과정을 바라보는 질적 연구방법으로, 인간 존재에 대한 의미와 이해가 무엇인지 어떻게 가능한지에 대한 방법론적 이해이다. 본 연구는 심층면담에 의한 경험적 차원과 그와 관련된 이론적 차원의 원리 및 개념을 병행적으로 탐색함으로써 R－EAP가 지향하는 교육적 의미를 드러내고자 하였다. 이를 위하여 이론적 차원과 경험적 차원에 대한 두 가지 해석적 접근인 **문헌 형태와 이야기 형태**(이종규, 2006)의 두 측면을 정반합의 과정을 통하여 융합하는 해석학적 연구방법을 도입하였다. 우선, 경험적 차원에 해당하는 이야기 형태의 심층면담의 내용을 해석학적 접근방법에 의하여 의미를 해석하고 이해하였다. 나아가 경험적 차원의 의미 이해를 확장하는 이론적 차원의 원리 및 개념을 연결하여 그에 대한 의미 해석을 심화하였다. 이 과정에서 반영적이며 성찰적인(reflexive & reflective) 작업인 해석학적 순환을 수행하였다.

본 연구에서 **해석학적 순환**은 세 측면에서 이루어졌다. 첫째, 이론적 차원과 경험적 차원을 오가는 정반합의 해석학적 순환, 둘째, 연구의 부분과 전체를 오가며 체제적 관점에서 파악하는 해석학적 순환, 셋째, 연구자와 연구 참여자의 이해와 해석을 오가는 순환적·반복적 이해로서의 해석학적 순환이다. 이러한 세 측면의 해석학적 순환은 부분과 전체를 오가는 Schleiermacher와 Dilthey의 해석학적 순환(Hermeneutical circle)(Gadamer, 1990/2012)과, 시간성과 역사성까지 반영하는 Heidegger와 Gadamer의 해석학적 순환(Hermeneutic circle)(Gadamer, 1990/2012)을 포괄한다. 텍스트의 부분과 전체를, 이론적 차원과 경험적 차원을 오가며 해석학적 순환(Hermeneutical circle)을 반복하는 동시에, 경험에 대한 연구 참여자와 연구자의 이해를 경험이 발생한 순간에 국한하지 않고 시간성과 역사성을 반영하는 존재론적이며 사회·문화적인 이해로까지 확장하는 해석학적 순환(Hermeneutic circle)을 수행하였다. R−EAP의 교육적 지향을 탐색하기 위한 해석학적 연구수행 절차는 진권장(1999)이 제시한 5단계를 따랐다.

2) 연구 참여자

경험적 차원의 심층면담을 위한 연구 참여자는 가족지원 측면의 3인과 조직지원 측면의 3인을 목적표집(purposeful sampling)하였다. 가족지원 측면의 연구 참여자 3인은 상담사 및 부모교육전문가로서, 다양한 내담자들과 부모교육 수강자들을 대면함으로써 부모로서의 근로자의 삶에 관한 풍부한 경험이 있었다. 이들은 EAP 상담의 특징, 부모교육에 대한 요구, 관계성 개발 교육의 필요성 등에 대한 이해가 깊었다. 연구 참여자 A는 8년 이상의 부모교육과 상담 경험을 가지고 있었으며, 면담 당시 EAP 개인상담 및 집단상담프로그램을 운영하는 기업 소속 전문상담사였다. 그를 통하여 사내모형(internal model)으로 운영되는 국내 기업의 구체적인 EAP 서비스를 확인할 수 있었다. 연구 참여자 B는 부모교육전문가로서 11년 이상의 부모교육 경험이 있었고, 성격유형과 관련된 저서를 저술하여 인간의 기질과 성격에 대한 이해가 깊었다. 연구 참여자 C는 부모교육전문가 및 전문상담사로서 8년 이상의 경력을 가지고 있었다. 학교폭력과 관련된 부모교육을 지속해 왔으며, 외부모형(external model)으로 운영되는 EAP 상담을 수행하고 있었다.

조직지원 측면의 연구 참여자 3인은 기업교육에 대한 근로자와 조직의 요구를 포괄적으로 탐색하기 위하여 HRD 담당자를 대상으로 선정하였다. 이들은 HRD 담당자로서 다수의 기업교육프로그램을 직접 기획·운영한 경험이 있었으며, 소속 기업에는 근로자의 생활을 지원하는 EAP 전담부서가 상설되어 있었다. 연구 참여자 D는 통신기기 제조업체에서 HRD 담당자로서 8년간 근무하였으며, 창의력 관련 교육프로그램을 개발하여 조직에 보급한 경험이 있었다. 연구 참여자 E는 국내 대기업 인사팀에서 HRD 담당자로서 15년간, 공공조직에서 HRM 담당자로 약 3년간 근무해오고 있었다. 연구 참여자 E는 기업교육에 대한 근로자와 조직의 요구가 어떻게 상이한지에 대한 포괄적 인식을 제공해 주었다. 연구 참여자 F는 식품·유통 관련업체와 정보통신업체에서 HRD와 HRM 담당자로서 24년의 경력을 가지고 있었다. 연구 참여자 F는 직장생활을 지원하는 교육뿐만 아니라 가정생활을 지원하는 프로그램도 개발·운영하는 등 근로

표 3 연구 참여자 정보

연구 참여자	조직 구성원으로서의 정보					부모로서의 정보
	성별	연령	경력	업무	학력	자녀 특성
A	여	48세	8년	상담, 부모교육	상담심리 석사	여 15세, 여 19세
B	여	51세	11년	부모교육	부모교육 석사	남 19세, 남 23세
C	여	53세	8년	상담, 부모교육	상담심리 석사	남 23세, 남 26세
D	여	38세	8년	HRD, HRM	정치외교학 학사	여 6세
E	남	47세	18년	HRD, HRM	교육학 박사과정	남 5세
F	남	51세	24년	HRD, HRM	교육공학 박사과정	여 16세, 여 18세, 남 20세

자의 가정생활지원에 대한 관심이 많았다. 〈표 3〉은 연구 참여자들의 기본정보를 정리한 것이다.

3) 자료의 수집 및 분석

본 연구에서는 R－EAP가 지향하는 교육적 의미를 탐색하기 위하여 경험에 관한 자료 수집방법인 심층면담을 실시하였다. 대화 형식으로 이루어지는 심층면담은 연구 참여자의 관점과 감정, 생활세계 등을 이해할 수 있는 목적 지향적 연구방법이다(김영천, 2016). 본 연구에서는 가정생활을 지원하는 상담사 및 부모교육전문가 3인과, 직장생활을 지원하는 HRD 담당자 3인을 목적표집하였다. 반구조화된 면담(semi－structured in－terview)은 연구자에 의하여 사전에 개발된 면담 가이드를 중심으로 진행하되, 피면담자의 자유로운 반응을 이끌어 낼 수 있는 개방형 질문을 하는 면담 형식이다(김영천, 2016). 반구조화된 면담 형식을 취한 심층면담은 대면에 의한 개인면담을 원칙으로 2018년 9월 28일부터 10월 22일 사이에 연구자에 의하여 직접 수행되었다. 면담 장소는 연구 참여자의 근무처나 자택 주변의 장소에서 진행되었다. 연구 참여자 1인과의 심층면담 시간은 약 90분에서 120분 정도를 계획하였고, 총 3회 정도의 면담이 진행될 수 있음을 사전에 고지하였다. 연구자는 면담을 진행하면서 연구자의 특정 관점이 반영되지 않도록 주의하였고, 연구 참여자의 반응에 따라 연구 참여자의 관점, 생각, 감정 등을 보다 깊이 이해하기 위하여 추가적인 질문을 더하였다.

본 연구는 자료의 분석 및 해석에 있어서 경험적 차원의 심층면담과 그에 대한 이론적 측면의 원리 및 개념을 융합함으로써 이해를 깊이 하고자 하였다. 경험과 이론의 상호 대비되는 특성을 상호 보완적 관점에서 취함으로써 텍스트에 대한 심리적·경험적 해석과 더불어, 의미에 대한 문헌자료를 비교·분석하여 보다 충실한 해석을 추구하였다. R－EAP의 교육적 지향을 탐색하기 위하여 도입된 이론적 측면은 크게 6개의 영역으로 부모인 근로자의 요구를 충족시키기 위한 EAP(상담 및 부모교육) 영역, 조직의 요구를 반영하기 위한 경영학(HRD) 영역, R-EAP의 철학적 기조가 되는 해석학 영역, 수업설계와 관련된 교육(공)학 영역, 부모의 본래적 성장과 관련된 선행연구 영역, 체제적 관계 이해를 위한 일반체제이론(Bertalanffy, 1968/1990)이다. 각각의 영역에서 심층면담의 내용과 연결하여 R-EAP에 교육적 의미를 제공하는 원리 및 개념들을 해석학적 순환에 의하여 탐색한 후 의미 이해를 심화하였다. 특히 이해의 학문인 해석학의 원리 및 개념을 연구 전반에 도입하였고, Heidegger(1978/2000, 1979/1998)와 Gadamer(1976/2017, 1990/2012)의 개념인 지평, 지평융합, 해석학적 순환, 시간성, 영향사, 선이해와 선입견 등에 비추어 해석하였다. 또한 관련된 선행연구(김현경, 유영만, 2017, 2018; 임병덕, 2003; Frankl, 1988/2005; Rancière, 1987/2016; Schön, 1983)의 개념들을 도입하여 해석을 확장하였다.

2 R-EAP의 교육적 지향

R-EAP가 추구하는 세 가지 교육적 지향은 R-EAP의 정체성을 명확히 하는 동시에 그에 대한 이해를 돕는다. 또한 R-EAP의 해석학적 수업이 어떻게 구현되어야 하는지에 대한 지침이 된다. R-EAP의 **세 가지** 측면의 **교육적 지향**은 다음과 같다(김현경, 2019a). 첫째, **'관계에 대한 이해'**를 지향한다. 세계에 대한 체제(Bertalanffy, 1968/1990)적 통찰과 세계-내-존재(Heidegger, 1979/1998)인 인간에 대한 이해를 심화하고자 한다. R-EAP는 일터와 삶터에 얽혀있는 비구조화된 문제상황인 결정적 사건에 대한 다층적인 관계 이해를 추구한다. 둘째, **'성장을 위한 지평융합'**을 지향한다. 지평융합(Gadamer, 1990/2012)은 패러다임 간의 지평융합, 학문영

그림 7 R-EAP의 교육적 지향

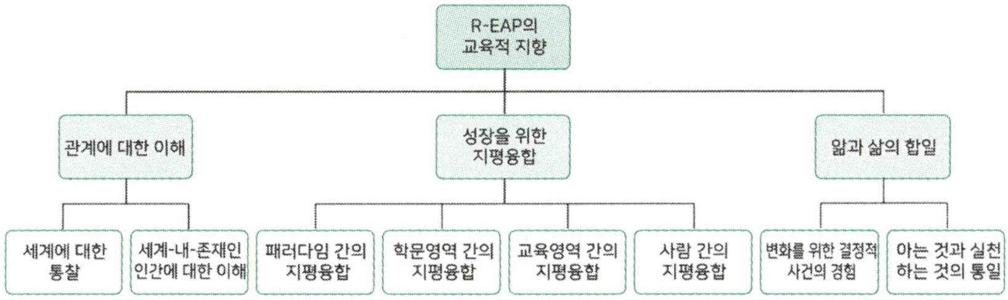

출처: 김현경, 유영만(2020b: 40)

역 간의 지평융합, 교육영역 간의 지평융합, 사람 간의 지평융합을 말한다. R－EAP는 네 가지 측면의 지평융합을 통하여 인간의 본래적(Heidegger, 1979/1998) 성장을 지향한다. 셋째, **'앎과 삶의 합일'**을 지향한다. R－EAP는 세계관에 전환적인 변화를 가져오는 결정적 사건(Woods, 1993)에 대한 이해를 통하여 아는 것과 실천하는 것의 합일을 추구한다. 이는 이해·해석·적용의 동시성을 중시한 Gadamer(1990/2012)의 관점과 일치하는 것으로 성찰·통찰·실천의 통일을 지원한다. [그림 7]은 R－EAP의 교육적 지향(김현경, 2019c) 중 '통약불가능성의 지평융합'을 의미에 보다 적합하게 '패러다임 간의 지평융합'으로 수정한 후 도식화한 것(김현경, 유영만, 2020b: 40)이다.

1) 관계에 대한 이해

(1) 세계에 대한 통찰

조직을 구성하는 요소들 간에는 개체성을 넘어서는 체제성이 존재한다. 조직 안에 존재하는 모든 존재자들은 그들과 관련된 현상과 사건, 상황 및 맥락 아래 상호의존적 관계 속에서 유기적 삶을 살아가고 있다. 또한 조직 구성원은 조직의 경계를 넘어 가정이라는 체제 안에서도 다양한 관계를 맺고 있다. R－EAP는 근로자들이 일터와 삶터에서 경험하는 복잡하고 다층적인 관계에 대한 통찰을 지향한다.

> 결국 시각의 확장이고 통찰이고, 맥락이라든지 관계성에 대한 이해인 거잖아. 그 목적을 충분히 도출할 수 있는지가 제일 중요할 거 같아. 그런 통찰을 하면 이렇게 좋아진다인데… (FS(1)－A－REM－2.1)

R－EAP는 근로자로 하여금 자신의 삶에 대한 **'시각의 확장'과 '통찰'**을 안내하여, 근로자가 살아가는 세계인 **가정과 직장**에서의 다양한 사건과 현상의 **'관계성에 대한 이해'**를 목적으로 한다. 가정과 직장에서는 매일 일어나는 일상적 사건에서부터 예상을 벗어나는 혹은 감당하기 버거운 상황을 마주하게 된다. 이러한 사건과 현상을 이해한다는 것은 그 사건과 현상들이 관계 맺고 있는 모든 구조적 관계를 체제적 관점에서 파악할 수 있어야 한다는 의미이기도 하다. 근로자가 살아가는 세계에 대한 이해는 우선, 이해하고자 하는 사건이나 현상과 관련된 요소에 어떤 것들이 관계를 맺고 있는지 그 인식의 폭을 확장할 수 있어야 한다. 관련된 요소를 최대한 찾아내고 그 요소들 간의 관계를 다층적으로 통찰하여 사건과 현상이 드러내는 혹은 감추고 있는 의미를 새롭게 해석할 수 있어야 한다.

일반체제이론(Bertalanffy, 1968/1990)에 따르면 체제(system)는 체제성(systemicity) 또는 전체성(wholeness)으로서의 '관계'를 중시한다. 구성적 합성체를 이해하려면 구성적 합성체를 이루는 요소들과, 그 요소들 간의 관계를 이해할 수 있어야 한다. Boulding(1956)은 체제를 아홉 개의 계층구조로 구분하고, 자의식(self－consciousness)을 가지는 인간(human)을 일곱 번째 단계에 배치하였다. 인간을 하나의 체제로 볼 때 인간에 대한 이해는 인간과 관련된 모든 관계에 대한 이해가 전제되어야 한다. 즉, 인간이 살아가는 세계에 대한 통찰이 있어야 한다. '관계기반(relations-based)'의 의미는 '관계 인식(relations) 차원'과 '관계맺음(relationship) 차원'의 의미가 있다(김현경, 2019a). 이 중 세계에 대한 통찰을 위해서는 **'관계 인식(relations) 차원'**의 **관계기반**의 **의미**에 초점을 두어, 상황 및 맥락과 관련된 사람·사물·현상 사이의 전체성으로서의 관계에 대한 인식의 폭과 깊이를 확장해야 한다. Danner(2004/2004)는 해석학의 관점에서 이해의 개념을 '의미-이해'와 '심리적 이해'로 구분하였는데, 세계에 대한 통찰은 사실에 기초하여 이해하는 **'의미-이해**(Danner, 2004/2004)'에 의하여 구현될 수 있다. 초보적 이해와 고차원적 이해의 통합적 이해를 통하여 이루어지는 '의미-이해'는 세계를 보다 큰 맥락에서 통찰하여 전체적인 이해의 지평을 넓힐 수 있도록 한다. 전체적인 이해의 지평을 넓힌다는 것은 구조적 관계성에 대한 통찰을 의미하며, 구조적 관계성의 통찰은 차원적 존재론(Frankl, 1988/2005)의 제1법칙과 제2법칙에 의하여 인식의 차원을 확장하는 것과도 연결된다.

새로운 이해는 인간이 세계에 대해 펼쳐 열려질 때, 익숙한 것이 낯선 것에 대해 열려질 때, 과거가 미래에 대해 열려질 때 가능하다(Gadamer, 1990/2012). 사건이나 현상에 대한 시각의 확장과 통찰은 선이해와 낯선 이해 사이의 참된 대화를 통한 성찰적 고찰을 의미한다. 선이해에 대한 성찰적 고찰은 선이해와 낯선 이해 사이의 이해의 폭을 확장하는 것으로 새로운 이해의 출발점이 된다. 직장이나 가정에서 매일 접하게 되는 일상적 사건 속의 새로운 의미 발견은 기존의 선입견에 낯선 이해를 불러일으킴으로써 다층적 관점에 의한 통찰을 가능하게 한다. 또한 예상을 벗어나는 당혹스러운 사건에 대한 이해는 기존의 나의 관점에 의한 선이해가 낯선 이해들과 충돌하여 이전에 인식할 수 없었던 다양한 '관계 인식(relations)'에 대한 새로운 방식의 해석들이 제시될 때 가능하다. '관계 인식(relations)'이 확장될 때 사건 및 현상에 대한 당혹스러

움도 점차 평정심 안으로 옮겨질 수 있다. R－EAP는 세계 안의 다양한 사건과 현상에 대한 '**관계 인식**(relations)'을 **확장**함으로써 **세계에 대한 통찰**을 지향한다.

(2) 세계–내–존재인 인간에 대한 이해

세계 안에는 다양한 개체들이 존재하며 그 개체들 간에는 상호 영향을 주고받는 복잡한 관계가 형성된다. 그 영향관계에 대한 이해의 중심에는 현존재(Dasein)(Heidegger, 1979/1998)로서의 인간이 자리하고 있으며, 현존재인 인간은 복잡한 관계 속에 내던져진 이해의 주체로서 끊임없이 자신과 타인에 대한 낯선 이해의 도전을 받으며 통찰에 의하여 성장한다. 인간을 의미하는 현존재는 독일어 '거기'라는 'Da'와 '있음'이라는 뜻의 'sein'을 결합한 Heidegger(1979/1998)의 용어로, 인간은 존재가 밝혀지는 '거기', 즉 세계와 분리될 수 없는 **세계-내-존재**(In－der－Welt－sein)이다. 가정과 직장 내에서의 관계에 대한 이해도 세계 안에 존재하는 가족 구성원과 조직 구성원을 중심으로 **이해의 폭과 깊이**가 **확장**되어야 하며, 그 과정에서 세계－내－존재인 인간은 성장하게 된다.

> 어쨌든 HR에서 하는 게 사람에 대한 이해, 동기, 어떻게 애들을 동기부여시킬 것인가? 어떻게 공부하게 만들고 또 어떻게 몰입하게 만들 것인가? 강제적으로가 아니라 스스로 어떻게 하도록 유도할 것인가? 뭐 그런 것에 대한 통찰 의식이 필요한 거잖아요. 조직에서 필요한 게 그거니까. 교육이라는 것도 성인교육처럼 애들한테 억지로 막 시키는 게 아니라, 자기들이 하고 싶게 만들도록 하려면 내가 어떻게 유도를 해야 되는지, 이런 것들에 대한 hint들을 얻으니까… (OS(1)－F－RB－2.2)

Heidegger와 Gadamer에게 해석학은 인간과 세계, 그리고 존재가 규명되는 과정에 대한 존재론적 이해이다(Gadamer, 1990/2012). 그들에게 있어 인간은 시간성과 역사성, 관계성과 과정성으로 파악될 수 있는 세계－내－존재이다. 또한 해석학은 이해가 무엇인지를 다루는 학문(Palmer, 1969/2011)으로, 인간에 대한 이해를 위한 학문이기도 하다. 이런 관점에서 HRD는 조직이라는 세계 안에 존재하는 '사람에 대한 이해'를 바탕으로 '동기부여'와 '몰입'을 위한 '통찰 의식이 필요한' 해석학적 교육 영역이라고 볼 수 있다. 기업교육은 기본적으로 '억지로 막 시키는' 비자발적 교육이 아니라 '자기들이 하고 싶게' 하는 자발적인 성인교육을 추구한다. 스스로 움직이는 인간을 위한 HRD는 인간에 대한 이해가 선행되어야 하며, 근로자의 자발적인 행동을 유발하기 위해서 어떤 관계맺음이 이루어져야 하는지가 HRD의 관심의 대상이 된다.

세계－내－존재인 인간에 대한 이해는 **'관계맺음**(relationship) **차원'**의 **관계기반**의 **의미**로 해석될 수 있다. 세계 내에서 관계를 맺고 있는 사람을 이해한다는 것은 그 사람이 놓여있는 사회적·역사적 구조 안에서 공감적 이해를 하는 것이며, 동시에 그러한 이해를 시도하는 해석자인 나 자신에 대한 선이해를 확인하는 작업이라고 볼 수 있다. 관계를 맺고 있는 사람에 대한 심층적인 이해는 그들이 살아온 시간적·공간적 역사 안의 다양한 관계망을 체제성(Bertalanffy, 1968/1990)의 관점에서 공감적으로 이해하는 활동을 필요로 한다. 시간적·공간적 역사 안에서 사람을 이해한다는 것은 자신과 타인 모두에 대한 **영향사적 의식**(Gadamer, 1990/2012)[2)]과 관련된 역사적 이해 과정을 뜻한다. 인간의 이해 행위 안에는 해석자가 그것을 의식하든 의식하지 못하든 이미 역사적 영향이라는 이해지평을 갖는다(손영수, 2000). 관계맺음은 자기이해와 타인이해

2) Gadamer(1990/2012: 183)는 해석학을 통하여 탐구대상을 제대로 보려면 이해 과정 자체에서 역사현실을 드러내야만 하고, 이러한 요청을 영향사(Wirkungsgeschichte)라고 일컬었다. 영향사적 의식(Wirkungsgeschichtliches Bewusstsein)은 역사적 사건의 영향력이 그 사건에 대한 탐구에 영향을 미치고 있음을 인식하는 것이다(김현경, 2019a: 89).

간의 끊임없는 변증법적 상호과정이고, 과거의 사실을 해석함에 있어 현재 해석자의 자기이해와 무관할 수 없다는 Gadamer(1990/2012)의 관점과 일치한다.

인간에 대한 이해는 감정에 의한 이해로서 **'심리적 이해'**(Danner, 2004/2004)이기도 하다. 심리적 감정이입 또는 다른 것으로의 전치인 감정이입적 이해는 한 사람을 온전히 이해하기 위한 것이며, 어느 한 시점에 존재하는 인간에 대한 한정된 이해가 아니라 시간성의 차원에 의한 통합적 이해이다. 즉, 과거가 현재에 미치는 영향사적 관점에서의 이해와 미래의 가능성이 현재의 결단에 미치는 영향까지 포섭하여 그 사람을 심리적으로 이해하고자 하는 것이다. 개방성과 보편성을 강조하는 해석학의 관점에서 심리적 이해를 보면, 인간에 대한 이해는 영향사적 의식(Gadamer, 1990/2012)에 의하여 끊임없이 해석이 새로워지는 **개방성**의 의미를 띤다. 더불어 현재의 의미부여가 해석자의 주관성을 넘어서는 공통 경험을 배경으로 한다는 점에서 **보편성**의 의미를 드러낸다. 심리적 이해는 단순히 주관적이며 심리적인 감정이입에 머무는 것이 아니라 시간성(Heidegger, 1979/1998)과 영향사(Gadamer, 1990/2012)의 영향 아래 개방성과 보편성을 통합적으로 드러내는 심리적 이해이다. 따라서 R-EAP는 현존재로서의 인간이 가정과 직장에서 맺고 있는 **자신과 타인과의 관계**에 대하여 영향사적 의식(Gadamer, 1990/2012)에 기반한 '심리적 이해'(Danner, 2004/2004)를 추구한다. 더불어 그들이 드러내는 삶의 태도와 방식을 성찰하고 그 관계를 통찰함으로써 이루어지는 **'본래적 관계맺음**(relationship)**'**을 지향한다.

2) 성장을 위한 지평융합

(1) 패러다임 간의 지평융합

Kuhn(2012/2013)에 의하면 한 개인이 갖고 있는 사고, 가치관, 관념,

개념 등의 총체적 틀로서의 **패러다임**은 **공약불가능성**(incommensurability)[3]의 특징을 갖는다고 하였다. 어떤 패러다임을 갖고 있느냐에 따라서 인간의 가치관과 사고와 행동이 달라지며, 상이한 패러다임을 소유한 개인과 집단 간에는 원활한 소통이 불가능하다는 것이다. 특정 패러다임은 그 패러다임만의 독특한 지평(Horizont)을 가지고 있다. 그러나 인간이 존재하는 세계 안에는 다양한 패러다임이 공존하며, 복잡한 관계망 속에서 살아가는 현대인의 삶은 특정한 하나의 패러다임만으로 전체를 이해하기 어렵다. 인간이 처해있는 매순간의 특수한 상황맥락 안에는 각기 다른 패러다임이 상호 영향을 미치고 있고 인간은 그 영향 아래에 놓여있다. **패러다임 간**의 상충인 **공약불가능성**에 대한 **지평융합**(Horizontverschmelzung)(Gadamer, 1990/2012)은 불가능한 것인가? 아니면 어려운 것인가? 인간의 삶에 대한 이해와 성장을 위해서 공약불가능성은 수용되어야 하는가? 거부되어야 하는가? 아니면 제3의 대안이 필요한 것인가? Taylor, Taylor와 Luitel(2012)은 실재에 대한 과학적 관점의 협소함을 넘어서 상호 연계된 실재에 관한 복합적 패러다임을 수용할 필요가 있다고 하였다. 복합적 패러다임의 수용은 상이한 지평들 간의 지평융합을 의미한다.

> 기업에서는 성공적 의미를 되게 많이 포함하기는 하지만, 그것을 위해서 필요한 교육이라는 관점에서 볼 때는 그 사람의 어떤 내면의 성장, 의식의 성장 이런 것들이 결국 도움이 될 거라는 동의가 있는 거 같아. 그런 교육을 하려고 하다 보니 이들의 mind 교육이라든지 삶을 어떻게 긍정적으로 바라볼지에 대한 교육이라든지… 회사에 도움이 된다는 관점으로 개인을 성장시키지만 이 성장은 가정에서도 도움이 되니까. (FS(1)-A-EAP-1.1)

3) 공약불가능성(incommensurability)(Kuhn, 1970/1999)은 수학에서 차용된 개념으로, 보통은 상이한 패러다임이나 이론들 간에는 비교할 수 있는 공통성이 없음을 뜻한다고 가정하지만 Kuhn은 비교가 불가능하다는 것을 뜻하는 것이 아니라 직접 정확하게 측정할 수 있는 단위가 없음을, 완벽하게 비교할 수 있는 공통된 언어가 존재하지 않음을 뜻한다고 하였다(Bernstein, 1983/2017: 173).

HRD에 있어서 성과 패러다임은 기본적으로 '성공적인 의미'를 포함하는, 즉 성과를 지향하는 교육이라는 가정을 가지고 있지만(Swanson & Holton, 2009/2010), 연구 참여자 A는 그 안에는 '사람의 어떤 내면의 성장, 의식의 성장'이 기업에도 '도움이 될 거라는 동의'가 있다고 보았다. 이러한 시각은 기업에서 운영되는 '삶을 어떻게 긍정적으로 바라볼지에 대한 교육'인 'mind 교육'이 운영되고 있다는 점에 근거하고 있었다. 회사에 도움이 되는 관점에서의 개인의 성장은 동시에 가정에도 도움이 된다고 보았다. 성과주의를 지향하는 기업교육은 조직 구성원의 내면과 의식의 성장에는 큰 관심을 두지 않는다는 일반적인 생각에 대한 대립적 사고를 드러냈다. 기업교육을 성과 중심으로만 바라보는 시각에 대한 공약가능성을 언급한 관점이다.

HRD 패러다임의 동향을 보면 기업교육에 대한 패러다임은 고정되어 있지 않고, 상이한 패러다임 간의 조율 역시 불가능한 것은 아니다. Swanson과 Holton(2009/2010)은 HRD의 패러다임은 1995년 이후 학습 패러다임과 성과 패러다임 간의 격렬한 논쟁이 지속되어 왔지만, 두 **패러다임은 통합**되는 것이 가장 바람직하다고 하였다. 최근의 국내 HRD 패러다임의 동향에는 학습 패러다임과 성과 패러다임의 이분법적인 패러다임에서 벗어나 개인적 가치와 조직적 가치를 동시에 지향하는 인간중심적 HRD 패러다임으로의 전환을 요구하는 흐름이 있다(조태준, 2013). 근로자의 성장이 되었든 조직의 성장이 되었든 고정된 관점에 의한 공약불가능한 패러다임을 고수하는 것은 성장과 발전에는 물론 상황에 대한 깊이 있는 이해와 통찰을 저해한다.

공약불가능한 패러다임들 중 객관주의와 상대주의 간의 논쟁은 **해석학**에 의해 **새로운 이해**의 가능성이 제시되었다. 해석학은 절대적 진리관으로서의 객관주의의 인식론에 동의하지 않으며 동시에, 모든 것을 허용하는 상대주의적 체념도 허용하지 않는다(Bernstein, 1983/2017). 해석학은 문제상황에 관한 처방을 목적하지 않고 문제상황을 이해하기 위한 가능성으로서의 의미 이해에 초점을 맞추며, 상이한 지평들 간의 융합을 중요시한다. 그러므로 R-EAP는 해석학의 관점에서 객관주의와 상대주의 간의 공약불가능한 한계를 뛰어넘어 현실 세계에 공존하는 다양한 공약불가능한 사건들과 현상들에 대한 해석학적 이해를 지향한다. R-EAP는 옳고 그름에 대한 판단이 아니라, 좀 더 바람직한 선택을 위한 가능성의 폭을 확장하는 데 목적이 있다. 이러한 과정은 **공약불가능한 것**처럼 보이는 것들 간의 **지평융합**을 통하여 **인간의 궁극적인 성장**을 **추구**함을 뜻한다.

(2) 학문영역 간의 지평융합

통찰 부분에 대한 게 너무 없어. 그러니까 방법적인 전달에 머문다는 거. 교육훈련 같은 느낌. 그런데 그걸 의무적으로 역할을 노력해서 실천할 수는 있지만 내 안에 올라오는 불편감, 어려움, 답답함. 이거를 해결할 수가 없는 거야. 나는 그 역할을 수행해야 되는 사람이지, '나'라는 사람이 좀 빠져버리는 느낌. 이런 '나'는 수용되지 않는 이런 게 부모교육의 한계. (FS(1)-A-REM-2.10)

어떤 회사는 짧게 3회기도 있고 5회기도 있고 8회기도 있고. 길어야 8회기. 물론 본인의 어떤 필요성에 의해서 우리가 사유서를 써주면 다시 재계약할 때 회사 예산이 되면 연장을 해주는 경우도 있기는 하더라고. 그런 식으로 운영을 하는데, 좀 짧은 게 매번 아쉽더라. 거의 문제 해결까지, 본인이 통찰하는 거기까지는 못 들어가는 거야. 문제인식만 하는 그 단계에서 끝나는. 그리고 나머지 부분을 본인이 이제 통찰해 가야 하는… (FS(1)-C-EAP-1.2)

부모교육에 대한 **아쉬움**은 '통찰 부분에 대한 게 너무 없어', '방법적인 전달에 머문다'라는 언급에서 드러났고, EAP **상담**에 대한 **아쉬움**은 '좀 짧은 게 매번 아쉽더라', '문제인식만 하는 그 단계에서 끝나는'에서 확인할 수 있었다. 부모교육은 부모역할과 관련된 방법적인 전달에 그치기 때문에 그 상황과 관련하여 부모 자신이 겪는 '불편감, 어려움, 답답함' 등의 원인이 무엇이고 왜 그런 감정을 느낄 수밖에 없는지 등에 대한 통찰은 담아내지 못하고 있다는 것이다. EAP 상담은 상담의 회기 자체가 길지 않기 때문에 자신의 문제를 통찰하고 해결을 위한 실천적 행위로 나아가는 데까지 지원하기 어렵다. 일반적으로 상담은 내담자 자신과 문제상황 등을 통찰하여 그 관계를 깨닫도록 지원할 수 있지만, EAP 상담은 장기적으로 제공받기 어렵다는 현실적 제약으로 인하여 통찰의 가능성에 한계가 있다. 근로자는 EAP 상담을 통하여 문제를 인식하는 단계에 머무는 경우가 대부분이고, 통찰은 본인 스스로 혼자서 해야 한다.

> (상담과 부모교육을) 같이 할 수 있는 집단이 있다면 좋을 것 같아. 그런데 그거는 현실적인 너무 많은 한계를 가지는 것 같아. 왜냐하면 시간적 한계. 그러니까 (상담을 통해서) 통찰을 하는 과정만 해도 길 건데, 통찰을 하고 나서 정보가 들어가는 그(부모교육) 과정을 하면서 계속 (상담과 부모교육 사이를) 왔다 갔다 하게 되면, 이 집단의 기간이 엄청나게 길어져야 할 텐데… (FS(1)−A−REM−2.8)

일상생활 속에서 겪게 되는 어려움은 그것이 크건 작건 간에 가장 효과적으로 해결할 수 있는 방법은 그 상황에 대한 성찰과 통찰을 통하여 관련된 관계를 파악하고 해결을 위한 실천을 지속적으로 추구하는 것이다. **성찰·통찰·실천**을 **통합적 과정** 안에서 하나로 녹여내어 순환적으로 지속하는 것은 매우 중요하다. '같이 할 수 있는 집단이 있다면 좋을 것 같아'라는 표현은 상담 영역과 부모교육 영역을 모두 다룰 수 있는, 즉 성찰과 통찰 그리고 실천까지 나아갈 수 있는 통합적 성장지원집단이 필요하다는 의미이다. 그런데 연구 참여자 A는 통합적 성장지원집단의 필요성에도 불구하고 '현실적인 한계'를 지적하였다. 성찰·통찰·실천을 아우르는, 즉 상담 영역과 부모교육 영역의 장점을 통합하기 위해서는 장

시간이 소요될 수밖에 없는데 비용, 근로자의 학습의지의 지속성, 상담과 부모교육을 포괄할 수 있는 전문가 확보 등의 문제를 우려하였다.

복잡하고 다층적인 관계들이 얽혀 있는 비구조화된(ill－structured) 문제상황을 이해하고 해결하기 원하는 학습자들은 삶 속에서 지속적으로 관계 맥락을 성찰하고 통찰해야 하며 관련된 지식을 적용해보는 실천적 행위를 반복적으로 수행해야 한다. 이는 Gadamer(1990/2012)가 강조한 **이해·해석·적용**의 **동시성**과 연결된다. 부모인 근로자가 결정적 사건을 통하여 태도나 가치관의 변화를 가져오기 위해서는 사건에 대한 새로운 관계 인식만으로는 한계가 있다. 성찰과 통찰에 기반한 실천적 적용이 동반되어야 한다. 이런 관점에서 Gadamer(1990/2012)는 적용을 이해와 해석이 일어난 후에 이를 뒤따르는 과정으로 보지 않고, 적용을 이해와 해석과 동시에 일어나는 분리될 수 없는 것으로 보았다.

근로자는 상담을 통하여 새로운 성찰과 통찰로 기존과는 다른 이해와 해석을 확장하고, 동시에 부모교육을 통하여 새로운 이해와 해석에 근거한 실천적 변화를 지속적으로 행동화함으로써 성찰과 통찰과 실천을 통합할 필요가 있다. 상담과 부모교육을 이분법적 사고에 의하여 분리하기보다 통합적 관점에서 융합할 때 EAP 생활지원서비스의 효과는 향상될 수 있다. 이를 위하여 R－EAP는 **성찰과 통찰**을 보다 효과적으로 다룰 수 있는 **상담 영역**과, 지식의 **실천을 체화**하는 데 보다 초점을 맞추는 **부모교육의 영역**을 아우르는 **학문영역** 간의 **지평융합**을 **지향**한다.

(3) 교육영역 간의 지평융합

지평은 "어떤 지점에서 시야에 들어오는 모든 것을 포괄하는 가시권"(Gadamer, 1990/2012: 187)으로, 인간의 사유가 유한한 규정들에 의하여 구속되어 있음을 의미(신진욱, 2009)하는 동시에, 제한적이고 유한하지만 닫혀있지 않고 유동적이며 변화 가능한 것을 뜻한다(Bernstein, 1983/

2017). 지평의 변화는 낯익은 지평과 낯선 지평 간의 지평융합을 통하여 이루어지며, **진정한 이해**는 본질적으로 **지평융합**에 의하여 가능하다(Gadamer, 1990/2012). 이런 관점에서 R-EAP는 근로자의 생활을 보다 총체적인 관점에서 지원해야 하며, 일터와 삶터를 분리해서 지원하고 있는 기업교육과 부모교육은 지평융합을 통하여 통합적 관점에서 제공될 필요가 있다.

기업교육을 바라보는 시각은 인간의 변화를 지원하지만 기업의 이익을 전제로 해야 한다는 성과지향적인 관점과, 기업교육이 성과에 어느 정도 영향을 미쳤는지 수치상으로 확인할 수 있어야 한다는 실증주의적 관점이 지배적이다(Swanson & Holton, 2009/2010). 그러나 기업에서 일어나는 다양한 현상들에 대한 이해와 해결을 위한 학습은 기업교육에 대한 성과주의적 패러다임만으로는 심층적인 파악에 한계가 있을 수 있다. 더불어 근로자는 **조직 구성원**인 동시에 **가족 구성원**이기 때문에 이들의 삶을 이해하고 지원하기 위해서는 두 영역을 모두 포괄하는 통합적 교육 지원이 필요하다. 연구 참여자 F는 **기업교육**과 **부모교육**은 상호보완적 측면에서 **시너지**를 **발휘**할 수 있다고 진술하였다.

> 제가 살면서 내가 HRD 하기를 참 잘했다라고 생각한 게 우리 아이들 키우는 문제 때문에 … 지금 막내도 중3이라 사춘기 막 벗어나고 있는데. 애들이 사춘기를 넘길 때, 어려서 애들하고 소통하고 그랬던 게 굉장히 도움이 됐어요. 진짜 제가 확실히 자부하는 거는 제가 HRD를 했기 때문에 아이들과의 관계가 … 정서적으로 가깝고 소통 잘하고. 정말 딸내미들도 자기네 남자친구 얘기도 나한테 다 하고 하니까. (OS(1)-F-RB-2.1)
>
> 내가 특출나서가 아니라 계속 공부하고 배우고. 구성원들한테 적용했던 거를 우리 아이들한테, 집사람한테. 경청? 기억은 안 하더라도 듣는 척이라도 하니까 애들은 '아빠가 듣는구나'라고 생각하더라. 특히 회사에서 이렇게 배운 거 있으면 가정에서 써봐라. 적용해봐라. 회사에서 적용하기 겁

> 나면 애들한테 먼저 적용해보고, 그러고 나서 회사 와서 적용해라. (OS(1)－F－CR－1.14)

연구 참여자 F는 HRD를 했기 때문에 아이들과의 관계가 정서적으로 가깝고 소통이 잘된다고 하였다. 회사에서 배운 것을 가정에 적용해보고, 그런 다음 다시 회사에 적용해 볼 것을 권하고 있었다. 이러한 진술은 기업교육과 부모교육은 소통과 관계 형성에 있어서 상호보완적일 수 있으며, 학습한 것을 적용해보는 과정에서도 **직장과 가정** 간에 **학습전이**가 가능함을 드러냈다. 단기적인 재무적 성과를 추구하는 성과주의적 관점에서 볼 때, 가정생활을 지원하는 부모교육을 기업에 도입하는 것은 소비적 비용으로만 비춰질 수 있다. 그러나 조직 구성원인 근로자는 가족 구성원이며 가정은 인간의 삶이 시작되는 가장 작은 조직 단위임을 인식할 때, 비로소 조직 안에서의 현상을 바라보고 해결하는 데 부모교육과 기업교육의 융합이 보다 넓은 시각을 제공할 수 있음을 깨닫게 된다. 따라서 R－EAP는 **기업교육과 부모교육**이라는 **낯선 지평**들 간의 **융합**을 지향하며, 새로운 이해 가능성을 향한 끊임없는 개방과 소통을 추구한다.

(4) 사람 간의 지평융합

Gadamer에게 이해는 타인들과의 의견일치를 함에 있어서 자신의 가정이나 선입견을 수정하는 것이며, 서로 공유하는 문제에 대하여 어떻게 이해를 확장시키고 심화시킬 것인가를 배울 수 있는 과정이다(Warnke, 1987/1999: 20). **나의 익숙한 지평**과 **타인의 낯선 지평** 간의 **만남**을 통해서 새로운 이해는 확장되고 심화될 수 있다. 내가 가지고 있지 못한 나에게 없는 지평을 확장함으로써 새로운 선택의 가능성은 확대된다.

> 다른 선택을 할 수 있는, 내가 1, 2, 3, 4라는 이 네 가지 방법밖에 모르고 있으면 5번, 6번, 7번을 가진 사람하고는 다른 삶을 살 수밖에 없으니

까. 이것들을 더 만들어낼 수 있도록, '달라질 수 있다'라고 내가 믿기만 하면, 그러면 만들어내야 하는 거잖아요. (FS(1)-B-REM-2.14)

'1, 2, 3, 4라는 이 네 가지 방법'을 보여주는 나의 지평과 '5번, 6번, 7번을 가진 사람'인 타인의 지평이 만나면 내가 선택할 수 있는 방법은 네 가지에서 일곱 가지로 확장된다. 그리고 확장된 지평만큼 문제상황에 대한 새로운 이해가 가능하며, 나의 선택은 확장된 이해의 폭과 깊이만큼 풍부해질 수 있다. 보다 나은 선택을 가능하게 하는 사람들 간의 지평융합은 조직 내에서는 조직 구성원들 간의 지평의 만남이며, 가정 내에서는 가족 구성원들 간의 지평의 만남을 의미한다. 사람 간의 지평융합에 있어서 주의해야 할 점은 사건과 상황을 이해하는 데 있어서 절대적 지평을 발견하고 적용하는 것을 목적으로 하는 것이 아니라 관련된 다양한 관계에 대한 이해의 확장이 목적이라는 점을 숙지하는 것이다.

부모와 자녀 사이의 지평융합은 우월한 입장을 취하기 쉬운 부모의 지평 안으로 자녀의 지평을 귀속시키는 종속적 지평융합이 아니다. 부모와 자녀는 독립된 존재로서 각자의 생각·경험·감정 등을 공유하는, 떼려야 뗄 수 없는 **공속**(Heidegger, 1978/2000)의 관계에 놓여 있다. 공속은 서로가 서로에게 속하는 **'더불어 있음'**을 의미하되, 각자의 존재가능성대로의 **고유함**을 **유지**하는 개별적 존재로 구분될 수 있는 관계를 뜻한다(Heidegger, 1978/2000). 부모와 자녀는 존재론적 관점에서 볼 때 각자의 고유함을 드러내는 독자적 존재이며, 인식론적 관점에서 볼 때 그들의 지평은 대등한 관계에서 이해된다. 부모와 자녀 간의 공속적 관계는 다른 사람들과의 관계로 확장될 수 있다. 사람들 간의 지평융합은 공속적 관계에서 대등하고 독립적인 관계가 형성될 때 보다 개방적인 지평융합이 일어날 수 있다.

Gadamer(1990/2012: 272)는 인간관계에 있어서 지평융합이 일어나기 위해서는 '**열려 있음**'인 **개방성**이 필요하다고 하였다. 이는 타인의 목소리에 귀 기울이는 것만 아니라, 나한테 타인이 굳이 그의 주장을 펼치려하지 않더라도 자신의 뜻을 굽힐 줄 아는 자세까지 포함한다. Gadamer에게 대화는 늘 새롭고 보다 나은 이해를 위하여 열려져 있다(최명선, 2005: 90). 사람 간의 이해로서의 지평융합은 타인의 목소리에 귀 기울이는, 즉 열려 있는 개방적 대화가 활성화될 때 가능하다. 이런 의미에서 R-EAP가 지향하는 사람 간의 지평융합은 개방적 대화를 가능하게 하는 교수자와 학습자의 관계 설정이 중요하다.

Rancière(1987/2016)의 '무지한 스승'과 '의지'의 개념은 R-EAP의 교수자와 학습자의 관계에 의미 있는 시사점을 제공한다. '**무지한 스승**'의 개념에 의하면 가르치는 자는 배우는 자에게 지식을 전달하기보다 배우는 자가 스스로 앎을 성취할 수 있도록 학습에 대한 '**의지**'를 일깨우는 역할을 수행한다. 배우는 자는 수동적인 지식수용자가 아니라 자신의 고유한 지능을 통하여 스스로 학습할 수 있다. R-EAP의 교수자와 학습자 사이에는 불평등한 앎을 전제하는 교육적 태도를 지양하고, 교수자는 지적 평등에 기반하여 무처방적 태도를 유지함으로써 학습자에게 다양한 관점의 가능성을 안내하고 처방은 유보한다(김현경, 2019a). R-EAP는 **개방적**이고 **평등한 공속적 관계**를 통하여 **사람들** 간의 **지평융합**을 **지지**하고 학습자들의 의지를 불러일으키는 것을 지향한다.

3) 앎과 삶의 합일

(1) 변화를 위한 결정적 사건의 경험

인간은 삶의 과정 안에서 수많은 사건을 경험하게 된다. 그 사건 중에는 자신의 세계관이나 사고에 변화를 일으키는 **결정적 사건**(Woods, 1993)도 포함된다. 삶에 변화의 계기가 된다는 점에서 결정적 사건을 발견하는 것은 개인뿐만 아니라 조직의 삶에 있어서도 중요한 의미를 지닌다고 하겠다. 결정적 사건을 발견하고 의미를 찾아가는 과정은 R-EAP의 중요한 수업과정이 된다. 특히 결정적 사건의 의미는 사건의 발생과 동시에 드러나는 것이 아니고 그 이후에 발견되며, 사건이 발생한 시점과 회상한 시점 간의 시간차가 클수록 의미 또한 커진다(김영천, 2013). 결정적 사건의 의미는 고정되어 있지 않고 어느 한 시점에 붙박여 있지 않다. 따라서 결정적 사건을 경험하는 것은 사건이 발생되는 시점이 아니라 그 의미를 발견하는 때이며, 시간과 관련하여 완성형이 아니라 진행형이다.

> 그중에 시간의 의미. 과거에서 현재 지금 내가 있기까지 이 시간이 나에게 준 영향. 그리고 지금 내가 '앞으로 어떻게 할 것이냐'라는 것의 의미. 지금 이 교육을 통해서 어떤 변화가 주는 의미에 대한 인식. 그래서 내가 변해야 되겠다는 자기각성 내지는 주체적인 결정. 이것이 내 결정이고 내 필요성에 의한 내 결정이라고 인식이 되면, 그 다음부터는 적극적으로 주도적으로 이 교육의 의미에 본인이 뛰어들어야 내가 바뀔 수 있는 거고. (FS(1)-B-REM-2.2)

경험은 시간성(Heidegger, 1979/1998) 안에 존재하며 시간성 안의 경험에 대한 의미 발견은 곧 나 자신의 변화를 위한 시발점이 될 수 있다. Heidegger의 **시간성**은 미래를 현재로 끌어당기고 과거를 현재로 이끌어 올리는 것으로, 기재하면서-현재화하는-장래로서의 통일적 시간화 현상이다(배상식, 2006: 246). 연구 참여자 B는 시간과 교육 및 변화와 관련하여 '시간의 의미', 과거에서 현재까지 '시간이 나에게 준 영향', '앞으로 어떻게 할 것이냐' 등은 모두 '내가 변해야 되겠다는 자기각성' 또는 '주체적인 결정'을 위한 출발점이 되어야 한다고 강조하였다. 이는 자각 없이 내던져져 있던 사건들을 교육을 통하여 시간성 안에서 새롭게 결정적 사건으로 발견할 수 있어야 하고, 이를 통하여 변화로 나아갈 수 있는 결단을 내려야 함을 의미한다.

경험은 질적으로 새로운 계기를 내포하며, 경험의 변증법은 경험을 통하여 새롭게 다가오는 또 다른 경험을 향해 열려 있는 상태를 뜻한다(Gadamer, 1990/2012: 264). 발생된 시점과 회상된 시점 간의 시간차가 클수록 결정적 사건의 의미도 커지는 특성은 경험의 변증법인 결정적 사건이 가지는 인간의 역사성과의 관계를 드러낸다. 즉, 기재하는 과거의 결정적 사건이 현재화하는 나의 삶에 새롭게 의미를 부여하는 것이며, 이를 통하여 변화라는 장래로의 새로운 결단의 가능성을 현재화하는 것이다. 이러한 과정은 결정적 사건에 대한 **삼각구도 분석**(김현경, 유영만, 2018)의 과정과도 일치한다. 삼각구도 분석은 **시간성**과 **공간성** 측면에서 현재 가정과 직장에서 일어나는 결정적 사건들과 과거 성장과정에서 경험했던 결정적 사건들 간의 영향관계를 발견하고 그 의미를 깨달음으로써 새로운 변화를 안내하는 과정이다. 개인의 역사성이 어떻게 과거·현재·미래의 삶에 영향을 미치고 있고, 가정과 직장, 사회와 국가에 어떤 영향을 주고받는지를 분석하는 활동이다.

결정적 사건을 발견하고 의미를 깨닫는 삼각구도 분석은 경험, 고통, 통찰에 대한 Gadamer(1990/2012)의 언급과도 일치한다. 경험은 온갖 좌절을 전제로 하며 좌절의 과정을 겪어야 체화될 수 있다(p.265). 인간이 고통을 통하여 깨달아야 하는 것은 개별적인 지식이 아니라 인간의 유한성인 인간존재 자체의 한계에 대한 통찰이다(p.266). 통찰은 항상 현혹에 빠져 있는 상태에서 벗어나는 앎을 내포하는 자기인식의 계기를 포함하며, 본래적 의미에서의 경험을 구성하는 필수적 요소이다(p.265). 그러므로 결정적 사건에 대한 삼각구도 분석 과정은 자신의 한계를 대면해야 하는 통찰의 과정으로서 고통을 수반할 수 있다. 하지만 자신의 한계를 깨닫는 순간 현혹의 상태에서 벗어나 자기인식을 통하여 새로운 성장으로 나아갈 수 있다. 그러므로 R-EAP는 가정과 직장에서 발생하는 복잡하고 비구조화된(ill-structured) 사건들 속에 숨겨져 있는 **결정적 사건**을 **발견**하고,

그 **경험의 의미**를 찾아가는 **통찰**을 통하여, 근로자의 삶 전체를 **변화**로 이끄는 **본래적 성장**을 **지향**한다.

(2) 아는 것과 실천하는 것의 통일

> 강의를 계속 들었음에도 불구하고 삶에 변화가 있느냐라는 질문에 'No' 라고 답한 사람들에게 왜 변화가 없느냐고 물어보면, 그건 그냥 일반적인 얘기들이라고 표현을 해요. '그냥 그건 이론이잖아요.' 보통 사람들은 머리로 하는 것과 실제의 삶이 다르다고 인식을 해요. 그 이유가 '아는 것은 아는 것일 뿐이고 실제적인 삶은 달라요.'예요. 그러니까 내가 뭘 안다고 해서 이걸 통해서 내 삶을 바꿔보겠다고 하는 사람이 별반 많지 않은 거예요. (FS(1)-B-REM-2.3)(김현경, 2019: 361-362)

지행합일(知行合一)은 교육의 존립과 함께 해온 오래된 숙명이라고 할 수 있다. 이는 아는 것과 실천하는 것을 별개의 것으로 인식하거나 아니면, 그 둘을 일치시키는 것이 그만큼 어렵다는 의미이다. 우선 아는 것과 실천하는 것이 별개라는 인식은 '그건 그냥 일반적인 얘기'에 해당한다. '강의를 계속 들었음에도 불구하고' 삶에 변화가 없는 이유는 '아는 것은 아는 것일 뿐'이고 '실제적인 삶'과는 다른 것이며, '머리로 하는 것'과 '실제의 삶'은 같지 않다는 인식을 전제로 하기 때문이다. 그러나 이러한 지행분리(知行分利)의 인식 아래에는 아는 대로 실천하는 것이 너무나 힘겹다는 학습자들의 학습실천에 대한 좌절을 반영한 것이라고도 볼 수 있다. 부모교육에 자발적으로 참여하는 학습자들조차도 배워봤자 소용없다는 교육무용론을 이야기하는 이유는 가정으로 돌아가 전환적 배움을 실천하려고 하지만 반복되는 좌절의 상황을 극복하기 어렵기 때문이다(김현경, 유영만, 2017). 이는 좌절의 경험을 교육이 다시 성공적 경험으로 안내하는 역할을 제대로 수행하고 있지 못하다는 뜻이기도 하다. 따라서 R-EAP는 학습자들이 교육무용론을 극복할 수 있도록 **아는 것과 실천하**

는 **것의 통일**을 위한 **교육적 지원**을 중요시한다.

관계성을 개발한다는 것은 결정적 사건과 연결되어 있는 다양한 관계들에 대한 인식의 범위와 깊이를 확장하는 것이며, 관련된 다양한 대상들과 정서적으로 수용적이며 본래적인 관계맺음을 실천하는 것을 의미한다. 이는 '관계기반(relations-based)'(김현경, 2019a)의 의미가 '관계 인식(relations) 차원'의 관계기반과 '관계맺음(relationship) 차원'의 관계기반의 두 가지 의미를 모두 포괄하는 것과 맥을 같이한다. 관계 인식(relations) 차원에서의 관계성 개발은 상황과 맥락 등에 얽혀 있는 복잡한 관계에 대한 인지적 측면의 앎을 확장하는 것이고, 관계맺음(relationship) 차원에서의 관계성 개발은 관계 인식 차원의 관계성 개발을 기반으로 태도나 행위의 본래적인 변화를 시도하는 실천적 관계맺음으로서의 앎을 추구하는 것이다.

관계성 개발을 목적하는 R-EAP는 관계와 관련하여 아는 것과 실천하는 것을 통일시킴으로써 '앎과 함과 삶이 하나'(Maturana & Varela, 1984/2020)가 되는 지행합일의 교육을 지향한다. 이는 고정된(being) 것이 아니라 관계에 대한 이해의 폭과 깊이가 확장되어가는 과정에 관한 것으로, 본래적 관계맺음을 실천하는 것도 태도의 변화와 지속적 수행을 전제로 하는 것이기에 **변화되어가는(becoming)**(문용경, 2013; Heidegger, 1979/1998) 과정으로서의 통합을 의미한다. 특히 교육에 있어 태도나 가치관 등의 전환적 변화를 필요로 하는 경우에, 아는 것과 실천하는 것의 통일은 **상심의 가능성**(임병덕, 2003)[4]의 순간을 포착하여 **지행겸행(知行兼行)의 경험**을 지원하는 것이 중요하다. 알고 있지만 실천하지 못하는 지행불일치(知行不

4) Kierkegaard의 '상심의 가능성'은 '상심'과 '신앙'의 상반된 방향으로 작용하는 열정이 인간 내면에 최고조의 긴장을 유발하는 상태를 가리킨다(임병덕, 2003: 112). 임병덕(2003)은 이를 교육적 관점에서 학습자가 새로운 삶의 태도를 수용하여 변화하고 성장할 것인지 아니면 거부하고 포기할 것인지를 선택해야만 하는 '학습이 유발될 수 있는 가능성의 순간'으로 보았다.

一致)의 삶에 지행합일하는 경험을 안내함으로써 변화의 실천을 지원한다. 이러한 과정은 결정적 사건과 관련하여 근로자가 **행위-후-성찰**(reflection－on－action)과 **행위-중-성찰**(reflection－in－action)(Schön, 1983)[5)]을 오가며 **성찰적 실천가**(reflective practitioner)로 성장할 수 있는 기회가 되기도 한다. 행위－후－성찰을 통하여 과거 결정적 사건을 비판적으로 숙고함으로써 새로운 앎을 형성하고, 이와 관련된 문제상황에 직면할 때 행위－중－성찰을 함으로써 암묵적 앎을 표면화하고 **즉석실험**(on－the－spot experiment)(Schön, 1983)을 실천하는, 즉 아는 것과 실천하는 것의 통일을 지향한다.

3 교육적 지향의 의미 및 시사점

1) 교육적 지향의 의미

R－EAP가 추구하는 세 가지 교육적 지향은 R－EAP의 정체성을 보다 명확히 하고 그에 대한 이해를 도우며, R－EAP의 해석학적 수업이 구체적으로 어떻게 구현되어야 하는지에 대한 지침이 된다. 본 연구를 통하여 보다 깊이 있게 탐색된 R－EAP의 교육적 지향은 첫째, **'관계에 대한 이해'**로서 두 가지 측면에서 의미를 드러냈다. 하나는 세계에 대한 통찰로서 체제성(Bertalanffy, 1968/1990)을 특징으로 하는 관계 인식(relations)을 확장하는 것이고, 다른 하나는 그러한 세계와 관계를 맺고 있는 세계－내－존재(Heidegger, 1979/1998)로서의 인간에 대한 이해를 추구하는

5) Schön(1983)의 '행위－후－성찰(reflection－on－action)'은 실천을 하고 난 후에 그 결과에 대한 성찰이고, '행위－중－성찰(reflection－in－action)'은 실천과정 중에 이루어지는 성찰이다. '즉석실험(on－the－spot experiment)'은 '행위－중－성찰'에 해당하는 활동으로, 잠정적인 앎을 즉석에서 실천하고 검증하는 실천적 성찰행위이다.

것이다. 둘째, **'성장을 위한 지평융합'**이 의미하는 교육적 지향은 네 가지 측면의 지평융합(Gadamer, 1990/2012)을 통하여 관계 이해를 새롭게 하고 선택의 폭을 확장하는 의미를 나타내었다. 공약불가능한(Kuhn, 2012/2013) 것처럼 보이는 패러다임 간(객관주의와 상대주의, 성과 패러다임과 학습 패러다임), 상호 보완이 필요한 학문영역 간(상담과 부모교육), 학습전이가 가능한 교육 영역 간(부모교육과 기업교육), 상이한 지평을 가진 사람들 간의 지평융합을 지향함으로써 R－EAP는 학습자들의 성장을 추구한다. 성장은 지평융합을 통한 결정적 사건 등에 대한 새로운 이해를 의미하며, 문제상황에서 좀 더 바람직한 선택이 가능하도록 학습자의 선이해 및 선입관에 낯선 지평을 융합하여 선택의 폭을 확장하는 것을 뜻한다. 셋째, **'앎과 삶의 합일'**이 의미하는 교육적 지향은 시간성(Heidegger, 1979/1998)과 공간성 안에서 학습자가 경험한 결정적 사건(Woods, 1993)의 의미를 학습자가 스스로 발견하고 변화를 추구함으로써, 아는 것과 실천하는 것을 삶 속에서 통합하는 것을 의미한다.

R-EAP가 추구하는 **교육적 지향**을 부모교육 및 부모교육프로그램의 국내 연구동향과 연결하여 살펴보면 다음과 같은 **의미**를 확인할 수 있다. 김영환 등(2017)은 국내 부모교육의 연구동향을 분석한 결과 두 가지 측면의 접근이 필요하다고 하였다. 첫째, 부모교육은 생애주기 단계별로 지속적으로 이루어져야 한다는 점과, 둘째, 자녀들이 살아갈 미래사회의 시대적 요구를 반영해야 한다는 것이다. 부모교육은 영유아기의 자녀를 둔 부모뿐만 아니라, 아동기, 청소년기, 성년기의 자녀를 둔 부모들에게도 각 단계마다 요구되는 부모교육을 지속적으로 제공해 주어야 한다(정채옥, 2009). R－EAP는 기업 조직 내에 정착하여 근로자의 자녀양육 및 생활지원을 장기적·지속적으로 추구함으로써 **부모교육**이 특정시기에 **단기적**으로 **제공**되고 있는 **현실**을 **극복**하고자 한다. 한편 미래 사회에서 부모와 자녀들이 건강하고 행복한 삶을 살아가기 위해서는 시대적 요구에 적절

히 대응할 수 있도록 그에 적합한 부모교육을 제공해 줄 수 있어야 한다. R-EAP의 교육적 지향 중 관계에 대한 이해는 **미래사회**의 **변동성**과 **불확실성**, **복잡성**과 **모호성**에 **대응**하기 위한 방안으로 제시될 수 있다. VUCA의 시대에 부모는 명확한 해답을 자녀에게 제시해 주기 어렵고, 최선으로서의 부모역할은 문제상황에 대한 다양한 관계 인식을 확장할 수 있도록 지원하여 보다 나은 선택을 할 수 있도록 안내하는 것이다(김현경, 2019a). 이러한 과정은 R-EAP의 교육적 지향 중 '성장을 위한 지평융합'을 통하여 관계 인식을 확장하고, 지평융합을 통하여 깨달은 것을 실천함으로써 '앎과 삶의 합일'을 지향하는 것과 연결된다.

김혜경(2014)은 국내 부모교육프로그램의 연구동향 중 최근으로 올수록 아동기에 부모가 겪었던 자신의 경험에 의하여 무의식적으로 반복되는 현재의 행동을 통찰하는 프로그램들이 점차 더 많이 개발되고 있다고 보고하였다. 이러한 부모교육프로그램의 연구동향은 R-EAP가 추구하는 교육적 지향과 일치한다. R-EAP가 시간성의 측면에서 부모로서 양육상황에서 경험한 결정적 사건과 자녀로서 성장과정에서 경험한 결정적 사건 간의 관계를 통찰하는 것은 최소 3대에 걸친 부모-자녀 간의 사건과 관계를 통찰하는 활동이다. 한편 공간성의 측면에서 가정에서 경험한 결정적 사건과 직장에서 경험한 결정적 사건 간의 관계를 통찰하는 것은 근로자의 행동 패턴을 체제적 관점에서 생활 영역 전체를 파악하고 이해하고자 하는 활동이다. 시간성과 공간성 안에서 결정적 사건에 대한 통찰과 이해의 활동은 가정과 직장에서 과거와 현재를 포괄하는 '성장을 위한 지평융합'이며 '관계에 대한 이해'를 확장하는 교육적 지향과 일치한다. 이와 같이 R-EAP가 지향하는 관계에 대한 통찰과 이해는 부모교육이 **자기 통찰**을 필요로 한다는 주장(한성심, 2005; Paris, 2013)과, 부모교육을 통하여 부모 자신의 **자아존중감**을 높이고 **자기실현**을 지원할 수 있다는 관점(정계숙 외, 2012)과도 연결된다. 또한 최근 **자기이해**를 포함하는 부모교육으로 확대되고 있는 국내 부모교육의 연구동향(김영환 등, 2017)과도 맥을 같이한다.

2) 교육적 지향의 시사점

(1) 자녀양육 및 생활지원 측면

R-EAP의 교육적 지향은 자녀양육 및 생활지원 측면에 두 가지 시사점을 제공한다. 첫째, R-EAP는 **기존의** 일반적인 **부모교육의 개념**과 **교육 대상자**에 대한 관점을 **넘어서야** 한다. 부모교육은 부모들을 대상으로 자녀양육을 지원하는 교육이라는 일반적인 인식에서 벗어날 수 있어야 한다. 부모교육은 성인교육의 한 분야로서 현재 부모인 사람들뿐만 아니라 부모가 될 사람들까지 포함하며(이호준, 2007), 청소년을 포함한 예비부모, 조부모, 교사, 아동 관련 직업 종사자들까지 확대되었다(박성연 외, 2008). 부모교육은 부모역할을 수행하는 데 필요한 지식과 기술을 전달하는 것을 넘어, 부모 자신에 대한 자아존중감 제고와 자기실현을 지원하는 데까지 확장되었다(정계숙 외, 2012). 그러나 기존의 부모교육이 주로 자녀양육과 관련된 부모역할에 초점을 맞추어 왔기 때문에(김현경, 유영만, 2018; 최성우, 2016), 부모교육에 대한 일반적 시각은 여전히 부모를 대상으로 자녀양육과 관련된 지식을 전달하는 것이라는 협소한 시각에 머무르는 경향이 있다. 또한 시·공간적 제약으로 부모교육에 참여하기가 어렵다는 문제점(김현경, 유영만, 2018; 박성환, 최성우, 2010)은 기업의 현실에 비추어 볼 때 단순한 시·공간의 문제가 아니라 **부모교육의 효과성 및 필요성**에 대한 **경영진의 확신** 부족과 연결된다. R-EAP를 조직에 도입하여 자녀양육뿐만 아니라 생활과 관련된 어려움을 포괄적 관점에서 지원하기 위해서는 부모역할에 대한 교육에 국한하지 않고 인간에 대한 궁극적인 성장을 지원하는 확장된 개념의 부모교육으로 인식되어야 한다. 이를 통하여 부모교육이 조직에도 도움이 될 수 있다는 확신을 경영진이 가질 수 있을 때

비로소 R－EAP는 기업 조직 안에 도입되어 정착할 수 있을 것이다.

둘째, R－EAP는 **기존 부모교육**이 주로 다루어 왔던 **교육내용의 범위**를 **확장**할 필요가 있다. 부모교육은 부모의 관점에서는 부모 자신의 성찰과 성장을 위하여, 자녀의 관점에서는 신체·인지·사회정서발달 등 자녀의 긍정적인 성장발달을 도모하기 위하여, 사회적 관점에서는 사회복지와 저출산의 문제와 같은 사회구성원의 충원 등을 위하여 필요하다(정옥분, 정순화, 2016). 그런데 부모 자신을 성찰하고 자녀의 발달단계에 맞게 부모역할을 수행하고 사회적 문제를 해결하는 데 부모교육이 기여하기 위해서는 무엇보다도 현상이나 사건 및 대상에 대한 관계를 파악할 수 있어야 한다. 나아가 관련된 대상들과의 본래적 관계맺음을 실천할 수 있어야 한다. 즉, 부모교육은 현상이나 사건 및 대상 등에 대한 관계성 개발을 지원하는 구체적인 교육내용을 담아내야 한다. 부모는 VUCA의 시대적 특성 속에서 자녀에게 문제상황에 대한 정확한 답을 제공해 주기는 어렵지만, 문제상황에 대한 관계 인식의 확장은 지원해 줄 수 있어야 한다(김현경, 2019a). 사회 변화와 시대적 요청에 따라 부모교육은 부모역할 수행을 넘어 부모의 자기 통찰과 자기이해, 자기실현과 자기존중감 제고를 위한 교육으로 확장되어 왔다. 그러나 부모교육은 불확실하고 모호한 미래사회를 살아갈 자녀와 부모를 위하여 자기이해와 타인이해를 넘어 세계에 대한 이해에 이르기까지 관계에 대한 총체적 이해를 넓히는 데에는 한계가 있었다. R－EAP는 근로자인 학습자 및 그와 관계 맺는 모든 사람들이 지평 확장을 통하여 삶에 대한 통찰을 키우고, 그리하여 갈등상황 속에서도 현상과 사건을 다양한 관점에서 바라보고 새로운 선택을 실천할 수 있도록 **관계성 개발**을 위한 **교육내용**을 **포괄**해야 한다.

(2) R-EAP 수업설계 측면

R－EAP의 교육적 지향은 R－EAP의 해석학적 수업설계에 네 가지

시사점을 제공한다. 첫째, **수업목적 및 수업평가 측면**에 의미를 시사한다. '관계에 대한 이해'와 '성장을 위한 지평융합'으로서의 교육적 지향은 패러다임 간, 학문영역 간, 교육영역 간, 사람들 간의 지평융합을 통하여 세계에 대한 관계 인식(relations)을 확장하고, 세계-내-존재(Heidegger, 1979/1998)인 인간에 대한 이해를 추구한다. 이는 R-EAP의 수업목적인 동시에 수업평가의 준거로 활용될 수 있다. R-EAP를 진행함에 따라 학습자의 관계 인식과 관계맺음의 변화 정도를 상이한 영역 간의 지평융합의 정도와 연결하여 살펴봄으로써 R-EAP의 교육적 효과가 어떻게 나타나는지 평가할 수 있다. 둘째, **교수자와 학습자** 간의 **관계 및 역할, 수업환경 설정**에 시사점을 제공한다. R-EAP는 교수자보다 학습자가 주도적 역할을 수행하며, 교수자는 문제상황에 대한 처방을 제공하기보다 학습자가 스스로 상황에 대한 지평을 확장하고 지평융합할 수 있도록 한다. 학습자가 각자의 다양한 관점을 드러낼 수 있도록 개방적이며 무처방적인 지지환경을 조성하고, 맥락에 대한 관계 이해를 메타적으로 통찰하도록 설계해야 한다. 셋째, **학습과제 선정** 및 **수업설계 범위**를 **결정**하는 데 시사점을 제공한다. '앎과 삶의 합일'로서의 교육적 지향은 R-EAP가 근로자의 생활을 지원한다는 측면에서 생활세계에서 경험하는 결정적 사건(Woods, 1993)을 학습과제로 삼았다. 이때 결정적 사건은 체제성(Bertalanffy, 1968/1990)을 드러내는 실생활 속의 비구조화된 문제상황이므로, 수업설계의 범위를 수업 장면으로 국한할 수 없다. R-EAP의 수업설계 범위는 수업 전·중·후를 모두 고려하여 시간성과 공간성을 확장하는 포괄적 수업설계를 지향할 필요가 있다. 넷째, **수업운영 방식 및 수업설계 관점**에 시사점을 제공한다. R-EAP의 해석학적 수업은 생활세계의 우연적·자생적 학습상황에서 학습자가 결정적 사건을 발견하고 그 의미를 찾아내어 현재의 문제상황에 대한 새로운 이해를 스스로 넓혀갈 수 있도록 학습자의 의지(Rancière, 1987/2016)를 불러일으키는 무형식적 교육을 지향한다. 이로 인하여 학습자에 의하여 수업설계가 주도되고 학습자의 요구를 즉각적으로 반영할 수 있는 사용자-설계자 관점(Banathy, 1991)을 취하는 것이 바람직하다.

R-EAP의 해석학적 수업설계모형의 특징은 개념적 모형과 반구조화된 절차적 모형의 특징을 체제적 관점에서 재통합하여 네 가지 측면에서 정리되었다. 구성적 합성체로서의 체제적 구성체, 해석학적 순환에 의한 프랙탈 구조, 무처방적·무형식적 교육, 실생활 문제와 학습전이가 그것이다. R-EAP 모형의 특징은 R-EAP의 해석학적 수업이 실제 어떤 모습으로 구현될 수 있는지에 대한 이해를 돕는다.

제3장

관계기반 근로자지원교육프로그램(R-EAP)의 해석학적 수업설계모형[1)]

1 수업설계모형 개발을 위한 연구 개관

근로자와 조직의 요구를 모두 고려하는 R-EAP는 근로자가 일터와 삶터에서 경험한 결정적 사건을 통하여 관계성을 개발하고자 한다. 이러한 요구와 목적을 구현하기 위한 R-EAP의 해석학적 수업설계모형 개발 연구는 3단계로 진행되었다. [그림 8]은 3단계로 진행된 **R-EAP의 해석학적 수업설계모형 개발 연구**의 전체 과정을 도식화한 연구 개관이다. **1단계**는 [그림 8]의 하단 중앙에 '이론적 핵심 개념 및 원리'로 표시된 부분으로, 모형 개발을 위하여 관련된 이론적 영역을 탐색하고 각 이론적 영역별로 핵심 개념을 선정하는 활동이 이루어졌다. R-EAP의 해석학적

1) R-EAP의 해석학적 수업설계모형의 개발 절차 및 방법, 차용된 원리 및 개념, 구성요소별 설계원리 및 주요지침 등에 대한 상세한 설명은 김현경(2019a)의 연구로 갈음한다.

그림 8 R-EAP의 해석학적 수업설계모형 개발을 위한 연구 개관

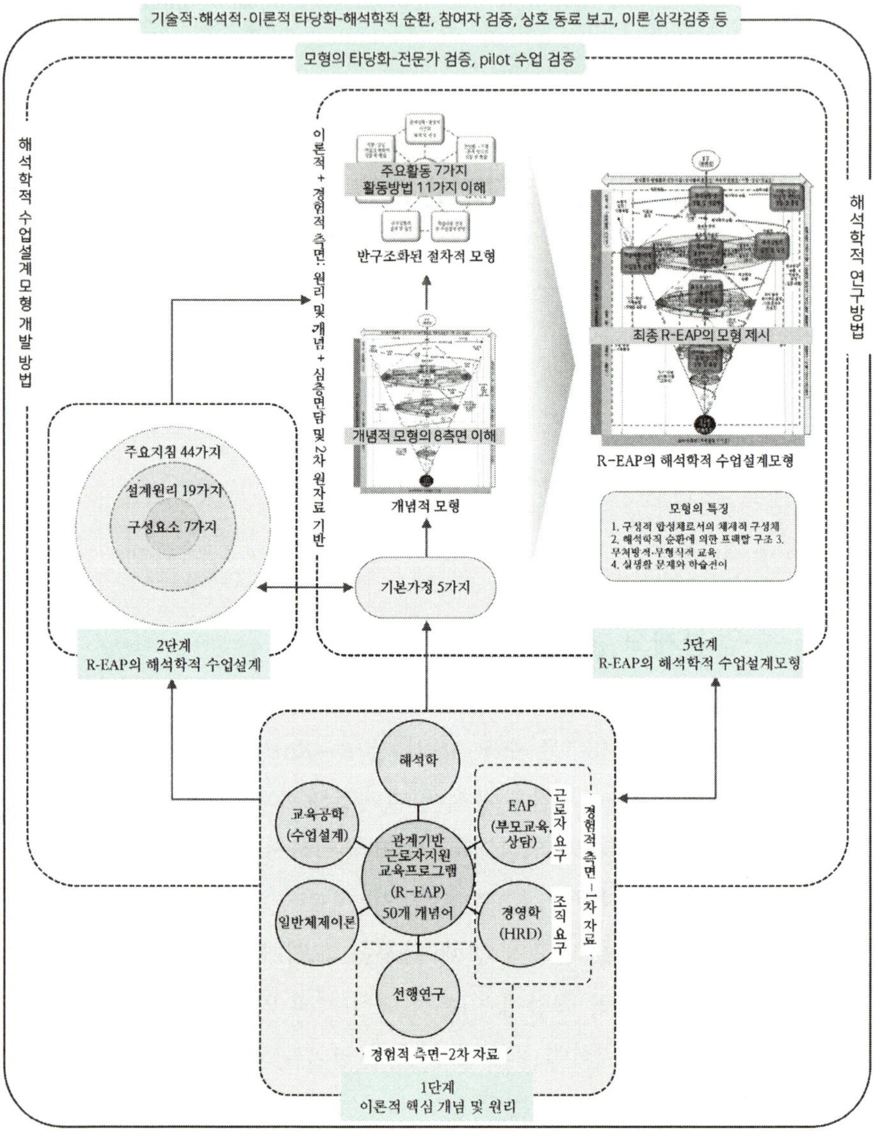

출처: 김현경(2019a: 120) 재구성

수업설계와 관련된 이론적 영역은 해석학, EAP(상담, 부모교육), 경영학(HRD), 교육(공)학, 일반체제이론, 관련 선행연구의 6개 영역이며, 6개의 영역에서 50개의 핵심 개념어를 선정하였다. 6개의 이론적 영역 전체와 50개의 주요 개념어와의 관계는 〈표 4〉에 간략히 제시하였고, 영역별 개념어에 대한 구체적인 내용은 후속 저술에서 사례와 함께 상술하도록 하겠다. 이와 관련해서는 선행연구(김현경, 2019a: 김현경, 유영만, 2020a, 2020b)를 우선 참조하기 바란다. **2단계**는 [그림 8]의 좌측 중앙에 'R－EAP의 해석학적 수업설계'로 표시된 부분으로, 해석학적 수업설계의 구성요소·설계원리·주요지침을 도출하였다. 1단계에서 선정된 핵심 개념어 50개에 기반하여 R－EAP의 해석학적 수업설계의 구성요소를 도출한 후, 구성요소별 설계원리와 주요지침을 제시하였다. **3단계**는 [그림 8]의 우측 중앙에 'R－EAP의 해석학적 수업설계모형'으로 표시된 부분으로, R－EAP를 구현하는 해석학적 수업설계모형을 제시하였다. 1단계에서 선정된 개념들은 모형의 기본가정을 설정하는 데 근간이 되었으며, 기본가정은 2단계에서 도출된 수업설계의 구성요소·설계원리·주요지침과 상호 영향을 주고받았다. 나아가 기본가정과 1, 2단계의 활동을 기반으로 R－EAP의 개념적 모형과 반구조화된 절차적 모형의 주요활동 및 활동방법을 개발하였다. 최종적으로 개념적 모형의 프랙탈 구조를 단순화하고 반구조화된 절차적 모형의 주요활동과 연결하여 R－EAP의 해석학적 수업설계모형을 제시하였다.

2 수업설계를 위한 개념어와 구성요소

1) 개념어의 범주

R－EAP의 해석학적 수업설계모형을 개발하기 위하여 다양한 학문 영역의 원리 및 개념을 융합하였다. **6개의 학문 영역**에서 해석학적 순환에 의하여 관계성 및 체제성을 효과적으로 드러내는 수업설계를 위한 주요 원리와 및 개념을 차용하였다. 6개의 영역에는 해석학, EAP(상담, 부모교육), 경영학(HRD), 교육(공)학, 일반체제이론, 관련 선행연구 영역이 선정되었다. EAP(상담, 부모교육)와 경영학(HRD)을 선정한 이유는 R－EAP가 근로자의 생활을 지원하는 EAP로서의 단기적 상담과 부모교육의 한계를 보완하는 동시에, 경영학(HRD)의 관점에서 근로자와 조직 모두의 요구를 반영하기 위함이었다. 교육(공)학은 수업설계모형을 개발하는 데 근간이 되는 학문 영역으로, R－EAP는 상담이 아닌 교육프로그램이므로 기본적으로 교육학과 교육공학의 이론들을 탐색할 필요가 있었다. 해석학과 일반체제이론을 선정한 까닭은 R－EAP가 결정적 사건들의 관계 이해를 추구하고 본래적 관계맺음을 지향한다는 측면에서 관계 이해의 학문인 해석학의 원리와 개념이 주요했고, 일반체제이론(Bertalanffy, 1968/1990)의 체제성은 관계의 의미를 도출하는 데 시사점을 제공하기 때문이었다. 관련 선행연구는 근로자가 태도와 가치관의 변화를 통하여 전향적 성장으로 나아갈 수 있도록 지원하는 연구를 대상으로 선정하였다. 연구자의 선행연구(김현경, 유영만, 2017, 2018)를 통하여 확인된 관련 이론들도 선행연구의 범주에 포함하였다.

이론적 측면의 6개의 범주에서 선정한 원리 및 개념에 경험적 측면의 심층면담 분석결과를 융합하여 선정한 **50개의 개념어**를 중심으로 수업설계를 위한 구성요소와 설계원리 및 주요지침을 도출하였다. 이론적 측면의 개념어들을 관련 범주별로 간단히 살펴보면 첫째, **'해석학' 범주**의 개념어들은 Gadamer와 Heidegger의 원리와 개념을 중점적으로 제시하였다. Gadamer(1976/2017, 1990/2012)의 지평융합, 해석학적 순환, 영향사, 선이해와 선입견, 적용과 실현, 이해·해석·적용의 동시성, 개방성, 질문과 대화 등의 개념이 중요하게 반영되었다. Heidegger(1978/2000, 1979/1998)와 관련해서는 공속, 마음씀, 본래성·비본래성, 시간성, 세계-내-존재 등의 개념들이 차용되었다. Heidegger의 개념어들은 R-EAP 모형의 존재론적 측면을 이해하는 데 기여하였다. 해석학 범주 중 기타로 분류된 Danner(2004/2004)의 이해방식은 Schleiermacher, Dilthey, Gadamer에 의해 주창된 각각의 해석학 모형에서 해석자가 텍스트를 어떤 방식으로 이해하고 있는지를 차용하였다.

둘째, **'EAP(상담, 부모교육)'의 범주**에는 집단구성과 관련된 동질성과 이질성(Yalom & Leszcz, 2005/2008), 자기개방, 신뢰, 비밀유지(Corey, Corey, & Corey, 2014/2016)의 개념들이 제시되었다. R-EAP는 생활지원을 위한 근로자의 성찰·통찰·실천의 활동을 설계한다는 측면에서 EAP 서비스 중 상담과 부모교육에 해당하는 내용을 포함한다. 성찰과 통찰에 더욱 초점을 맞추는 상담적 요소와 실천적 변화에 더욱 관심을 두는 교육적 요소를 통합하기 위한 것이다. R-EAP의 실제 수업상황은 근로자가 직접 경험한 결정적 사건과 문제상황을 다루므로 자기개방이 전제되어야 하고, 그로 인한 신뢰와 비밀유지가 수업설계에 반영되어야 한다. 또한 수업의 역동과 학습자들 간의 다양한 지평을 융합하기 위해서 학습자 집단의 특성을 동질적으로 할 것인지 이질적으로 할 것인지를 고려한다.

셋째, **'경영학(HRD)'의 범주**에는 지식공유(Nonaka & Takeuchi, 1995), 다양성(Jackson et al., 1995), 조직지원인식(POS)(Eisenberger et al., 1986), 실천공동체(CoP)(Lave & Wenger, 1991), 퍼실리테이션(Hunter, Thorpe, Brown, & Bailey,

2012) 등의 개념들이 해당하였다. 이는 R-EAP에 대한 조직의 요구를 반영하기 위한 것으로, 조직에서의 '관계'의 중요성과 조직에 대한 R-EAP의 기여 가능성을 탐색하는 과정에서 제시된 개념들이다. 이와 관련된 내용은 '제2부의 2장 R-EAP에 대한 HR 관점의 요구'에서 상세히 기술하였다.

넷째, **'교육(공)학'의 범주**에는 수업설계와 R-EAP 모형이 갖는 고유한 특성이 연결되었다. Banathy(1991)의 사용자-설계자 관점과, 유영만(2002)이 제시한 SI-ISD 모형의 비구조화된 문제상황과 사회·문화적 적실성의 평가기준, 기술적 모형의 개념을 차용하였다. 이때 기술적 모형의 개념은 개념적 모형에서 절차적 모형으로 전환되는 과정에 특정 결과를 위한 구체적인 처방을 제공하는 것이 아니라, 처방적 지침을 마련하기 위한 기반을 만들기 위한 것이다. R-EAP 해석학적 수업설계모형은 관계성 개발을 위한 체제적 특성을 보이는데, 이로 인하여 기술적 모형의 특징을 반영하는 반구조화된 절차적 모형을 개발하였다. R-EAP의 반구조화된 절차적 모형은 정형화된 절차에 따라 처방적 지침을 제공하는 것 대신, 처방적 지침의 기반으로 활용할 수 있는 주요활동과 활동방법으로 제시되었다. 구체적인 수업설계 절차는 사용자-설계자 관점(Banathy, 1991)에 따라 수업 참여자 전원이 대화에 의해 결정한다.

다섯째, **'일반체제이론(Bertalanffy, 1968/1990)'의 범주**에 해당하는 개념어에는 체제성, 전체성, 역동성, 개방성이 활용되었다. 이는 R-EAP의 해석학적 수업이 체제적 관계 안에서 부분과 전체가 개방적·역동적 관계를 맺으며 긴밀하게 연결되어야 한다는 일반체제이론의 체제성과 관련된 것이다. 체제성과 전체성은 비구조화된 결정적 사건의 관계 이해를 위한 개념적 모형과 반구조화된 절차적 모형의 체제적 특성을 설명하는 데 주요하였고, 역동성과 개방성은 수업설계의 구성요소 중 수업환경과 수업방법 측면에 중요한 의미를 제공하였다.

여섯째, **'선행연구'의 범주**에는 Frankl(1988/2005), Schön(1983),

표 4 R-EAP의 해석학적 수업설계에 활용된 개념어

범주	원리 및 개념	범주	원리 및 개념
해석학	Gadamer(1976/2017, 1990/2012)	교육(공)학	유영만(2002)
	지평		기술적 모형
	지평융합		비구조화된 문제상황
	해석학적 순환		사회·문화적 적실성
	선이해·선입견		기타
	영향사		무형식적 교육(Livingstone, 2001)
	적용·실현		사용자-설계자 관점(Banathy, 1991)
	이해·해석·적용	일반체제이론	Bertalanffy(1968/1990)
	부정성		체제성
	개방성·보편성		전체성
	질문·대화		역동성
	Heidegger(1978/2000, 1979/1998)		개방성
	공속	R-EAP의 선행연구	Frankl(1988/2005)
	마음씀(염려·심려·배려)		의미 찾기
	본래성·비본래성		차원적 존재론 제1법칙
	시간성		차원적 존재론 제2법칙
	세계-내-존재		Schön(1983)
	기타		성찰적 실천가
	이해방식(Danner, 2004/2004)		행위-중-성찰
	의미구조(신진욱, 2008)		행위-후-성찰
EAP	Corey et al.(2014/2016)		즉석실험
	자기개방		Kierkegaard(임병덕, 2003)
	비밀유지		상심
	신뢰		상심의 가능성
	Yalom & Leszcz, 2005/2008)		Rancière(1987/2016)
	동질성·이질성		무지한 스승
경영학	지식공유(Nonaka & Takeuchi, 1995)		의지
	다양성(Jackson et al.,1995)		기타
	실천공동체(CoP)(Lave, Wenger, 1991)		결정적 사건(Woods, 1993)
	조직지원인식(Eisenberger et al., 1986)		유사 사건(Webster & Mertova, 2007/2017)
			삼각구도 분석(김현경, 유영만, 2017)
	퍼실리테이션(Hunter, et al., 2012)		의식적 질문 던지기(김현경, 유영만, 2018)

* 본 표는 김현경과 유영만(2020a: 205)이 김현경(2019a: 170)의 박사학위논문에 수록된 표를 수정한 것을 일부 재수정한 것임.

Kierkegaard(임병덕, 2003), Rancière(1987/2016), 김현경과 유영만(2017, 2018)의 연구가 포함되었다. Frankl(1988/2005)의 의미 찾기와 차원적 존재론의 제1법칙과 제2법칙, Schön(1983)의 성찰적 실천가, 행위－중－성찰, 행위－후－성찰, 즉석실험의 개념이 차용되었다. Frankl(1988/2005)의 의미 찾기와 차원적 존재는 인간의 본래적 성장을 위한 수업목적과 연결되는 개념이고, Schön(1983)의 행위－중－성찰, 행위－후－성찰, 즉석실험의 개념은 수업설계와 성찰·통찰·실천의 삶을 통합시키기 위한 것이다. Kierkegaard의 개념 중에는 상심과 상심의 가능성(임병덕, 2003)이 관련되고, R－EAP의 모형에서 상심의 의미는 비본래적 존재양식을 추구하는 인간이 겪는 일상적인 좌절과 절망의 의미까지 포함하는 개념이다. Rancière(1987/2016)의 무지한 스승과 배우는 자의 의지 개념은 교수자 측면의 수업설계 구성요소에 주요한 의미를 제공하였다. 김현경과 유영만(2017, 2018)의 연구에서는 결정적 사건(Woods, 1993)과 삼각구도 분석, 의식적 질문 던지기의 개념이 차용되었다. 〈표 4〉는 R－EAP의 해석학적 수업설계에 집중적으로 활용된 50개의 개념어를 6개의 영역별로 구분하여 제시한 것이다.

2) 수업설계의 구성요소

R－EAP의 해석학적 수업설계의 7가지 구성요소는 학습자 측면, 교수자 측면, 수업목적 측면, 학습과제 측면, 수업방법 측면, 수업환경 측면, 수업평가 측면과 관련된다. 7가지 측면의 선정 과정은 선행연구(김승호, 2007; 김신자, 이인숙, 양영선, 2006; 김종표, 2006; Richey, Klein, & Tracey, 2011/2012)를 분석하여 종합한 결과에 기반하였다. 해석학적 수업설계의 설계 범주를 결정하기 위하여 수업의 요소(김승호, 2007), 수업체제의 구성요소(김신자 등, 2006), 교수설계 범위(Richey et al., 2011/2012), 기업교육의 교육과정의 영역(김종표, 2006)을 포괄적으로 융합하는 관점을 취하였다. 구

성요소 전반을 고려하는 포괄적 관점에 따라 구성요소의 범주를 선정한 배경은 전통적 수업설계에서는 학습과제 변인에 초점을 맞추어 학습자 변인은 소홀히 하였고, 구성주의적 수업설계에서는 학습자 변인에 집중한 나머지 구성요소 전반에 대한 균형 잡힌 고려가 부족했다(김재건, 이홍숙, 2008)는 한계를 극복하기 위함이었다.

7가지 측면의 수업설계 범주에 해당하는 각각의 구성요소는 관계성 개발이라는 목적과, 체제성에 대한 관계 이해라는 해석학적 특성을 반영한다. 7가지 구성요소에는 학습자 측면의 '지평융합적 역할성', 교수자 측면의 '무처방적 지지성', 수업목적 측면의 '공속적 의미성', 학습과제 측면의 '결정적 사건성', 수업방법 측면의 '넘나듦의 통찰성', 수업환경 측면의 '역동적 공명성', 수업평가 측면의 '지평－상심－적실성'이 도출되었다. 7가지 구성요소는 6개의 영역에서 선정된 이론적 차원의 50개의 개념어를 기반으로 해석학적 순환에 의하여 지속적인 수정과 보완을 거듭하였고, 경험적 차원인 심층면담 등의 분석결과와 비교·해석함으로써 이론적 차원과 경험적 차원의 지지를 융합하였다. 나아가 구성요소별 설계원리와 주요지침을 도출하고 상호 동료 보고와 전문가 검증, pilot 수업의 결과 등을 해석학적 순환에 의하여 반영함으로써 최종적인 설계원리와 주요지침을 제시하였다.

R-EAP의 해석학적 수업설계를 위한 **7가지 구성요소**를 살펴보면 첫째, '**지평융합적 역할성**'은 **학습자 측면**의 구성요소이다. '지평융합적 역할성'은 학습자 요인과 관련된 구성요소로서, 학습자의 역할에 있어서 해석학의 '지평'과 '지평융합'(Gadamer, 1990/2012), 일반체제이론(Bertalanffy, 1968/1990)의 '전체성'과 '체제성'의 개념을 중점적으로 차용하였다. 학습자 측면에 있어서 '지평융합적 역할성'은 낯설고 상이한 역할들 간의 지평을 융합하는 것이다. R－EAP의 수업 상황에서 학습자는 부분과 전체의 맥락을 오가며 수업 전체를 통찰하고 관장할 수 있어야 한다. 즉, 수업 안에

서 학습자로서의 역할만 수행하는 것이 아니라, 전체성 안에서 수업을 통찰하고 맥락이 필요로 하는 역할들을 통합적 관점에서 융합할 수 있어야 한다. 학습자는 교수자가 제공하는 내용을 단순히 전달받는 수동적 학습자가 아니라, 학습자의 역할 이외에 해석자, 설계자, 성장 조력자로서의 다양한 역할들을 융합적으로 수행한다.

'지평융합적 역할성'에 있어서 해석자로서의 역할은 Gadamer(1990/2012)의 지평과 지평융합, 적용과 실현, 개방성, 질문과 대화 등의 개념에 기반한다. 해석자로서의 학습자는 결정적 사건 등 상황과 관련된 관계 이해를 위하여 우선 자신의 지평을 파악하고 타 학습자와의 지평융합을 이룰 수 있어야 한다. 이는 해석자인 학습자와 결정적 사건 간의 열려있는 질문과 대화를 통해서 이루어지며, 이를 기반으로 학습자는 실제 자신의 삶에 새로운 이해를 적용하고 실현할 수 있다. 또한 학습자는 사용자-설계자의 관점(Banathy, 1991)에 따라 자신의 수업을 직접 설계한다. 수업에 참여하는 모든 학습자가 최대한 자신의 문제상황에 맞게 수업을 적응적으로 설계할 수 있도록 설계자의 역할을 수행한다. 더불어 자신의 성장뿐만 아니라 다른 학습자와 가족 구성원 및 조직 구성원의 성장을 지원하는 조력자로서의 역할도 수행한다.

둘째, **'무처방적 지지성'**은 **교수자 측면**의 구성요소이다. '무처방적 지지성'은 교수자 요인과 연결되는 구성요소로서, Rancière(1987/2016)의 '무지한 스승'과 '의지', Gadamer(1990/2012)의 '개방성·보편성'과 '선이해·선입견', '영향사', Heidegger(1979/1998)의 '시간성', Kierkegaard의 '상심'과 '상심의 가능성'(임병덕, 2003)의 개념을 일부 수정하여 도출된 구성요소이다. R-EAP를 위한 수업에서 교수자는 문제상황의 원인을 발견하고 그에 적합한 해결책을 처방해 주는 역할을 유보한다. R-EAP를 위한 수업은 비구조화된 문제상황인 결정적 사건을 다루므로 정확한 답을 알 수 없고, 비록 교수자가 학습자들에 비하여 보다 많은 지식을 가지고 있을 수는 있지만 결정적 사건과 관련하여 어떤 지식이 최적인지를 판별하여 일방적으로 제공해 줄 수는 없다. 모든 개인은 자신만의 관점과 역사성을 가지고 있으므로 자신만의 관점에 스스로를 가두는 상황을 가져올 수 있다. 교수자는 상황에 대한 다양한 정보와 지식, 다층적인 관점을 보여줄 수 있는 전문성을 갖추되, 교수자와 학습자들 사이에 지적 불평등이 존재하지 않는다는 교육적 태도를 전제한다. 교수자는 학습자를 대함에 있어서 지적 능력의 불평등 논리에서 벗어나 모든 사람의 지적 능력은 평등하고 배우고자 하는 의지에 따라서 결과가 달라질 뿐이라고 본다. 그러므로 교수자는 일방적 처방을 유보하고, 학습자의 배우고자 하는 의지를 불러일으키기 위한 지지적 행동을 중시한다. 교수자는 학습자들 사이의 역동을 활성화함으로써 지지적 학습 분위기를 조성하고, 자신이 경험한 상심의 가능성을 진솔하게 드러내 보일 수 있는 개방성에 대한 용기를 갖추어야 한다.

셋째, **'공속적 의미성'**은 **수업목적 측면**의 구성요소이다. '공속적 의미성'은 수업목적과 연계된 구성요소로서, Heidegger(1978/2000, 1979/1998)의 '공속'과 '마음씀', '본래성과 비본래성', Frankl(1988/2005)의 '의미찾기', 해석학의 '지평융합'(Gadamer, 1990/2012)와 '해석학적 순환', 구조해석학의 '의미구조'(신진욱, 2008)의 개념에 기반한다. 세계를 바라보는 지평 또는 패러다임 간의 공약불가능성은 개인마다 결정적 사건에 대한 이해와 수용의 차이를 가져온다. 그러나 세계를 보다 통합적으로 이해하기 위해서는 지평의 한계와 패러다임 간의 벽을 넘어서야 한다. R-EAP의 해석학적 수업설계는 문제상황을 이해하기 위한 다양한 가능성으로서의 의미 이해에 초점을 맞추며 그 과정 안에서 상이한 지평들 간의 융합을 중요시한다. 또한 관계와 세계에 대한 이해는 인간의 궁극적인 성장을 의미하는 것으로, 인간의 성장은 공속적 관계맺음으로서의 마음씀이며 삶에 대한 의미를 찾아가는 과정이다. 수업목적 측면의 구성요소인 '공속적 의미성'은 현실 세계에 공존하는 공약불가능한 사건과 현상에 대한 통합적 이해를 지향하며, 이를 통하여 다양한 관계의 공속성을 인정하고 관계의 의미를 찾아가는 인간의 본래적인 성장을 설계한다.

넷째, '**결정적 사건성**'은 **학습과제 측면**의 구성요소이다. '**결정적 사건성**[2)]'은 학습과제 측면과 연계된 구성요소로서, '결정적 사건'(김현경, 유영만, 2017; Woods, 1993), Heidegger(1979/1998)의 '시간성'과 '마음씀', '본래성·비본래성', Gadamer(1990/2012)의 '영향사'와 '개방성·보편성', '선이해·선입견', '삼각구도 분석'(김현경, 유영만, 2017), '비구조화된 문제상황'(유영만, 2002), 해석자의 '이해방식'(Danner, 2004/2004), 경험의 '부정성' (Gadamer, 1990/2012)와 Kierkegaard의 '상심'(임병덕, 2003), 집단상담의 '비밀유지'(Corey et al., 2014/2016)의 개념에 근거하여 도출되었다. 결정적 사건은 학습자의 생각이나 세계관을 변화시킬 만한 주요 사건으로, R-EAP의 수업설계는 가정이나 직장에서 경험한 학습자의 비구조화된 문제상황을 포함하는 결정적 사건들에 대한 이해를 위한 것이다. '결정적 사건성'은 시간성, 공간성, 해석자성과 관련된 변화를 성찰하고 통찰함으로써 깨달음을 얻고 실천하는 것이다. 해결해야 하는 목표나 방법이 명확하지 않은 **비구조화된 문제**(Jonassen, 1997)를 내포하는 결정적 사건은 사건마다 고유함을 내포한다. 결정적 사건을 이해하기 위하여 하나의 일반화된 수업설계를 일괄적으로 적용하기 어려우며, 각각의 결정적 사건의 고유성과 특수성에 맞게 새로운 수업설계를 한다. R-EAP의 수업에서 학습과제로 활용할 결정적 사건의 선정은 학습자들의 자발적 참여에 의하며, 문제상황에 대한 학습자의 실패경험과 선이해를 드러내고 이에 기반하여 결정

2) "결정적 사건성이란 본 논문에서 특정하여 사용하는 용어로서, 결정적 사건은 시간성·공간성·해석자성에 따라 그 의미와 관계가 변화하는 특성을 가지고 있음을 일컫는다. 시간성은 시간의 흐름에 따른 사건의 의미 변화, 공간성은 사건이 발생하는 장소에 따른 관계 양상의 변화, 해석자성은 사건과 화자를 이해하는 해석자의 이해방식에 따른 변화와 관련된 결정적 사건의 특성을 의미한다."(김현경, 2019a: 207)

한다. 실패경험에 초점을 맞추는 이유는 성공경험으로서의 결정적 사건 역시 **비구조화된 문제상황**으로서 그 상황만의 독특한 맥락과 특성을 가지지만, 성공경험의 고유함을 일반화하여 다른 비구조화된 문제상황에 적용하여 다시 성공을 기대하는 것은 오히려 실패를 불러올 가능성이 크기 때문이다.

다섯째, '**넘나듦의 통찰성**'은 **수업방법 측면**의 구성요소이다. '넘나듦의 통찰성'은 수업방법과 관련된 구성요소로서, 일반체제이론(Bertalanffy, 1968/1990)의 '체제성', '전체성', '역동성', '개방성'의 특성과, 해석학에서의 해석자의 '이해방식'(Danner, 2004/2004)과 '지평융합' 및 '질문·대화'(Gadamer, 1990/2012), 구조해석학의 '의미구조'(신진욱, 2008), Schön(1983)의 '행위-후-성찰'과 '행위-중-성찰', '삼각구도 분석'(김현경, 유영만, 2017)의 개념에 기반하였다. 결정적 사건들을 탐색·개발하고 그 사건들 속의 다양한 대상과 현상들 간의 관계 인식 및 관계맺음을 확장하기 위한 수업은 시간성·공간성·해석자성에 의하여 결정적 사건을 통합적으로 이해한다. 결정적 사건에 대한 이해는 시간성 안에서 학습자마다의 선이해와 지평을 확인하고, 가정과 직장 등 공간을 넘나들며 유사한 사건이 발생하는 공간성에 대한 이해로 확장한다. 해석자로서의 학습자가 결정적 사건들과 화자에 대하여 어떤 방식으로 관계를 맺느냐에 따라 결정적 사건들에 대한 이해가 달라지고 삼각구도 분석에 의한 의미 해석도 달라진다. '넘나듦의 통찰성'은 결정적 사건을 이해함에 있어 해석학적 순환에 의하여 학습자들의 선이해와 지평을 과거와 현재를 오가며 변화양상을 성찰하는 것이며 동시에, 가정과 직장 등 생활공간 안에서 결정적 사건과 유사 사건(Webster & Mertova, 2007/2017)들의 관계를 통찰하는 것이다. 또한 학습자 내면에서의 넘나듦뿐만 아니라 학습자 간의 넘나듦을 통하여 개인 간의 의미 차이와 사회문화적인 의미를 탐색하는 구성요소이다.

여섯째, '**역동적 공명성**'은 **수업환경 측면**의 구성요소이다. '역동적 공명성'은 수업환경과 연결되는 구성요소로서 일반체제이론(Bertalanffy, 1968/1990)의 '역동성'과 '개방성', Heidegger(1979/1998)의 '본래성 · 비본래성', Kierkegaard의 '상심의 가능성'(임병덕, 2003), Schön(1983)의 '행위-후-성찰'과 '행위-중-성찰', 해석학의 '개방성 · 보편성'(Gadamer, 1990/2012), 집단상담의 '비밀유지'(Corey et al., 2014/2016), 집단구성의 '동질성 · 이질성'(Yalom & Leszcz, 2005/2008) 등의 개념에 근간하여 도출되었다. R-EAP를 위한 수업환경은 체제로서의 다양한 관계들이 상호 역동적 관계를 맺는 공명하는 장이다. 생활세계 안에서 벌어지는 결정적 사건에 대한 이해는 체제성의 핵심적 요인인 관계를 이해하는 것으로, 관계에 대한 이해를 보다 넓고 깊게 하기 위해서는 관계들이 처하고 있는 세계 안의 모든 대상들이 서로 공진화(共進化)하는 방향으로의 공명(共鳴)이 전제될 때 가능하다. R-EAP를 위한 수업환경은 역동하는 공명의 장으로 설계된다. Frankl(1988/2005)은 불가항력의 피할 수 없는 시련의 상황에서도 삶의 심오한 의미를 발견할 수 있고, 어떤 태도를 취하느냐에 따라 좌절의 순간에도 새로운 삶의 의미를 발견할 수 있다고 하였다. 학습자가 생활세계 안에서 경험하는 불안과 좌절은 성장의 계기가 될 수 있다. 수업환경은 좌절과 성장 사이를 오가는 역동의 장으로서, 문제상황에 대한 이해 · 해석 · 적용이 선순환적으로 일어나며 새로운 변화를 실천할 수 있는 체제적인 관계의 장이 된다. 그 과정에는 인지갈등과 정서적 지지처럼 상반된 현상이 공존할 수 있다. R-EAP를 위한 수업환경은 '역동적 공명성'을 통하여 상반된 현상을 공명하는 정서로 재통합한다.

일곱째, **'지평-상심-적실성'**은 **수업평가 측면**의 구성요소이다. '지평-상심-적실성'은 수업평가와 관련되는 구성요소로서, 해석학의 '지평' 및 '지평융합'(Gadamer, 1990/2012), Heidegger(1979/1998)의 '본래성'과 '마음씀', Kierkegaard의 '상심의 가능성'(임병덕, 2003)과 Gadamer(1990/2012)의 경험의 '부정성', '의미구조'의 분석과정(신진욱, 2008), SI-

ISD 모형의 '사회·문화적 적실성'(유영만, 2002)의 평가기준에 기반하였다. R-EAP를 위한 수업은 크게 **세 가지 측면**에서 **평가**된다. 첫째, 관계 인식과 관계맺음의 측면에서 학습자의 지평이 얼마나 확장되었고, 다른 학습자들과의 지평융합을 통하여 새로운 이해와 해석이 얼마나 풍부해졌는지를 본다. 둘째, 학습자의 사고와 세계관을 변화시킬 수 있는 결정적 사건 및 문제상황에 대하여 학습자의 절박함인 상심의 가능성의 변화 정도를 확인한다. 학습자의 절박함이 깊어지는 것은 학습자의 학습실패가 아니라, 학습자의 성장에 대한 의지와 노력이 그만큼 심화되고 있음을 의미하는 것으로 긍정적 평가의 기준이 된다. 교수자는 상심의 가능성에 놓여있는 학습자의 순간을 포착하여 성장의 기회로 전환할 수 있도록 지원한다. 셋째, 결정적 사건 및 문제상황에 대한 학습자들 간의 사회·문화적 적실성의 수준을 살피고 수업에 따른 변화 양상을 평가한다. 사회·문화적 적실성을 기준으로 학습자들의 학습전이로서의 실천적 활동을 다음 수업에서 새로운 이해와 해석의 평가적 행위와 연계한다. 수업평가 측면의 '지평-상심-적실성'은 결정적 사건에 대한 이해가 충분해질 때까지 지속적으로 수업설계에 재반영한다.

이론적 차원의 50개의 개념어를 중심으로 경험적 차원의 심층면담 등의 분석결과를 융합하여 도출한 구성요소 7가지와 그에 대한 설계원리 19가지, 주요지침 44가지를 〈표 5〉에 간략히 정리하였다. 설계원리와 주요지침에 대한 이해는 R-EAP를 구현하는 데 있어서 구성요소별로 어떤 점에 주의를 기울여야 하는지에 대한 시사점을 제공한다. 구성요소별 설계원리와 주요지침에 대한 상세한 설명은 김현경(2019a)의 연구로 갈음하고자 한다.

표 5 구성요소별 설계원리 및 주요지침

구성요소	설계원리 및 주요지침
지평융합적 역할성 (학습자 측면)	1. 대화-해석자의 원리 : 학습자는 대화하는 해석자이다.
	1.1. '자기-내면'의 대화 속에서 자신의 선이해와 지평을 이해하라
	1.2. '자기-타인'의 대화 속에서 다양한 의미를 해석하라
	2. 사용-설계자의 원리 : 학습자는 수업설계의 사용자이며 설계자이다.
	2.1. 학습자 자신의 결정적 사건 이해를 위한 학습과제 선정 및 요구를 수업설계에 반영하라
	2.2. 가정과 직장에서 앎과 삶의 통일을 위한 즉석실험을 학습자 자신이 수업 중에 설계·개발하라
	2.3. 학습자의 즉석실험에 따른 실천의 결과를 후속되는 수업내용 설계에 반영하라
	3. 성장-조력자의 원리 : 학습자는 관계의 성장을 지원하는 실천적 조력자이다.
	3.1. 열려 있는 우리를 열린 태도로 수용하라
	3.2. 관계에 대한 학습자 자신의 지평을 확장시키는 성장을 추구하라
	3.3. 타 학습자·가족 구성원·조직 구성원의 지평 확장을 위하여 다층적 이해를 보여주는 성장을 조력하라
무처방적 지지성 (교수자 측면)	4. 무처방적 스승의 원리 : 교수자는 처방하지 않음으로써 선택을 지원하는 무처방적 스승이다.
	4.1. 교수자는 자신과 학습자들에게 태도적으로 평등한 지적 능력을 전제하라
	4.2. 문제상황에 대하여 교수자 자신과 학습자들의 처방을 지연하라
	5. 역동 지지자의 원리 : 교수자는 역동적 활동의 지지자이다.
	5.1. 수업설계 활동에 대한 학습자의 참여를 지지하라
	5.2. 학습자 간 동질성 안의 다양성을 자극하라
	5.3. 관계 인식의 지평을 넓히는 학습자의 성찰·통찰·실천을 지원하라
	5.4. 관계맺음에 대한 학습자-학습자 간, 학습자-실천대상 간의 역동을 지지하라
	6. 상심-개방자의 원리 : 교수자는 자신의 상심 경험을 드러내는 자발적 개방자이다.
	6.1. 교수자가 경험한 결정적 사건 속에 드러난 다양한 지평들의 한계를 해석하라
	6.2. 결정적 사건 속 교수자의 지평의 한계와 상심의 가능성을 개방하라

공속적 의미성 (수업목적 측면)	7. 공속적 관계의 원리 : 관계는 지평 확장을 위한 공속적 마음씀이다.
	7.1. 공속적 관계 안의 독특한 고유함을 성찰하라
	7.2. 염려·심려·배려의 마음씀으로 공속적 지평융합을 실천하라
	8. 의미 순환적 성장의 원리 : 성장은 지평융합에 의한 순환적 의미 찾기이다.
	8.1. 비본래적 상심으로부터 본래적 성장을 지향하라
	8.2. 해석학적 순환에 의한 의미 찾기를 실천하라
	8.3. 지평융합에 의한 의미구조를 통찰하라
결정적 사건성 (학습과제 측면)	9. 시간성-공간성-해석자성의 원리 : 결정적 사건의 의미는 시간성·공간성·해석자성 안에서 변화한다
	9.1. 시간성·공간성에 따른 결정적 사건의 의미 변화를 성찰하라
	9.2. 해석자성에 따라 결정적 사건에 대한 이해의 변화를 통찰하라
	10. 설계-고유성의 원리 : 결정적 사건마다 고유한(idiosyncratic) 수업설계가 필요하다.
	10.1. 결정적 사건마다 하나의 고유한 수업과정을 설계하라
	10.2. 타 학습자의 결정적 사건에 대한 수업설계를 유사 사건에 적용하되, 성공이 아닌 새로운 이해와 해석을 목적하라
	11. 참여적 실패경험의 원리 : 문제상황과 학습과제 선정은 학습자의 자발적 참여와 실패경험에 기반한다.
	11.1. 문제상황의 선정은 학습자의 자발적 참여에 기반하라
	11.2. 학습과제 선정을 위하여 실패경험으로서의 문제상황과 선이해를 파악하라
넘나듦의 통찰성 (수업방법 측면)	12. 해석자의 삼각구도 통찰의 원리 : 삼각구도 분석은 시간성과 공간성을 넘나드는 통찰로서, 해석자의 이해방식에 따라 달라진다.
	12.1. 결정적 사건에 대한 삼각구도 분석 시, 해석자성의 이해방식을 넘나들어라
	12.2. 삼각구도 분석에 의한 결정적 사건들 간의 관계 및 관계맺음을 해석하고 문제상황에 적용하라
	13. 사회·문화적 의미 통찰의 원리 : 사회·문화적 이해는 결정적 사건성 안의 의미를 통찰하는 것이다.
	13.1. 개인적-사회·문화적 이해를 융합하는 정반합의 과정을 포괄하라
	13.2. 사회·문화적 의미를 탐색하고 의미구조를 통찰하라

	14. 해석학적 질문-대화의 원리 : 성찰과 통찰은 해석학적 질문-대화를 통하여 실천적 이해를 가져온다.
	14.1. 염려·심려·배려를 넘나드는 관계맺음으로서의 질문-대화를 의식하라
	14.2. 행위-후-성찰과 행위-중-성찰을 오가며 상황과의 질문-대화를 실천하라
역동적 공명성 (수업환경 측면)	15. 역동적 관계장의 원리 : 수업환경은 역동적 관계의 장이다.
	15.1. 상심-성장의 역동적 가능성을 설계하라
	15.2. 앎-삶의 통일을 위하여 성찰·통찰·실천의 활동을 포괄하라
	15.3. 수업관련 행위주체들 간의 역동을 설계하라
	16. 정서적 공명의 원리 : 수업환경은 공명하는 정서적 장이다.
	16.1. 상황과의 대화와 이해를 위하여 개방성-보편성으로 공명하라
	16.2. 질문을 통한 인지갈등을 지원하되, 정서적 지지와 해석학적 대화로 통합하라
지평-상심-적실성 (수업평가 측면)	17. 지평 확장·융합의 변화 원리 : 수업평가는 관계 이해에 대한 학습자의 지평 확장·융합 및 본래적 마음씀을 준거로 한다.
	17.1. 관계 인식에 대한 학습자 자신의 지평의 확장 및 융합의 정도를 확인하라
	17.2. 관계맺음에 대한 학습자들 간의 본래적 마음씀의 변화를 확인하라
	18. 상심의 가능성의 변화 원리 : 수업평가는 학습자의 상심의 가능성을 준거로 한다.
	18.1. 문제상황의 개선에 의한 만족도 평가를 유보하라
	18.2. 학습자의 상심의 가능성을 평가의 준거로 삼아라
	19. 사회·문화적 적실성의 변화 원리 : 수업평가는 학습공동체의 사회·문화적 적실성을 준거로 한다.
	19.1. 문제상황에 대한 사회·문화적 적실성 수준을 파악하라
	19.2. 관계 이해에 대한 사회·문화적 적실성의 변화를 평가의 준거로 삼아라

* 본 표는 김현경(2019a: 176-179)의 연구에 수록된 표를 일부 수정한 것임.

3 R−EAP의 개념적 모형

1) 개념적 모형과 구성요소 간의 표상관계

개념적 모형(conceptual model)은 절차적 모형의 개발 전에 처방적 지침과 구체적인 전개논리의 구상을 위한 실마리를 제공하는 추상화된 모형으로(유영만, 2002), 모형의 구성요소를 제시하고 그에 대한 정의를 한다(Richey et al., 2011/2012). R−EAP의 개념적 모형은 7가지의 구성요소, 19가지의 설계원리, 44가지의 주요지침에 근거한다. 7가지 구성요소는 네 가지 측면에서 표상화되었다. 첫째, **'공속적 의미성'**(수업목적 측면) **및 '지평-상심-적실성'**(수업평가 측면)**과 관련된 측면**이다. 모형의 최하단에 위치한 '상심의 가능성'으로부터 최상단의 '성장'으로 나아가는 과정은 '공속적 의미성'을 나타낸다. 이 과정은 결정적 사건을 중심으로 사건과 관련된 세계에 대한 이해를 인간의 존재론적 차원인 본질적 성장과 연결하는 것이다. 이는 비본래성에서 본래성으로의 전향(Heidegger, 1979/1998)을 의미하는 것으로, 결정적 사건 안의 다양한 존재자들과의 공속적 관계를 깨닫고 삶에 대한 '의미 찾기'(Frankl, 1988/2005)를 부단히 노력하는 과정이다. 이러한 측면은 수업평가와 연계된다. '지평−상심−적실성'은 수업평가 측면의 구성요소로서, 학습자의 지평과 상심의 변화와 학습자들 간의 지평융합과 사회·문화적 적실성의 변화를 확인하는 것이다. '공속적 의미성'과 '지평−상심−적실성'과 관련된 개념적 모형은 사건을 이해하는 학습자가 '해석자성'에 의하여 '시간성'과 '공간성'에 따라 끊임없이 관계 이해를 넓히고 염려·심려·배려로써 본래적 관계맺음을 실천하는 '성장'의 과정을 표상한다.

둘째, **'지평융합적 역할성'**(학습자 측면) **및 '역동적 공명성'**(수업환경 측면)

과 연관된 측면으로 개념적 모형의 전체 영역에 해당한다. 학습자의 역할과 수업설계의 공간적 범위와도 관련된다. 기존의 ISD 모형과 달리 R-EAP 모형에서 학습자의 역할은 매우 포괄적이며 융합적이다. 해석자로서의 학습자 역할뿐만 아니라 수업을 설계하는 설계자로서의 역할과, '수업상황'에서 타 학습자와 '전이상황'에서 가족이나 동료에 대한 조력자로서의 역할을 수행한다. 이러한 학습자의 역할 융합적 특성으로 인하여 개념적 모형의 좌측에 제시된 수업설계의 범위는 '수업상황'뿐만 아니라 수업 후 배운 것을 실천하는 '전이상황'으로까지 확장된다. 이는 이론을 실제로 현장에 적용하는 거리 학습(유영만, 2006)과 '앎과 함과 삶이 하나'(Maturana & Varela, 1984/2020)가 되는 지행합일을 추구함을 나타낸다. 실천과 관련하여 '가정지원'과 '조직지원'이라는 측면에서는 일터와 삶터에 대한 EAP의 생활지원이 연계되고 있음을 표상한다. "앎-삶'의 통일'은 아는 것과 실천하는 것 간의 지행합일을 의미하는 '수렴적 실천' 과정을 나타낸다. 이러한 활동은 '행위-중-성찰'(Schön, 1983)이 집중적으로 일어나는 과정으로 '수업상황'과 '전이상황'에서 즉석실험을 계획하고 실천하는 것과 연결된다.

셋째, **'결정적 사건성'(학습과제 측면) 및 '넘나듦의 통찰성'(수업방법 측면)과 연결된 측면**이다. 이는 개념적 모형의 전체 영역에 해당하는 것으로, 학습과제인 결정적 사건들을 새롭게 이해하고 변화를 실천할 수 있도록 하는 것과, 성찰·통찰·실천을 오가는 수업방법에 관한 것이다. 해석자의 이해방식인 '해석자성'을 중심으로 결정적 사건을 '시간성'과 '공간성' 안에서 새롭게 이해하고 변화하도록 한다. 수업방법으로써의 '넘나듦의 통찰성'은 학습자와 교수자가 만나는 '수업상황'에서는 '성찰과 통찰'이 중점적으로 이루어지고, 수업 후 '전이상황'에서는 학습한 것을 기반으로 변화를 시도하는 즉석실험(Schön, 1983)에 의한 '실천'이 주요활동이 된다. 그러나 '수업상황'에서의 '성찰과 통찰'은 '전이상황'에서의 '실천' 활동과 분리된 것이 아니다. 이해와 해석과 적용을 단일한 과정으로 보고, 적용 역시 해석학적 과정에서 불가결한 요소로 간주하는 Gadamer(1976/2017, 1990/2012)의 관점을 반영한다. 개념적 모형에서 실선의 쌍방향의 화살표 위에 표시된 "자기–내면'에 있어서의 선이해와 지평', "자기–타인' 간의 지평융합', '의미 탐색과 의미구조의 재구성'은 '수업상황'에서 일어나는 '발산적 성찰과 통찰'을 나타낸다. 또한 '발산적 성찰과 통찰'은 삼각구도 분석을 통하여 결정적 사건들 간의 영향관계를 확인하고 새로운 통찰을 얻는 과정이다. 한편 일터와 삶터에 있어서의 '앎–삶'의 통일'은 '전이상황'에서의 '수렴적 실천'을 표상한다.

넷째, **'무처방적 지지성'(교수자 측면) 및 '지평융합적 역할성'(학습자 측면)과 관계된 측면**으로서, 모형의 하단에서 상단으로 올라가는 점선의 나선형 화살표로 표현된다. R–EAP의 수업은 교수자와 학습자 모두에게 존재론적·인식론적·방법론적 측면에서 관계 이해의 지평을 넓히고 본래적 관계맺음을 실천하는 과정이다. 이는 결정적 사건에 대한 해석자의 '선이해와 지평'을 확인하는 작업에서 시작되는데 모형의 최하단에 위치한 '상심의 가능성'과 맞물린다. 상심하는 학습자를 인지한 교수자와 학습자는 비본래성에서 본래성으로 나아가기 위하여 자신의 '선이해 및 지평'의 한계와 대면해야 한다. '차원적 존재'(Frankl, 1988/2005)로서의 한계를 통찰하며, 결정적 사건 안의 '공속적 관계'를 깨닫고 본래적 마음씀을 실천한다. 이를 추상화한 것이 모형의 최하단에 자리한 '상심의 가능성'에서부터 최상단에 위치한 '성장'으로 나아가는 점선의 나선형 화살표이다. 나선형 화살표는 '해석학적 순환'을 의미하며 학습자들은 공속적 관계를 깨닫고 삶의 의미 찾기를 실천함으로써 존재론적 성장을 지향한다. 또한 교수자와 학습자는 동료 학습자들이 관계 인식을 확장할 수 있도록 조력함으로써 인식론적·방법론적 성장을 지원한다.

2) 개념적 모형의 특징과 표시기준

R-EAP의 개념적 모형은 부분과 전체가 체제적이며 순환적인 프랙탈 구조를 반복한다. **자기유사성을 보이는 프랙탈 구조**는 학습과제인 결정적 사건에 대한 이해와 관련된다. 결정적 사건들의 관계와 의미는 서로 영향을 미치고 있으나 미처 인식하지 못하던 부분에 대하여 시간성과 공간성의 연속선상에서 해석자성에 의하여 반복적으로 이해되고 해석되며 적용된다. 학습자의 성장은 상심의 가능성의 순간에서부터 시작하고, 상심의 가능성은 학습자가 직접 경험했던 결정적 사건들 속의 절망과 좌절의 순간에서부터 기인한다. 프랙탈 구조를 보이는 결정적 사건에 대한 반복적인 이해·해석·적용은 학습자가 '상심의 가능성'에서 전환적인 변화인 '성장'으로 나아가는 과정을 나타낸다. 프랙탈 구조의 개념적 모형은 가장 저점에 위치한 결정적 사건에 대한 학습자의 이해가 그 상위에 위치하는 또 다른 결정적 사건의 의미에 영향을 미치며 그에 대한 새로운 이해가 가능하도록 수업을 설계해야 한다.

결정적 사건에 대한 이해는 개념적 모형의 중앙에 위치한 동심원의 영역을 중심으로 상하로 확장된 마름모꼴의 영역 안에서 성찰과 통찰, 실천을 반복함으로써 가능하다. 이때 보다 큰 마름모꼴의 영역은 그 안에 보다 작은 마름모꼴의 영역을 포함한다. 이는 학습자에게 보다 큰 영향-보다 큰 마름모꼴로 표상된-을 미치는 결정적 사건 안에는 또 다른 결정적 사건의 의미가 내포되어 있음을 나타낸다. R-EAP의 개념적 모형은 전체 안에 부분이 반복되며, 부분 안에 전체가 존재한다. R-EAP의 해석학적 수업설계는 마름모꼴의 프랙탈 구조로 반복되는 결정적 사건들 간의 관계에 대한 이해를 점증적·누적적으로 확장할 수 있도록 부분과 전체를 오가며 사건에 대한 이해를 새롭게 확장한다. 단순히 수업설계가 반복됨을 의미하는 것이 아니라 해석자성에 의하여 결정적 사건에 대한 학습자의 선이해와 지평이 시간성과 공간성 안에서 끊임없이 새롭게 재해석되어야 함을 나타낸다.

비구조화된 결정적 사건의 고유성은 그 사건을 이해하는 학습자의 선이해와 지평의 고유성과도 연결되는데, 학습자 개인의 고유성은 해석학적 순환의 개방성에 의하여 사회·문화적인 의미의 보편성으로 확장된다. 학습자들 간의 수용적이며 개방적인 지평융합을 통하여 사회·문화적인 의미를 발견하고 숨겨진 의미구조를 재구성함으로써 보편성을 인식할 수 있다. 선이해 및 지평의 확장과 지평융합의 정도는 수업목적 및 수업평가의 준거가 되고, 특히 수업평가 측면에서는 지평과 관련된 부분 외에 상심의 가능성과 사회·문화적 적실성의 정도를 지표로 삼는다. 상심의 가능성은 부정적 감정으로서의 좌절 그 자체를 의미하는 것이 아니라, 좌절의 상황에서도 본래적 성장을 향해 전향할 수 있는 학습의지와 관련된 것이다.

성찰·통찰·실천의 통합적 이해는 수업환경의 공명성과 수업방법에 있어서의 넘나듦에 의해 촉진된다. 성찰과 통찰, 실천에 의한 새로운 의미 발견은 관계 인식과 관계맺음에 있어서 역동적인 넘나듦의 정도에 따라 달라진다. 성찰과 통찰은 발산적 관계 인식의 확장과 관련되고, 실천은 성찰과 통찰을 통하여 확장된 인식을 실천적 행위로서 수렴하는 변화의 과정과 연계된다. 특히 행위–후–성찰과 행위–중–성찰을 넘나들며 공명하는 것은 관계에 대한 성찰·통찰·실천의 통합적 이해를 표상한다. 이는 곧 인간의 성장을 의미하며, 인간의 성장은 사건과 현상 안에 얽혀 있는 다양한 공속적 관계를 깨닫고, 본래적 마음씀에 의하여 기존과는 다른 방식으로 삶의 의미를 실천할 때 가능하다.

체제적 구성체인 R–EAP의 개념적 모형을 부분으로 명확히 구획하는 것은 어렵지만, 김현경과 유영만(2020b)은 개념적 모형에 대한 독자의 이해를 돕기 위하여 개념적 모형을 8개의 부분으로 구분하고 그 의미를 드러낸 후, R－EAP가 추구하는 교육적 지향과 어떻게 연결되는지를 탐색하였다. R－EAP의 개념적 모형은 '관계 인식－관계맺음'의 공속적 이해, '해석자－결정적 사건'의 순환적 이해, '삼각구도 분석－결정적 사건성'의 이해, '자기－내면'의 선이해 및 지평의 이해, '자기－타인' 간 지평 융합의 이해, '앎－삶'의 융합적 이해, '성찰·통찰·실천'의 통합적 이해, '해석학적 순환－차원적 존재'의 이해의 8개의 부분으로 전체의 의미를 드러냈다. 전체는 부분으로부터 이해되고, 부분은 전체로부터 이해된다(손승남, 2001). 프랙탈 구조를 이루는 개념적 모형은 부분 안에 전체가 있고 전체 안에 부분이 존재하므로 8개의 부분 이해와 전체 이해는 해석학적 순환에 의해 부분과 전체를 오가며 반복적·순환적으로 이해되어야 한다. 이와 관련한 궁금증은 우선 선행연구(김현경, 2019a: 김현경, 유영만, 2020b)를 참조하기 바라며, 상세한 설명은 R－EAP의 방법론적 측면에 초점을 맞추는 후속 저술에서 상황 예시와 함께 제시하고자 한다.

R-EAP의 개념적 모형의 5가지 표시기준을 살펴보면, 첫째, 모형의 존재론적 측면과 인식론적·방법론적 측면을 제시하기 위하여 개념적 모형의 우측 세로방향 및 상단 가로방향의 화살표 안에 '존재론적 성장 지향' 측면과 '인식론적·방법론적 성장 지원' 측면을 제시하였다. 존재론적 성장은 지향성을, 인식론적·방법론적 성장은 확장성을 의미한다. '상심의 가능성'에서 '성장'으로 나아가는 방향성과 관련하여 '상심의 가능성'을 '비본래성'과 연결하고 '성장'을 '본래성'과 연계하였는데, 이는 존재론적 지향성과 인식론적·방법론적 확장성을 포괄하는 개념이다. 둘째, 수업설계의 7가지 구성요소를 개념적 모형의 가로방향과 세로방향의 외곽 4면에 표시하였다. 7가지 구성요소는 '존재론적 성장 지향' 측면 및 '인식론적·방법론적 성장 지원' 측면의 표시기준과 중복적으로 나타난다. 셋째, 교수자 관련 측면과 학습자 관련 측면을 보다 시각적으로 명료하게 나타내기 위하여 하단 가로방향에 '교수자 측면'을, 좌측 세로방향에 '학

그림 9 R-EAP의 개념적 모형

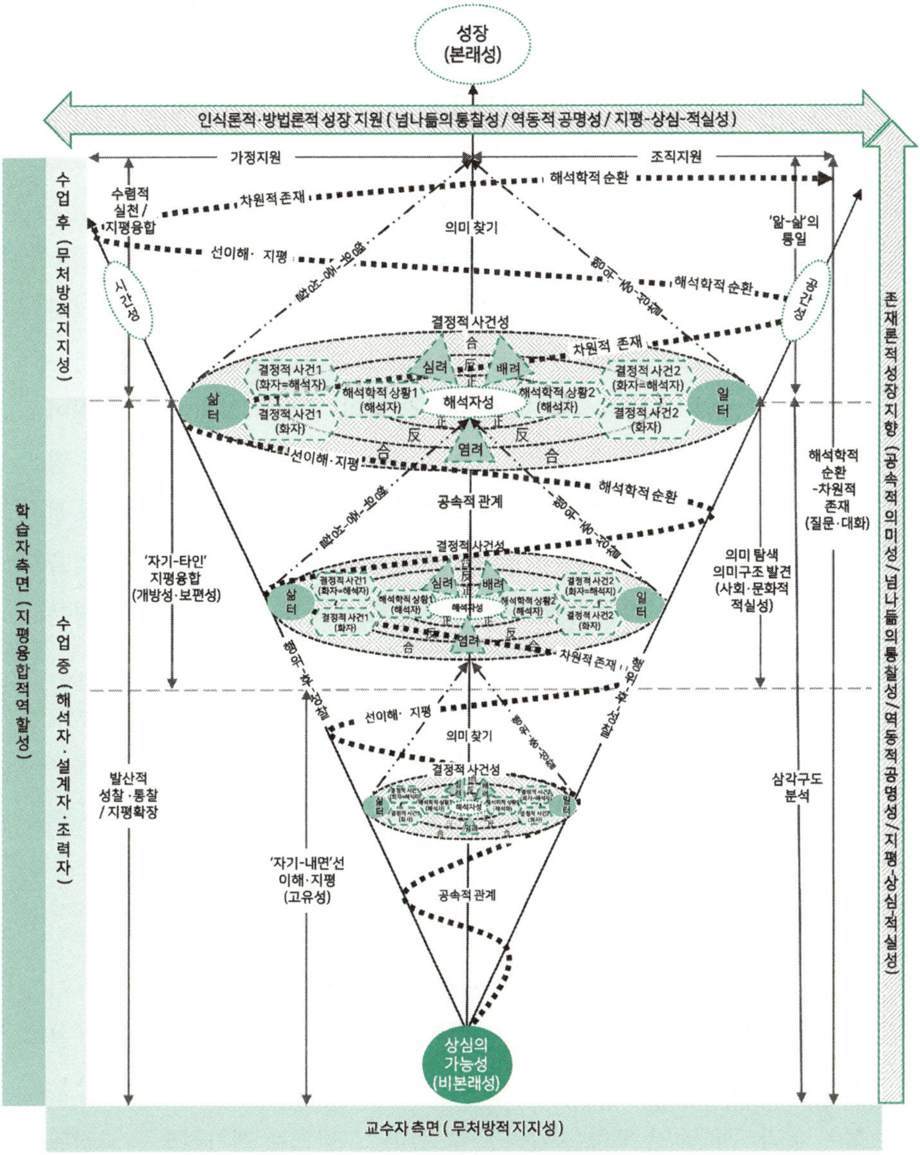

출처: 김현경(2019a: 283) 재구성

습자 측면'을 표시하였다. '학습자 측면'은 수업설계의 공간적 범위와 관련된 것으로, '수업 중(해석자·설계자·조력자)'과 '수업 후(무처방적 지지성)'로 나타내었다. 넷째, 짙은 실선의 일방향 화살표는 결정적 사건과 관련된 '해석자성·시간성·공간성'의 방향성을 나타내는 표시기준이다. 연속된 시간과 공간 안에서 일어나는 해석자의 이해의 폭과 깊이를 나타내었으며, 그 안에는 '일터'와 '삶터'에서 경험한 결정적 사건들을 중심부에 점증적으로 배치하여 프랙탈 구조를 표현하였다. 다섯째, 실선과 점선으로 모형의 영역이 나타내는 활동의 특징을 제시하였다. 수직과 수평으로 그려진 열은 실선의 쌍방향 화살표와 점선으로 표현된 일방향 화살표는 활동의 특징과 범위 및 방향성을 드러낸다. 영역의 경계를 점선이나 선 없이 표현한 것은 상호 영향을 주고받는 개방성의 정도를 나타낸다. 점선의 영역은 상호 영향을 주고받으며 개방적 변화가 가능함을 뜻하고, 경계를 선으로 표시하지 않은 부분은 경계가 정해져 있지 않은 확산적인 영역임을 뜻한다. 5가지 표시기준에 의하여 프랙탈 구조로 표상된 개념적 모형은 [그림 9]와 같다.

4 R-EAP의 반구조화된 절차적 모형

1) 반구조화된 절차적 모형의 특징과 주요활동

R-EAP의 해석학적 수업은 **체제적 구성체**(Bertalanffy, 1968/1990)로서 비구조화된 문제상황인 결정적 사건에 대한 관계 이해를 중요시한다. 결정적 사건의 관계 이해를 위한 절차와 세부적 내용은 사건의 고유한 특성에 따라 구체적인 모형은 달라질 수 있다. 그러므로 절차적으로 고정된 구조화된 모형보다 단계와 절차에 개방성과 역동성을 부여하는 **반구조화**

된 절차적 모형(semi-structured procedural model)을 취한다. 반구조화된 절차적 모형은 R-EAP의 수업 특성상 기술적 모형(유영만, 2002)에 해당한다. **기술적 모형**으로서의 반구조화된 절차적 모형은 특정 결과를 위한 절차적 처방을 제공하는 것이 아니라, 처방적 지침 마련을 위한 기반을 제공한다. 반구조화된 절차적 모형은 결정적 사건의 해결을 위한 절차적 처방으로서의 구조화된 모형이 아닌, 보다 바람직한 선택을 위한 관계 이해를 목적으로 하는 기술적 모형으로서의 특성을 띤다.

반구조화된 절차적 모형은 학습자의 문제상황을 즉각적으로 수업설계에 반영할 수 있도록 하고, 지나치게 절차화하지 않음으로써 변화에 대한 개방성과 적응성을 높이며 학습자의 자발적인 참여를 촉진하기 위한 것이다. R-EAP의 해석학적 수업설계는 교수자에 의하여 수업 전에 이미 완성된 형태로 제공되는 것이 아니다. 수업 참여자 전원은 대화에 의하여 수업의 시작에서부터 전체 수업과정이 종료될 때까지 참여적·점진적으로 수업을 설계한다. 수업과 동시에 이루어지며 학습자들에 의하여 주도적으로 설계되고 수정된다.

반구조화된 절차적 모형을 구현하는 주요활동들은 체제적 특성을 보이며, 그로 인하여 결정적 사건마다 **고유한 수업설계**를 필요로 한다. 비구조화된 문제상황을 다루는 R-EAP의 해석학적 수업설계는 맥락이 유사한 결정적 사건이나 유사 사건을 다룬다고 할지라도 **등종국성**(equifinality)(Bertalanffy, 1968/1990)[3]에 의하여 최종 상태에 이르는 과정상의 경로는 제각각 다를 수 있다. 결정적 사건에 대한 이해와 해석이 학습자마다 다를 수 있고 그에 따른 적용 역시 다르게 반영될 수 있기 때문이다.

3) "Bertalanffy(1968/1990)는 유기체의 중요한 특성으로 등종국성을 언급하였는데 이는 "서로 다른 최초의 조건과 서로 다른 경로를 통하여도 동일한 최종적 상태와 동일한 〈목표〉가 성취될 수 있다"(p.181)는 것이다. … 이로 인하여 단 하나의 옳은 길이 존재하는 게 아니라 환경의 조건에 따라 여러 가지의 옳은 길이 있을 수 있으므로, 특정 목적을 달성하기 위하여 단일한 전략과 처방에 얽매이는 것은 비현실적일 수 있음을 시사한다(이인숙, 2000)."(김현경, 2019a: 77)

반구조화된 절차적 모형은 성찰과 통찰, 실천을 설계하는 것이다. 특히 학습자 내부에서 이루어지는 성찰과 통찰의 활동은 순간순간 주요활동들을 넘나들 수 있도록 절차에 있어서 개방성을 필요로 한다. 모든 주요활동은 고정된 순서 없이 수업 참여자의 성찰과 통찰에 의하여 상황맥락에 따라 다르게 적용한다. 상황맥락의 변화, 학습자의 관심의 흐름, 학습내용에 대한 요구 및 필요의 강도, 학습의지 및 학습참여 정도 등에 따라서 주요활동들을 유연하게 넘나들 수 있어야 한다.

반구조화된 절차적 모형의 주요활동들의 흐름은 해석학적 연구방법의 일반적인 특징인 **해석학적 순환**의 과정과 유사하다. 주요활동들 간에는 해석학적 순환에 의하여 서로 끊임없이 영향을 주고받는 체제성이 작동한다. 해석학적 순환은 '선이해와 문제 제시－텍스트 해석과 선이해의 검토－선이해의 수정'의 과정을 반복함(오인탁, 1990)으로써 사건이나 현상 등에 대한 지평을 확장하고 이해를 새롭게 한다. 관계 이해를 확장하고자 하는 반구조화된 절차적 모형도 주요활동들을 해석학적 순환에 의하여 반복한다는 측면에서는 절차적이라고 할 수 있다. 그러나 주요활동의 구체적인 활동내용 및 순서는 문제상황이나 결정적 사건별로 제각각 상이하므로 반구조화된 절차적 특성을 보인다. 또한 전체적으로 해석학적 순환에 의하여 발산적 사고와 수렴적 사고 및 실천적 활동을 반복한다는 점에서 프랙탈 구조의 자기유사성을 드러낸다. 해석학적 순환에 의한 자기유사성은 사건과 현상에 대한 이해가 시간성과 공간성, 해석자성에 의하여 끊임없이 재해석되고 재창출되는 과정을 의미한다.

[그림 10]은 반구조화된 절차적 모형을 구성하는 7가지 주요활동을 도식화한 것이다. 반구조화된 절차적 모형의 주요활동을 개념적 모형과 시각적으로 구분하기 위하여, 개념적 모형은 평면 도형으로 나타낸 반면 반구조화된 절차적 모형의 주요활동은 모서리가 둥근 음영을 넣은 사각형으로 표현하였다. 반구조화된 절차적 모형은 체제적 구성체로서 체제

가 갖는 개방성과 역동성을 나타내기 위하여 주요활동들을 점선으로 연결하였다. 7가지 주요활동들 간에는 특정한 절차적 순서나 방향 없이 환류적 교류가 일어난다. 정형화된 순서 없이 전체적으로 영향을 주고받는 체제성과 순환성을 나타낸다.

그림 10 R-EAP의 반구조화된 절차적 모형의 주요활동

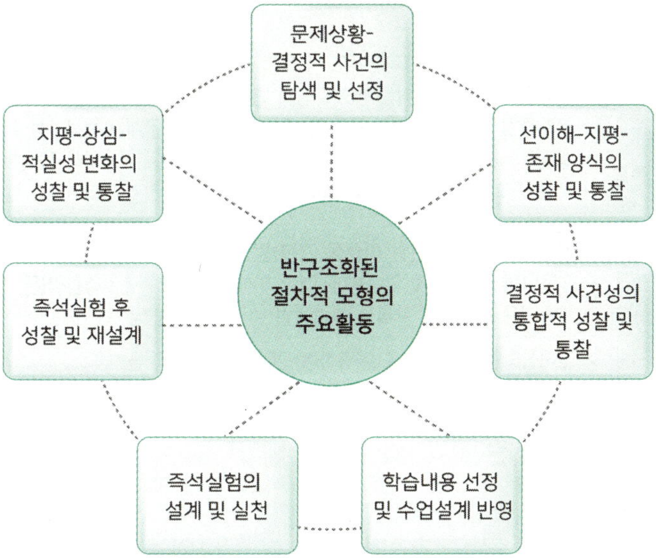

출처: 김현경(2019a: 317)

반구조화된 절차적 모형의 7가지 **주요활동**에는 '문제상황–결정적 사건의 탐색 및 선정', '선이해–지평–존재양식의 성찰 및 통찰', '결정적 사건성의 통합적 성찰 및 통찰', '학습내용 선정 및 수업설계 반영', '즉석실험의 설계 및 실천', '즉석실험 후 성찰 및 재설계', '지평–상심–적실성 변화의 성찰 및 통찰'이 해당된다. 7가지의 주요활동 중 첫째, '문제상황–결정적 사건의 탐색 및 선정'은 주로 수업의 도입부에서 수업의 방향

표 6 반구조화된 절차적 모형의 주요활동별 핵심내용 및 활동방법

주요활동	핵심내용	활동방법
문제상황-결정적 사건의 탐색 및 선정	• 수업의 방향성 설정 • 학습과제로서의 문제상황 및 결정적 사건 탐색 • 성공경험이 아닌 실패경험 선정	• 의식적 질문 던지기
선이해-지평-존재양식의 성찰 및 통찰	• '자기-내면'의 선이해 및 지평 성찰 • '자기-타인' 간 선이해 및 지평의 차이 통찰 • 관계맺음에 대한 존재양식 성찰	• 의식적 질문 던지기 • 마음씀 성찰하기 • 차원적 존재 통찰하기 • 의미 탐색하기 • 심리적-의미 이해하기
결정적 사건성의 통합적 성찰 및 통찰	• 결정적 사건을 이해하는 해석자성의 변화에 대한 성찰 • 시간성 및 공간성에 의한 결정적 사건들 간의 영향관계 통찰 • 사회·문화적 의미 탐색 및 의미구조 재구성	• 삼각구도 분석하기 • 해석자성 확인하기 • 의미 탐색하기 • 의미구조 발견하기
학습내용 선정 및 수업설계 반영	• 결정적 사건과 관련된 이론적 지평 탐색 • '경험-이론' 간 연계 가능성에 대한 이해 활동 • 학습내용 선정 후, 구체적 학습방법 수업설계에 반영	• 경험-이론 연결하기
즉석실험의 설계 및 실천	• 전이상황인 실천상황을 예측하여 '계획된 즉석실험'을 설계·연습 • '계획된 즉석실험'을 기반하되 상황맥락에 적합한 즉석실험 실천	• 심리적-의미 이해하기 • 즉석실험 실천하기
즉석실험 후 성찰 및 재설계	• '계획된 즉석실험'과 '실천한 즉석실험' 간의 차이 성찰 • 추가적 학습내용 선정 및 즉석실험 재설계 후, 수업에 반영	• 마음씀 성찰하기 • 차원적 존재 통찰하기 • 의미 탐색하기 • 경험-이론 연결하기 • 심리적-의미 이해하기 • 적실성 확인하기
지평-상심-적실성 변화의 성찰 및 통찰	• '자기-내면'의 선이해 및 지평의 확장과 '자기-타인' 간 지평융합의 변화 정도 확인 • 시간성에 따른 문제상황에 대한 절박함인 '상심의 가능성'의 심화 정도 확인 • 결정적 사건에 관한 '사회·문화적 적실성'의 변화 정도 확인	• 의식적 질문 던지기 • 마음씀 성찰하기 • 차원적 존재 통찰하기 • 적실성 확인하기

* 본 표는 김현경(2019a: 324)의 연구에서 제시한 표를 pilot 수업을 재분석한 후 수정·보완한 것임.

성을 설정하는 활동이다. 둘째, '선이해-지평-존재양식의 성찰 및 통찰'은 문제상황이나 결정적 사건에 대한 이해를 넓히기 위한 자신과 타인의 선이해·지평·존재양식을 탐색하는 활동이다. 셋째, '결정적 사건성의 통합적 성찰 및 통찰'은 관계성 개발을 위한 가장 핵심적인 주요활동이라고 할 수 있다. 넷째, '학습내용 선정 및 수업설계 반영'은 '선이해-지평-존재양식의 성찰 및 통찰'과 '결정적 사건성의 통합적 성찰 및 통찰' 등을 수행하면서 학습이 필요하다고 요청되는 내용을 선정하여 수업에 반영하는 활동이다. 다섯째, '즉석실험의 설계 및 실천'과 여섯째, '즉석실험 후 성찰 및 재설계'의 활동은 즉석실험의 실천을 기준으로 구분된다. R-EAP는 관계성 개발을 위한 실천을 중요시하므로 배운 것을 실천하는 즉석실험을 전후로, 계획한 것과 실천된 것 간의 차이를 분석하여 수업에 재반영한다. 일곱째, '지평-상심-적실성 변화의 성찰 및 통찰'은 평가와 관련된 활동으로 수업의 중·후반부에서 수행될 수 있다.

〈표 6〉에는 주요활동별 핵심내용을 간략히 정리하고, 각각의 주요활동을 구현할 수 있는 활동방법을 구분하여 제시하였다. 7가지 주요활동과 11가지 활동방법에 관한 상세한 설명은 R-EAP의 방법론적 측면의 이해에 초점을 맞추는 후속 저술로 미루고자 한다. 주요활동과 활동방법에 대한 궁금증은 우선 선행연구(김현경, 2019a: 김현경, 유영만, 2021)를 참조하기 바란다.

2) 반구조화된 절차적 모형의 활동방법

7가지 주요활동은 11가지 활동방법에 의하여 구현될 수 있다. **11가지 활동방법**에는 '의식적 질문 던지기', '마음씀 성찰하기', '차원적 존재 통찰하기', '삼각구도 분석하기', '해석자성 확인하기', '의미 탐색하기', '의미구조 발견하기', '경험-이론 연결하기', '심리적-의미 이해하기', '즉석실험 실천하기', '적실성 확인하기'가 해당한다.

첫째, **'의식적 질문 던지기'**(김현경, 유영만, 2017)는 질문을 던지고 있는 자신에 대하여 의식하는 것을 강조한다는 점에서 성찰과 통찰의 과정에서 중점적으로 활용하는 활동방법이다. 행위−후−성찰(Schön, 1983)과 맥을 같이 하는 '의식적 질문 던지기'는 이미 발생한 사건에 대하여 현상을 달리 이해하고자 하는 해석자의 의식적 고투이다. 학습자가 성장과정에서 경험한 사건은 현재의 문제상황과 관련될 수 있고, 그 관계에 대한 통찰은 자신에 대한 끊임없는 '의식적 질문 던지기'를 수행하는 행위−후−성찰에 의하여 이루어질 수 있다. '의식적 질문 던지기'는 반구조화된 절차적 모형의 주요활동 중 '문제상황−결정적 사건의 탐색 및 선정', '선이해−지평−존재양식의 성찰 및 통찰', '지평−상심−적실성 변화의 성찰 및 통찰' 등의 활동을 수행하는 데 주로 도입된다.

둘째, **'마음씀 성찰하기'**는 본래적 존재양식으로서의 염려·심려·배려(Heidegger, 1979/1998)를 살피는 것으로, 수업의 전 과정을 통하여 항시 염두에 두어야 하는 태도적 측면이 강하다. '선이해−지평−존재양식의 성찰 및 통찰'과 '지평−상심−적실성 변화의 성찰 및 통찰'의 활동에서 해석자 자신과 세계−내−존재(Heidegger, 1979/1998)에 대한 마음씀을 성찰하는 것은 사건에 대한 새로운 인식의 전제조건이 되며, 학습자의 태도 변화를 확인할 수 있는 수업평가의 준거가 된다. 수업과정 중에 마음씀(염려·심려·배려)의 변화를 성찰하는 것은 관계에 대한 학습자의 인식이 어떻게 변화하고 있는지를 깨닫는 것이며, 전환적 실천으로서의 본래적 관계맺음을 수행하기 위한 기반이다.

셋째, **'차원적 존재 통찰하기'**는 '선이해−지평−존재양식의 성찰 및 통찰' 활동의 하위활동 중 '자기−타인' 간의 선이해 및 지평의 차이를 통찰하는 활동에 주요하다. '차원적 존재 통찰하기'는 차원적 존재론의 제1·2법칙(Frankl, 1988/2005)에 근간하는 활동방법으로, 각자의 지평 안에서 자신이 볼 수 있는 차원과 그러한 차원의 한계로 인하여 볼 수 없는 것이 존재함을 통찰하는 것이다. 인간은 동일한 사건과 현상을 상이하게 해석할 수도 있고, 반대로 상이한 사건이나 현상을 동일하게 해석할 수도 있다. 이러한 해석의 차이는 해석자들 간의 기질이나 성격처럼 존재의 본질이나, 현상을 바라보는 인식의 관점이 다르기 때문에 나타날 수 있다. 그러므로 '차원적 존재 통찰하기'는 학습자들 간의 존재 인식 방식의 차이를 통찰하는 활동에 초점을 맞춘다.

넷째, **'삼각구도 분석하기'**(김현경, 유영만, 2017)는 결정적 사건을 분석함에 있어서 시간성의 흐름에서는 해석자 자신이 과거에 경험했던 결정적 사건과 현재 경험하고 있는 문제상황 간의 영향관계를 파악하는 것이다. 공간성의 흐름에서는 결정적 사건 및 문제상황이 드러나는 공간적 배경들(가정, 직장, 지역사회 등)이 서로 연결되어 영향을 미치고 있음을 분석하는 활동이다.

다섯째, **'해석자성 확인하기'**는 결정적 사건에 대하여 해석자성의 변화에 초점을 맞추어 개인적 측면과 사회·문화적 측면의 이해를 넓히는 활동방법이다. 해석자의 3가지 이해방식(Danner, H., 2004/2004)을 기반으로 하는 '결정적 사건(화자)' 방식, '결정적 사건(화자=해석자)' 방식, '해석학적 상황(해석자)' 방식 간의 변화 양상을 확인하는 작업이다. 이는 결정적 사건을 이해하는 데 '화자'의 관점에서, '화자와 해석자' 모두의 관점에서, '해석학적 상황에 의한 해석자'의 관점에서 성찰하고 통찰하는 것이다.

여섯째, **'의미 탐색하기'**는 개인을 넘어 사회·문화적 차원에 초점을 맞추어 개인이 경험한 문제상황이나 결정적 사건 속에 숨겨진 사회·문화적 의미를 찾아내는 활동이다. 인간은 세계의 영향 아래에 놓여 있는 세계-내-존재(Heidegger, 1979/1998)로서, 사건을 보다 깊이 이해하기 위해서는 세계에 대한 사회·문화적 이해가 전제되어야 한다. '의미 탐색하기'는 부분과 전체에 대한 해석학적 순환의 관점에서 볼 때 학습자 개인의 지평에 의한 이해는 부분에 해당하며, 학습자들 간의 지평융합을 통한 사회·문화적 의미 이해는 전체에 해당한다. '의미 탐색하기'는 Klafki의 텍스트 해석을 위한 기본인식(오인탁, 1990) 중 '텍스트 내재적·외재적 의미 관련 설명'과 '이념 비판적 접근'의 방법을 차용한다.

일곱째, **'의미구조 발견하기'**는 결정적 사건 속에 숨겨진 의미구조를 재구성하는 활동방법으로, 개인의 행위를 이해하기 위해서는 그 안의 패턴을 밝히는 것이 중요하며 이는 숨겨진 의미구조를 발견하는 것과 관련된다. 결정적 사건의 의미구조를 발견하기 위한 회고적 재구성은 사건의 표면적 인과관계를 찾아내는 것이 아니라, 행위의 이면에 감추어진 규칙을 분석한다. '의미구조 발견하기'는 의미구조를 재구성하는 구조해석학의 분석절차(신진욱, 2008)의 일부분을 차용한다.

여덟째, **'경험-이론 연결하기'**는 문제상황이나 결정적 사건을 통합적으로 이해하고 이전과는 다른 선택을 하기 위해서 경험과 관련된 다양한 이론적 앎을 결합하는 활동방법이다. 예를 들어 자녀양육의 문제를 통합적으로 이해하기 위해서 발달단계와 부모역할, 성격 및 기질, 대화법과 리더십, 성교육과 진로교육 등 다양한 이론적 앎을 연계하여 이해해야 한다. 문제해결을 위해 필요한 다양한 이론 중 수업상황에서 학습할 내용을 선정하여 수업설계에 반영한다.

아홉째, **'심리적-의미 이해하기'**는 주요활동 중 '즉석실험의 설계 및 실천'의 활동에 주요하게 작동하는 방법이다. '심리적－의미 이해하기'는 사건 및 존재자들에 대한 이해를 위하여 수업과정 전반에 걸쳐 이루어져야 한다. 특히 수업 후 생활현장으로 돌아가 배운 것을 실천하는 과정에서는 상황 및 대상에 대한 심리적 이해와 의미－이해가 총체적으로 이루어질 때 학습전이가 보다 원활하다.

열째, **'즉석실험 실천하기'**는 전이상황에 대한 전반적인 계획이며 실행으로, 수업 중에 미리 즉석실험(Schön, 1983)을 예상하여 설계하고 실제로 적용해 보는 활동방법이다. 이때 즉석실험은 성찰을 통하여 깨닫게 된

잠정적인 앎을 즉석에서 실천함으로써 잠정적 앎을 검증하는 것이다. 즉석실험을 실제로 실천하기 위해서는 우선 상황 전반에 대한 이해와 수용이 선행되어야 한다.

마지막으로, '**적실성 확인하기**'는 문제상황 및 결정적 사건에 관한 평가 기준인 사회·문화적 적실성(유영만, 2002)의 변화를 확인하는 활동방법이다. 사회·문화적인 적실성을 확인하기 위해서는 관련된 존재자들 모두에 대한 본래적 마음씀(Heidegger, 1979/1998)이 전제되어야 하며, 학습자들 간에 사회·문화적으로 수용하고 통용할 수 있는 기준을 합의해야 한다. '적실성 확인하기'는 Klafki의 텍스트 해석의 기본인식(오인탁, 1990) 중 대립적 논쟁점들의 해석 방법을 차용한다. 교육적 상황에 대한 이해와 평가는 사건들을 바라보는 대립적이고 상반된 관점들을 동시에 고려함으로써 더욱 깊이 있게 수행될 수 있다.

5 R-EAP의 해석학적 수업설계모형의 특징

[그림 11]은 최종적으로 제시된 R-EAP의 해석학적 수업설계모형으로, 개념적 모형의 복잡성을 완화하기 위하여 프랙탈 구조로 반복되는 부분을 단순화하고 반구조화된 절차적 모형의 주요활동과 연결하여 중첩적으로 나타내었다. R-EAP의 개념적 모형과 반구조화된 절차적 모형의 주요활동은 내용상 상호 연계되어 있다. R-EAP의 해석학적 수업설계모형은 개념적 모형과 반구조화된 절차적 모형의 연결 관계를 하나의 도식으로 나타낸 것으로, R-EAP의 수업에 대한 전체적인 관계 이해를 돕는다. 개념적 모형과 반구조화된 절차적 모형의 주요활동들은 체제적 구성체로서의 비구조화된 문제상황인 결정적 사건을 다루므로 그 관계를 명확히 규명하여 영역화하는 데에는 한계가 있다. 그럼에도 R-EAP의 해

그림 11 R-EAP의 해석학적 수업설계모형

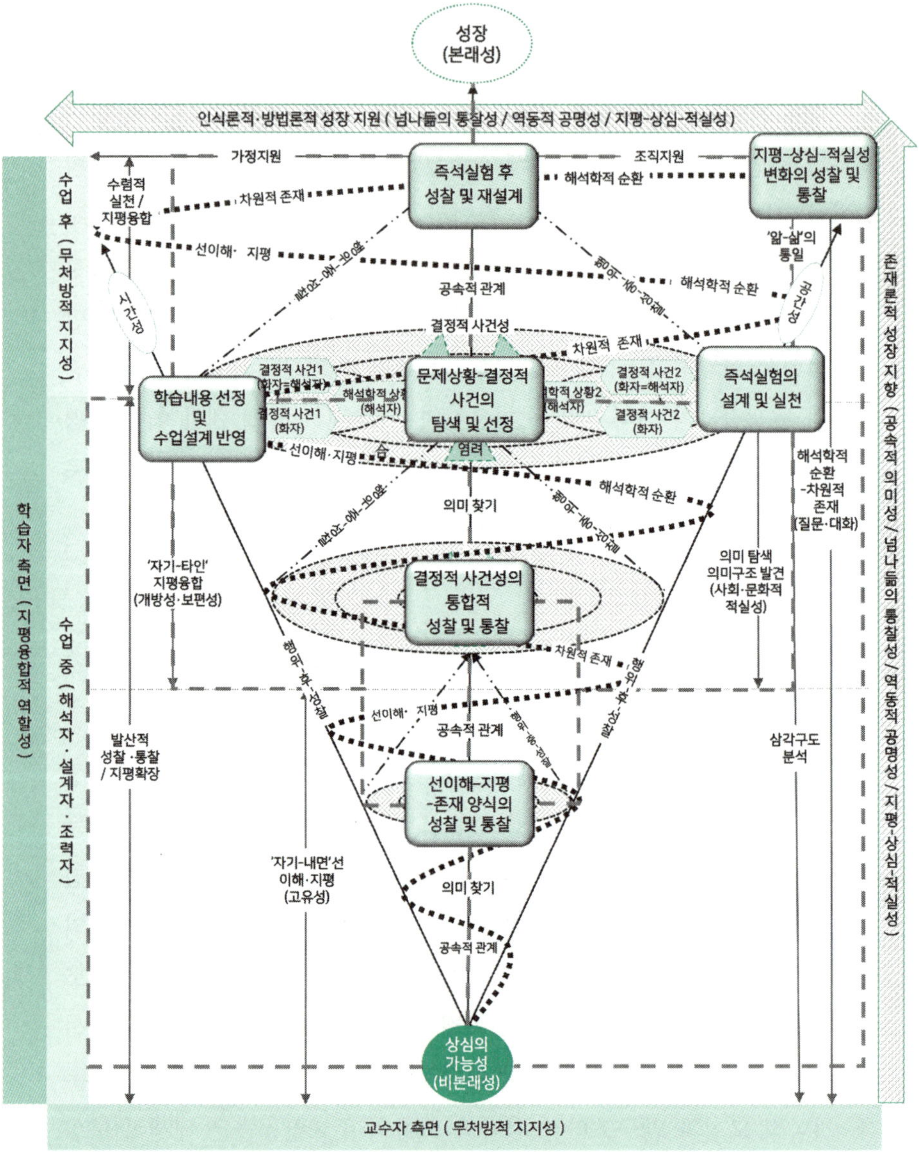

출처: 김현경(2019a: 352) 재구성

석학적 수업이 이루어지는 활동 장면에 대한 전반적인 이해를 돕기 위하여 구성요소 측면을 고려하여 개념적 모형과 반구조화된 절차적 모형의 주요활동의 특징을 연결하여 R－EAP의 해석학적 수업설계모형을 제시하였다. R－EAP의 해석학적 수업설계모형의 특징은 개념적 모형과 반구조화된 절차적 모형의 특징을 체제적 관점에서 재통합하여 크게 4가지 측면에서 정리되었다. 첫째, 구성적 합성체로서의 체제적 구성체, 둘째, 해석학적 순환에 의한 프랙탈 구조, 셋째, 무처방적·무형식적 교육, 넷째, 실생활 문제와 학습전이가 그것이다. R－EAP 모형의 특징은 R－EAP의 해석학적 수업이 실제 어떤 모습으로 운영될 수 있는지에 대한 이해를 돕는다.

1) 구성적 합성체로서의 체제적 구성체

R－EAP의 해석학적 수업설계모형의 특징을 살펴보면 첫째, **구성적 합성체**(Bertalanffy, 1968/1990)로서의 **체제적 구성체**의 특징을 나타낸다. R－EAP의 해석학적 수업설계모형은 비구조화된 문제상황인 결정적 사건의 관계성 이해를 목적으로, 다양한 지평에 의해 관계를 해석하고 이해하는 구성적 합성체(Bertalanffy, 1968/1990)로서의 체제적 구성체이다. 구성적 합성체에 대한 이해를 위해서는 반드시 구성요소 간의 관계에 대한 이해를 필요로 한다. R－EAP를 위한 수업은 비구조화된 문제상황인 결정적 사건과 관련된 관계성 이해를 목적으로 한다. 고유한 상황맥락 안에서만 이해될 수 있는 결정적 사건은 그 사건만을 위한 수업설계가 이루어져야 한다. 결정적 사건마다 고유한 수업설계가 필요하다. R－EAP의 해석학적 수업설계모형은 비구조화된 문제상황인 결정적 사건의 체제성을 이해하기 위한 개념적 모형과 반구조화된 절차적 모형으로 개발되었다.

개념적 모형은 구성요소들을 관계성 개발이라는 측면을 염두하며 논리적 순서나 관계, 의미상의 차이 등을 고려하여 개념적 구성요소들을 도해로 표현한 것이다. R-EAP를 위한 추상화된 개념적 모형은 수업설계의 구성요소와 구성요소들 간의 관계를 체제적으로 드러내고 부분 영역에 대한 이해를 돕는다. 절차적 수업설계모형처럼 수업설계 단계를 순차적으로 제시해 주지는 않지만 관계 인식과 관계맺음이라는 두 가지 관계의 차원이 체제적으로 어떻게 연결되고 확장될 수 있는지를 시각적으로 보여준다.

비구조화된 문제상황의 체제적 관계성을 풀어가는 R-EAP의 해석학적 수업설계모형은 순서가 고정된 절차적 모형 대신 반구조화된 절차적 모형의 주요활동을 제시함으로써 수업의 주요활동을 안내하는 지침으로서의 역할을 한다. R-EAP의 반구조화된 절차적 모형은 수업의 주요활동의 흐름을 안내하는 것으로, 실제로 수업의 진행을 나타내는 구체적인 활동의 순서와 양상은 매번 변화하게 된다. R-EAP에서는 수업이 곧 수업설계활동이며 수업설계활동이 곧 수업이 된다. 결정적 사건의 체제성을 이해하기 위한 반구조화된 절차적 모형의 주요활동과 활동방법도 구성적 합성체인 결정적 사건을 구성하는 요소들과 그 요소들 간의 관계를 전체성 안에서 유기적으로 파악하는 활동이다. R-EAP의 수업을 설계할 때마다 반구조화된 절차적 모형의 세부적인 내용과 순서는 변화한다.

2) 해석학적 순환에 의한 프랙탈 구조

R-EAP의 해석학적 수업설계모형은 **해석학적 순환**을 반복하는 **프랙탈 구조**(fractal structure)를 보인다. R-EAP의 수업설계모형은 해석학적 순환에 의하여 수렴적 사고와 발산적 사고가 지속적으로 반복되며 부분 안에 전체가 있고 전체 안에 부분이 존재하는 프랙탈 구조(fractal structure)를 이룬다. 프랙탈(fractal)은 전체를 이루는 하나의 작은 부분이 그 전체와 유사한 기하학적 형태를 반복하는 것으로(배수경, 2008), 프랙탈은 자기유사

성(self-similarity)과 소수 차원(fractal dimension)을 특징으로 한다(김상미, 2009). 먼저, 자기유사성을 원리로 하는 프랙탈 구조는 부분을 확대하면 전체와 유사한 모습이 그 안에 존재한다. 전체와 유사한 부분은 끊임없이 반복되는 순환적인 기하학적 구조를 보여준다. 이러한 자기유사성으로서의 프랙탈 구조는 R-EAP의 모형에서 해석학적 순환에 의하여 '자기-내면'의 선이해 및 지평에 대한 발산적 이해 과정과, '자기-타인' 간의 지평융합에 대한 수렴적 이해 과정이 순환적으로 반복되는 형태를 취함으로써 구현된다. 사건과 현상에 대한 이해는 시간성과 공간성의 흐름에 따라 끊임없이 재해석되고 재창출되는 과정을 거치는데, 이는 해석학적 순환에 의한 프랙탈 구조를 취하는 본 모형의 특징을 반영하는 것이다.

다음으로, 프랙탈의 소수 차원은 명확한 형태의 도형 측정뿐만 아니라 불규칙하고 복잡한 형태의 도형까지도 측정할 수 있게 한다. 프랙탈 기하에서는 면을 채우는 선은 선이 채워진 정도에 따라서 1차원과 2차원 사이의 소수 차원으로, 구겨진 종이는 구겨진 정도에 따라서 2차원과 3차원 사이의 소수 차원으로 나타낼 수 있다(김상미, 2009). 소수 차원으로서의 프랙탈의 특성은 회색지대에 대한 이해와 해석을 가능하게 한다. 본 모형에서는 결정적 사건성과 관련하여 시간성·공간성·해석자성이라는 세 측면에 대한 새로운 이해가 확장되는 과정에서 기존의 이해와 낯선 이해 사이의 회색지대에 대한 이해를 가능하게 하는 소수 차원으로서의 특성을 나타낸다. 소수 차원을 특징으로 하는 R-EAP의 프랙탈적 수업설계모형은 명확하게 처방되고 절차화된 전통적 ISD 모형과, 체제성과 역동성으로 인하여 절차적 명료화와 처방적 진단이 불가능한 비구조화된 ISD 모형의 중간지점에서 생활세계의 관계 이해를 위한 회색지대로서의 반구조화된 ISD 모형의 특성을 취한다.

3) 무처방적 · 무형식적 교육

R－EAP의 해석학적 수업설계모형은 **무처방적**이며 **무형식적인 교육**의 특징을 반영한다. 학습자의 삶 전반에 대해 알 수 없는 상황에서 사건 및 현상을 단언하는 처방은 해석학적 이해로부터 벗어난다. R－EAP 모형은 비구조화된 문제상황을 다루므로 정답 또는 해결방안이 여러 가지이거나 존재하지 않을 수 있다(Jonassen, 1997). 교수자가 학습자보다 또는 학습자가 가족 구성원이나 조직 구성원보다 좀 더 많은 지식을 가지고 있을 수는 있지만 일방적으로 최적의 지식을 판별하여 처방해 줄 수는 없다. 모든 개인은 자신만의 지평과 역사성을 가지고 있으므로 자신을 닫힌 시각 안에 스스로 가두는 상황을 가져올 수 있다. 그러므로 모든 사건과 현상에 대하여 항상 우월한 관점에서 관계를 이해하고 해석할 수 있는 사람은 없다고 전제한다. R－EAP 모형에서 교수자와 학습자 모두는 일방적인 처방적 판단을 유보하고 **무처방적 태도**로서 상황과 대상을 이해하도록 한다. 수업 중의 상황맥락만으로 문제상황에 처해있는 학습자를 온전히 이해하는 것은 불가능하므로 교수자와 학습자들 모두는 상호 일방적 처방을 내리지 않도록 주의해야 한다.

> 그들의 삶 전반을 알 수 없는 교육현장에서 '어, 그건 아니지.'라고 말하기는 되게 어려운 거예요. 그럴만한 이 사람만의 어떤 이유가 그런 말들을 만들어낸 거죠. 그럼에도 불구하고… 힘겨움을 느꼈을 때 교육현장에서 해 줄 수 있는 것은 이 사람으로 하여금 자신의 감정을 보게 해주고. 그래서 다음번에 똑같은 일에서 다른 선택을 할 수 있도록 도와주는 것밖에 없지, '이럴 때는 이렇게 하세요. 저럴 때는 저렇게 하세요.'를 배울 수는 없는 게 아닐까… (FS(1)－B－REM－2.10)

'삶 전반을 알 수 없는 교육현장'에서 '그건 아니지'라고 단언하는 교수자나 학습자들은 문제를 말하고 있는 학습자와 그 학습자의 문제상황을 이해하는 것으로부터 이미 벗어나 있다. '지금의 나'인 화자로서의 학습자는 '과거의 경험이 주는 영향'으로부터 자유로울 수 없기 때문에, 현재 시점에서의 진술만을 근거로 '이럴 때는 이렇게 하세요. 저럴 때는 저렇게 하세요.'라고 처방을 내리는 것은 화자나 문제상황에 대한 부분적인 해석일 뿐이다. 온전한 이해는 현재 시점에서의 부분적 이해를 근거로 하는 효율적 판단이 아니므로, 해석자의 관점을 확장하여 시간성과 공간성에 대한 이해를 넓힐 수 있어야 한다. 정당한 이해를 위한 가능성은 확장하고 처방은 지연되어야 한다. **무지한 스승**(Rancière, 1987/2016)4)으로서의 특성을 전제하는 R−EAP 모형은 처방하지 않음으로써 처방하고, 전달하지 않지만 다른 앎의 원인이 되는 무처방적 지지에 의한 수업을 설계한다. R−EAP의 수업설계는 학습자 주도로 이루어지며 교수자는 학습자들에게 해결책을 처방하는 대신 다양한 지평을 보여주는, 즉 관점을 넓혀주는 지지적·지원적 역할을 수행한다.

한편, R−EAP의 해석학적 수업설계모형은 우연적·자생적 학습상황에서 이루어지는 **무형식적 교육**(Livingstone, 2001)의 특징을 나타낸다. 일반적으로 ISD 모형은 형식교육이나 비형식교육을 설계하며, 수업이 시작되기 전 또는 수업 초반에 수업설계의 전체적인 모습이 제시되는 특성을 보인다. 반면, R−EAP를 위한 수업설계모형은 무형식교육에 가까운 수업을 설계한다. 의도적인 커리큘럼 없이 우연적·자생적 학습상황에서 근로자들 간의 자발적인 참여를 기반으로, 결정적 사건과 실생활에서의 문제상황에 대한 관계성 개발을 추구한다. 수업설계와 수업은 학습자에 의

4) 무지한 스승(Rancière, 1987/2016)은 모든 사람의 지적 능력은 평등하고 단지 배우는 자의 의지의 정도에 따라서 그 결과가 달라진다고 본다. R−EAP의 해석학적 수업에서 가르치는 자는 설명을 통하여 지식을 직접적으로 전달하기보다, 지적 평등의 관점에서 배우는 자 스스로 앎을 발견할 수 있도록 의지를 불러일으키는 역할을 한다.

하여 주도적으로 진행되며, 구체적인 교수학습의 내용 역시 수업과정 중에 수업 참여자들의 공동 합의에 의하여 개발된다. 수업설계는 학습자들이 자신의 결정적 사건을 탐색하는 과정에서 시작되고, 그에 대한 성찰과 통찰로 관계에 대한 새로운 이해와 변화를 향한 실천적 행위의 통합이 이루어질 때 종료된다. 그러므로 R-EAP를 위한 수업은 무형식적 교육으로서 수업 참여자들에 의하여 수업 중에 설계가 되고 곧바로 수업에 반영될 수 있는 개방성이 필요하다. 학습자들의 주도적이며 자발적인 참여가 중요하며, 이런 점에서 수업집단은 학습공동체와 같은 비공식적 CoP(Lave & Wenger, 1991)의 형태로서 구체화될 수 있다.

4) 실생활 문제와 학습전이

R-EAP의 해석학적 수업설계모형은 **실생활 문제**와 **학습전이**를 중시한다. 학습의 무대는 더 이상 실험실 안에 국한되지 않고 일상의 삶이 살아 숨 쉬는 길거리로 전환되어야 한다(유영만, 2006). R-EAP 모형은 근로자의 일상과 관련된 특정 상황을 학습과제로 선정하고 관련된 지식을 학습함으로써 학습자 내면에 지식을 체화하는 실천적 지식 습득의 과정에 초점을 둔다. 근로자가 가정이나 직장에서 직접 경험한 실생활 문제인 결정적 사건을 다루며, 그에 대한 새로운 이해는 학습자의 사고나 세계관에 변화를 가져와 유사한 문제상황에서 이전과는 새로운 선택을 할 수 있도록 한다. 실생활 문제에 대한 학습은 생활을 지원하는 측면에서 일상과 관련된 문제상황에 적용할 수 있고, 지식을 학습자의 내면에 동화시키고 체화시킬 수 있는 실천을 요구한다. 즉, 실생활 문제에 대한 학습전이를 추구한다. 학습전이와 관련하여 R-EAP 모형은 학습자가 자신의 일상을 기반으로 하는 거리 학습(유영만, 2006)을 설계할 수 있도록 한다.

학습전이의 **유형**에는 학습이 이루어지는 학습 상황과 문제를 해결하는 수행 상황 간에 유사성이 많은 근전이(near transfer)와 유사성이 적은 원전이(far transfer)가 있다(Laker, 1990; Royer, 1979). 일반적으로 원전이가 근전이의 달성보다 어려우며 시간이나 인지적 차원에서의 자원과 노력을 더 많이 요구한다. 실제 생활을 기반으로 하는 거리 학습은 학습해야 할 과제가 곧 실생활에서 해결해야 하는 문제이므로 효과적인 학습이 이루어진다면 학습전이 역시 효과적으로 달성될 수 있다. R–EAP 모형에서는 학습과제가 곧 실생활에 적용해야 하는 문제이므로 학습이 효과적으로 이루어진다면 학습전이 역시 효과적으로 달성될 수 있는 특성을 갖는다. R–EAP의 해석학적 수업설계모형은 일상에서 벌어지는 문제상황들을 이해하고 해결하기 위하여 인간의 삶 전체를 유기적으로 인식하며, 골방에 갇힌 이론을 이끌어내어 거리의 삶 속의 문제와 연결하는 특성을 띤다.

R-EAP는 관계성 개발 측면, 학문의 융합 측면, 요구의 통합 측면, 부정성 기반의 성장 측면에서 의의를 찾을 수 있다. R-EAP는 가정과 직장 모두에서 관계성 개발을 지향하므로 근로자의 가정생활에 대한 기여뿐만 아니라 조직에도 기여할 수 있다. R-EAP는 조직지원인식(POS), 이직률, 기업의 사회적 책임(CRS), 기업 이미지 등과 관련된 HR 측면의 기여 가능성을 내포한다.

제4장

관계기반 근로자지원교육프로그램(R-EAP)의 의의 및 기여 가능성

1 R-EAP 및 수업설계모형의 개발 노정

지금까지 R-EAP 및 R-EAP의 해석학적 수업설계모형과 관련된 내용을 전반적으로 살펴보았다. 다소 긴 노정이었지만 아직은 R-EAP가 머릿속에 명확하게 그려지거나, 손 안에 잡히는 수업설계모형으로 다가오지는 않을 것이다. 그런 의미에서 **전체 내용을 간단히 정리해 보자**. 국내 EAP의 생활지원서비스는 근로자들의 자발적인 참여와 협력을 바탕으로 인간의 본래적인 성장을 장기적으로 지원하기보다, 주로 수당이나 휴가, 일회성 행사 또는 단기적인 개인상담의 형태로 제공되고 있다. 또한 기존의 부모교육은 근로자의 가정생활을 지원한다는 측면에서는 근로자의 요구를 반영할 수 있지만 생산성과 같은 조직의 요구를 반영하기는 어렵다. 국내 EAP 생활지원서비스는 현실적인 한계가 있고, 조직도 물적·인적 자원의 제약으로 인하여 근로자에게 지속적인 생활지원서비스를 제공하기 어렵다. 근로자는 여전히 자신의 삶을 장기적으로 성찰하고 통찰하여 실천적 변화로까지 나아가는 데 어려움을 겪고 있다. 이에 단기적으로 제공되는 국내 EAP 생활지원서비스의 한계를 보완하는 동시에, 근로자와 조직의 요구를 모두 반영할 수 있는 '관계기반 근로자지원교육프로그램(Relations-based Employee Assistance Program: R-EAP)'을 제안하였다. R-EAP는 관계성 개발과 관련하여 가정 및 직장에서의 결정적 사건이나 문제상황에 대한 관계 인식(relations)의 범위와 깊이를 확장하고 관련된 대상들과의 본래적 관계맺음(relationship)을 실천함으로써, 근로자의 자기성장과 자녀양육 및 생활을 지원하는 EAP로서의 성격을 띠는 교육프로그램이다. '관계'는 근로자와 조직 모두에게 중요한 관심의 대상이라는 점에 주목하여, 관계성을 개발하는 'R-EAP의 해석학적 수업설계모형'을 개발함으로써 R-EAP를 구현할 수 있도록 하였다.

R-EAP에 대한 요구와 정체성을 보다 명확히 하기 위하여 HR 관점의 요구분석적 탐색과 교육적 지향을 탐색하였다. 먼저, 근로자와 조직 모두의 요구를 반영하기 위한 HR **관점의 요구분석 결과**는 근로자 측면, 조직 측면, 근로자와 조직의 공통적 측면에서 정리되었다. 첫째, 근로자 측면의 요구에는 EAP의 속성, CoP의 특성, 거리 학습 지향, 접근 용이성 추구 등이 해당하였다. 둘째, 조직 측면의 요구에는 이직률 감소, POS 고양, 지식공유 활성화, CSR 수행, 기업 이미지 제고와 관련된 요인들이 탐색되었다. 셋째, 근로자와 조직 모두의 공통적 측면에는 일몰입 촉진, 관계 역량 강화, 정서적 신뢰 심화, WLB 추구, GWP 조직문화 구축과 연관된 요구들이 확인되었다. 다음으로 **R-EAP가 추구하는 교육적 지향**은 R-EAP의 해석학적 수업이 어떻게 구현되어야 하는지에 대한 지침으로서, R-EAP의 정체성을 보다 명확히 하여 그에 대한 이해를 깊이 하였다. R-EAP의 교육적 지향은 3가지 측면에서 범주화되었다. 첫째, '관계

에 대한 이해'를 지향한다. 세계에 대한 체제적(Bertalanffy, 1968/1990) 통찰과 세계-내-존재(Heidegger, 1979/1998)인 인간에 대한 이해를 심화하고자 한다. R-EAP는 일터와 삶터에 얽혀있는 비구조화된 문제상황인 결정적 사건(Woods, 1993)에 대한 다각적인 관계 이해를 추구한다. 둘째, '성장을 위한 지평융합'을 지향한다. 지평융합은 패러다임 간의 지평융합, 학문영역 간의 지평융합, 교육영역 간의 지평융합, 사람 간의 지평융합을 뜻한다. R-EAP는 네 가지 측면의 지평융합을 통하여 인간의 본래적 성장을 지향한다. 셋째, '앎과 삶의 합일'을 지향한다. R-EAP는 세계관에 전환적인 변화를 가져오는 결정적 사건(Woods, 1993)에 대한 이해를 통하여 아는 것과 실천하는 것의 합일을 추구한다. 이는 성찰·통찰·실천의 통일을 지원하는 것으로, Gadamer(1990/2012)가 이해·해석·적용의 동시성을 중시한 관점과 일치한다.

R-EAP는 **R-EAP의 해석학적 수업설계모형**을 적용함으로써 구현할 수 있다. R-EAP의 해석학적 수업설계의 구성요소·설계원리·주요지침을 도출하기 위하여 6개의 학문 영역-해석학, EAP(상담, 부모교육), 경영학(HRD), 교육(공)학, 일반체제이론, 관련 선행연구-의 원리 및 개념을 심층면담 등 경험적 차원의 분석 결과와 융합하는 해석학적 순환을 반복하여 50개의 주요 개념어를 선정하였다. **50개의 주요 개념어**를 기반으로 수업설계를 위한 **7가지 구성요소**, **19가지 설계원리**, **44가지의 주요지침**을 도출하였다. 이어서 구성요소·설계원리·주요지침에 기반하여 R-EAP의 **개념적 모형**과 **반구조화된 절차적 모형**을 개발하였다. R-EAP의 해석학적 수업은 비구조화된 문제상황을 다루는 체제적 구성체(Bertalanffy, 1968/1990)이므로 순서와 단계가 고정된 절차적 모형으로 제시하지 않고, 반구조화된 절차적 모형을 구현하는 주요활동과 활동방법을 제시하였다. R-EAP의 반구조화된 절차적 모형은 학습자의 문제상황을 즉각적으로 수업설계에 반영할 수 있도록 하고, 지나치게 절차화하지 않음으로써 변

화에 대한 개방성과 적응성을 높여 학습자의 자발적인 참여를 촉진하고자 한 것이다. 이후 R－EAP의 반구조화된 절차적 모형은 상호 동료 보고·전문가 검증·pilot 수업의 검증을 통하여 **7가지 주요활동**과 **11가지 활동방법**으로 수정·보완되었다. 최종적으로 구성요소와의 의미 관계를 고려하여 개념적 모형과 반구조화된 절차적 모형의 주요활동을 중첩적으로 표상한 R－EAP의 해석학적 수업설계모형을 제시하였다.

최종적으로 제시한 **R-EAP의 해석학적 수업설계모형**은 **4가지 특징**을 드러냈다. 첫째, 구성적 합성체(Bertalanffy, 1968/1990)로서의 체제적 구성체의 특징을 보인다. R－EAP의 해석학적 수업설계모형은 비구조화된 문제 상황인 결정적 사건의 관계성 이해를 목적하며, 해석학에 기반하여 다양한 지평에서 관계를 해석하고 이해하는 구성적 합성체(Bertalanffy, 1968/1990)로서의 체제적 구성체이다. 구성적 합성체에 대한 이해를 위해서는 반드시 구성요소 간의 관계에 대한 이해를 필요로 한다. 둘째, 해석학적 순환을 반복하는 프랙탈 구조(fractal structure)를 나타낸다. 자기유사성으로서의 프랙탈 구조는 R－EAP의 모형에서 해석학적 순환에 의하여 '자기－내면'의 선이해 및 지평에 대한 발산적 이해 과정과, '자기－타인' 간의 지평융합에 대한 수렴적 이해 과정이 순환적으로 반복되는 형태를 취함으로써 구현된다. 소수 차원으로서의 프랙탈의 특성은 시간성·공간성·해석자성이라는 세 측면에 대한 새로운 이해가 확장되는 과정 중에 기존의 이해와 낯선 이해 사이의 회색지대에 해당하는 이해를 가능하게 하는 것이다. 셋째, 무처방적이며 무형식적인 교육의 특징을 반영한다. 학습자의 삶 전반에 대해 알 수 없는 상황에서 사건 및 현상을 단언하는 처방은 해석학적 이해로부터 벗어난다. R－EAP의 해석학적 수업설계모형은 우연적·자생적 학습상황에서 이루어지는 무형식적 교육(Livingstone, 2001)의 특징을 나타낸다. 학습자들의 주도적·자발적인 참여가 중요하며, 수업집단은 학습공동체와 같은 비공식적 CoP(Lave & Wenger, 1991)의 형태로서 구체화될 수 있다. 넷째, 실생활 문제와 학습전이를 중시한다. R-EAP 모형은 근로자의 일상과 관련된 특정 상황을 학습과제로 선정하고 학습자 내면에 지식을 체화하는 실천적 지식 습득의 과정에 초점을 맞춘다. 즉, 실생활 문제에 대한 학습전이를 추구한다.

2 R-EAP 및 수업설계모형 개발의 의의

R-EAP와 이를 구현하기 위한 해석학적 수업설계모형을 개발한 활동은 4가지 측면에서 의의를 찾을 수 있다. 첫째는 관계성 개발 측면, 둘째는 학문의 융합 측면, 셋째는 요구의 통합 측면, 넷째는 부정성 기반의 성장 측면이다. 첫째, **관계성 개발 측면의 의의는** 일반체제이론(Bertalanffy, 1968/1990) 및 해석학(Danner, 2004/2004)과 관련하여 **'관계기반(relations-based)'의 의미**를 개념화하고, R-EAP를 통하여 함양해야 할 **'관계성 개발'의 의미**가 무엇인지를 **구체화**했다는 점이다. '관계'는 가정, 학교, 직장 등 모든 삶의 영역에서 중요시되고 있지만 정작 관계가 무엇인지, 관계성을 개발한다는 것의 의미가 무엇인지를 구체적으로 개념화한 연구는 많지 않았다. 이런 상황에서 '관계기반'의 의미를 '관계 인식(relations) 차원'과 '관계맺음(relationship) 차원'으로 구분하여 제시한 것은 이론적 측면뿐만 아니라, 생활 속에서 관계성을 개발한다는 것이 '관계 인식 차원'과 '관계맺음 차원'에서 각각 어떤 점에 초점을 맞추어 개발해야 하는지에 대한 시사점을 제공했다는 데 의의가 있다.

R-EAP는 학습자인 근로자가 자신의 성장과정 또는 자녀양육 과정에서 경험한 결정적 사건이나 문제상황을 학습과제로 다룬다. 관계성을 개발한다는 것은 학습과제로 선정한 결정적 사건이나 문제상황을 관계 인식 차원에서 확장·심화하고 관계맺음 차원에서 본래적 실천을 수행하

는 것을 의미한다(제3부의 1장 2절을 보라). 나아가 관계성 개발은 학습공동체의 다양성 및 확장 가능성과 연결된다. 문제상황에 대한 보다 다각적이며 전체적인 이해를 위해서는 다양한 관점에 의한 해석이 필요하다. 특정한 한 개인의 지평에서 바라보던 문제상황을 낯설고 상이한 타인의 지평에서도 바라봄으로써, 즉 지평을 확장하고 융합함으로써 새로운 관계 인식과 관계맺음이 가능하다. 이런 측면에서 학습공동체의 다양성을 확보하는 것은 곧 관계성을 개발하는 과정이며, 관계성 개발의 가능성을 확장하기 위해서는 R-EAP 수업을 진행함에 따라 다양한 관점을 가지고 있는 학습자들을 점진적으로 영입할 필요가 있다. 관계성 개발을 위해 새로운 학습자를 영입하는 것의 중요성을 기존 구성원들이 인식할 수 있도록 하는 것은 교수자의 역할이 된다. R-EAP는 기존 구성원들만의 밀착된 관계 결속에 의한 집단사고가 아니라, 다양한 사고를 가능하게 하는 개방적 관계맺음을 통한 집단지성을 촉진함으로써 조직에도 긍정적인 영향을 가져올 수 있다. 관계성 개발 측면은 근로자 개인에게 있어서는 자기성장(자기계발)이며 조직에 있어서는 공동체의 성장을 의미한다.

둘째, **학문의 융합 측면의 의의**는 국내 EAP 생활지원서비스가 주로 단기상담으로 운영됨으로써 가지던 한계를 보완할 수 있는, 즉 **상담과 교육의 장점**을 **융합**하고 **부모교육과 기업교육**을 **연계**함으로써 EAP의 형태를 융합형 교육 형태로 확대했다는 점이다(제2부의 1장과 제3부의 2장 2절 2항을 보라). R-EAP의 해석학적 수업설계모형은 성찰·통찰·실천을 아우르는 수업을 설계한다. R-EAP 수업은 성찰과 통찰을 통하여 깨달음을 지향하는 상담적 요소와, 학습을 통하여 태도와 행동의 변화를 추구하는 교육적 요소를 해석학적 순환에 의하여 융합한다. 국내 EAP 서비스로 제공되는 상담과 부모교육은 단기적으로 운영되는 시간적 제약으로 인하여 문제상황에 대한 근로자의 태도 및 행동의 변화는 물론 깊이 있는 성찰과 통찰에 이르는 데에도 한계가 있었다. 더불어 조직의 물적·인적 자원의 한계로 인하여 다수의 근로자들을 대상으로 상담과 부모교육을 지속적으로 제공하는 것도 어려웠다. R−EAP는 이런 현실적인 한계를 극복하기 위하여 자발적인 CoP의 형태로 수업을 운영함으로써 학습자의 자발적 참여와 협력적 관계맺음을 기반으로 상담 영역의 주요 관심인 성찰과 통찰, 교육 영역의 주요 관심인 변화의 실천을 동시에 담아낼 수 있도록 장기적 수업으로 설계된다. 이는 상담 영역과 부모교육 영역을 모두 다룰 수 있는, 즉 근로자가 성찰과 통찰 그리고 실천으로까지 나아갈 수 있는 R−EAP의 방법론적 융합을 의미한다.

한편 R−EAP는 결정적 사건과 문제상황이 가정과 직장에서 어떻게 연결되는지 삼각구도 분석을 함으로써 가정에서의 관계성 개발이 조직에서의 관계성 개발과 선순환적인 영향 관계를 맺는다는 관점을 취한다. 이는 부모교육과 기업교육을 융합하는 활동으로, R−EAP를 통한 관계 역량 강화와 같은 근로자의 자기성장이 조직의 발전에도 기여할 수 있다는 관점을 반영한 것이다. 직장에서 이루어진 R−EAP의 학습이 가정으로 학습전이 되고, 가정에서 이루어진 부모교육 측면의 자기성장은 다시 기업교육 측면의 자기계발에 긍정적인 영향을 미칠 수 있다. 가정과 직장에서 경험한 결정적 사건과 문제상황을 삼각구도 분석함으로써 부모교육과 기업교육을 융합하는 효과를 가져올 수 있다는 데 의의가 있다.

셋째, **요구의 통합 측면의 의의**는 EAP로 제공되는 기존의 부모교육이 조직의 요구를 충족시키기에 부족함이 있다는 한계를 보완하고자, **근로자의 요구**뿐만 아니라 **조직의 요구**와 **사회·국가적 요구**도 반영하는 근로자지원교육프로그램으로 개발했다는 점이다(제2부의 2장을 보라). R−EAP는 시간적 제약으로 인하여 생활지원 교육에 참여하기 어렵다는 근로자들의 요구를 반영하여 자발적 CoP의 형태를 취함으로써 학습자가 중심이 되어 융통성 있게 수업을 설계하고 운영할 수 있도록 한다. 학습자가 자신의 실생활 문제를 학습과제로 선정하고 실제로 개선할 수 있도록 실천 과정을 수업과정에 포함한다. 한편 R-EAP는 조직지원인식, 지식공유, 다양성, 기업의 사회적 책임, 기업 이미지 등을 높일 수 있는 방안으로 작동하도록 일터와 삶터에서 발생하는 사건들 간의 영향 관계를 통찰하고 변화를 실천하도록 한다. 시대적 요구에 따라 R-EAP를 지원하는 기업은 기업의 사회적 책임을 이행하는 효과를 가져올 수 있다. 기업이 사회적 책임을 수행하는 것은 사회·국가적 측면의 요구와도 연결된다. R-EAP는 사회·국가적 측면에서의 시대적 요구를 반영할 수 있다. R-EAP는 사회적으로 중요한 이슈가 되고 있는 가정폭력 및 학교폭력, 인터넷 중독 및 청소년 비행, 저출산 및 특수가족 문제 등을 다룸으로써 사회·국가적 요구에도 대응할 수 있다.

한편 공약불가능한 패러다임 간에는 갈등이 나타날 수 있는데 R-EAP는 해석학에 기반하여 패러다임 간의 융합을 지향함으로써 이분법적인 사고방식에 의한 갈등을 조율할 수 있다. 해석학은 이분법적인 사고를 지양하며 갈등 및 문제상황에 대한 이해와 수용을 중시한다. 관계 인식을 확장함으로써 이분법적인 사고를 지양하는 R-EAP는 다양성을 인정하고 수용하는 교육적 방안이다. 해석학의 다양한 원리와 개념 및 방법들을 도입하여 문제상황에 대한 선이해와 지평을 확인하고 낯선 지평들 간의 융합을 도모함으로써 공약불가능한 패러다임들 간의 갈등을 수용하는 경험을 제공할 수 있다. 이런 측면에서 R-EAP의 문제상황에 대한 이해는 **갈등 조율**의 문제이며, 이는 곧 관계 개선에 대한 요청이다. 사회적 갈등이 더욱 부각되고 있는 요즘, 이분법적인 사고를 넘어서는 R-EAP의 교육적 지향은 개인과 조직 그리고 사회와 국가 모두의 요구를 충족시키는 갈등관리의 방안이 될 수 있다.

넷째, **부정성 기반의 성장 측면의 의의**는 상심과 좌절 같은 부정성을 통해서 본래적 성장으로 나아갈 수 있도록 설계한 자기교육(Gadamer, 2000/2004)이라는 점이다. 행복이나 성장과 관련된 교육프로그램들은 상당수 긍정심리학(Seligman, 2004/2009)에 기반한다. 그러나 부정적인 정서를 의도적으로 배제하고 긍정적 정서에 초점을 맞추는 긍정심리학은 긍정성의 과잉을 가져와 오히려 불행으로부터 벗어나지 못하는 부정적 결과를 불러올 수 있다(홍경자, 2015). 배움을 가져오는 경험 안에는 고통스러운 경험을 통하여 배우게 되는 부정성의 요소가 내포되어 있다(Gadamer, 1990/2012). R-EAP의 해석학적 수업설계모형은 고통과 좌절의 순간에 맞이하는 상심의 가능성을 전향의 기회로 삼아, 본래적 성장으로 나아가도록 지원하는 부정성에 기반한 성장지향 수업설계모형이다. 실패경험으로서의 결정적 사건을 다루는 R-EAP는 경험의 부정성을 통해서도 인간의 성장을 안내할 수 있다는 철학적 해석학에 기반한다. 교육의 본질은 자기교육이며, 자기교육은 자신의 한계를 지각하는 순간 자신의 힘을 강화하고자 하는 노력에서부터 시작된다(Gadamer, 2000/2004). 자신의 한계를 지각하는 순간은 긍정성의 과잉 상태가 아닌, 고통과 좌절의 순간에 맞이하는 자기자신을 성장으로 이끌고자 하는 부정성의 순간이다. R-EAP를 통한 결정적 사건에 대한 새로운 이해는 **고통과 좌절의 순간**에 이루어지는 **자기교육**을 의미하며, 이는 **자기성장**을 가능하게 한다.

3 R-EAP의 조직 기여 가능성 및 논의 사항

1) HR 측면의 조직 기여 가능성

R-EAP는 가정과 직장 모두에서 관계성 개발을 지향하므로 근로자의 가정생활에 대한 기여뿐만 아니라 조직에도 기여할 수 있다. R-EAP의 조직 기여 가능성은 '제2부의 2장. R-EAP에 대한 HR 관점의 요구'와 연결하여 유추해 볼 수 있다. R-EAP에 대한 조직의 요구 중 조직지원인

식(POS), 이직률, 기업의 사회적 책임(CRS), 기업 이미지와 관련된 R-EAP의 조직 기여 가능성을 살펴보자. 첫째, R-EAP는 **조직지원인식**(POS)에 **긍정적 선행변인**으로 작용할 수 있다. 조직이 자신을 인정해주고 존중해준다고 지각하는 근로자는 조직에 대해서 책임감과 의무감을 느끼고 조직에 몰입하여 보답하고자 한다(김동환, 신호철, 양인덕, 2009; Aube, Rousseau, & Morrin, 2007; Rhoades & Eisenberger, 2002). 근로자는 조직이 지원하는 보상과 애착의 정도에 상응하는 태도나 행동을 조직에 되돌려줌으로써 조직과의 균형적 관계를 유지하려고 한다(Wayne, Shore, & Liden, 1997). Rhoades와 Eisenberger(2002)에 의하면, POS는 근로자의 신뢰를 강화하고 상호호혜적 관계에 정적 영향을 미친다. 또한 직무만족, 정서적 몰입, 성과, 이직 감소 등에 긍정적인 결과를 가져온다고 하였다. 이와 같은 POS의 긍정적 영향 관계로 인하여 조직은 근로자들의 POS 향상 방안을 찾고자 한다.

POS의 선행변인을 살펴보면 Johlke et al.(2002)은 보상관리, 교육훈련, 경력관리, 채용관리 등을 POS에 영향을 미치는 주요요인으로 제시하였다. Guzzo et al.(1994)은 POS의 구성요소를 재정적 유인 요소, 일반적 지원 요소, 가족 지원 요소 등 3가지로 나누고, 자녀 또는 가족과 관련된 교육훈련은 가족 지원 요소에 해당한다고 하였다. 이렇듯 교육훈련은 선행변인으로서 POS에 영향을 미치며, 그중 **자녀나 가족**과 **관련**된 **교육훈련**은 근로자에 대한 실질적인 지원으로 인식되어 **POS에 긍정적 변인**으로 작동하였다. 그러나 POS와 관련하여 간과하지 말아야 할 주요사항은 조직이 실제로 지원을 근로자에게 제공했다고 하더라도 근로자가 이를 인식하지 못한다면 진정한 지원이 아니라는 점이다(Kessler et al., 1985). 조직으로부터 실제로 제공받은 지원을 객관적 지원이라고 하고, 지원을 받고 있거나 필요시 받을 수 있다는 주관적 믿음을 인식된 지원이라고 할 때, 실제로 객관적 지원이 제공되었더라도 그에 대하여 인식된 지원으로 지각되지 않으면 POS에는 아무런 영향을 미치지 못한다는 것이다. POS

는 객관적인 지원의 유무에 의해 결정된다기보다 지원에 대한 근로자의 주관적 지각의 유무에 의해 영향을 받는다. 교육훈련의 궁극적 목적이 근로자에 대한 지원이 아니라 조직을 위한 생산성 향상에 있다고 근로자가 판단하면, **젖소 사회학**으로서 제공되는 거짓 조직지원으로 인식될 수 있다. 따라서 R-EAP는 교육목적과 내용을 조직의 생산성에도 기여할 수 있도록 구성하되, 젖소 사회학으로서 인식되지 않도록 근로자가 원하는 실생활문제를 학습과제로 선정한다.

둘째, R-EAP는 **이직률 감소**와 **채용 및 교육 비용 절감**에 영향을 미칠 수 있다. 조직수준에서 이루어진 가족친화제도를 분석한 선행연구들 중에는 가족친화제도가 이직률과 노동생산성 등에 미치는 영향을 탐색한 연구들(김혜원, 2011; 양동훈, 2017; 이병훈, 김종성, 2009; 전종근 등, 2016)이 있다. 가족친화제도는 자발적 이직률을 감소시키고 1인당 매출액을 증가시키는 것으로 확인되었다(양동훈, 2017). 가족친화인증기업을 대상으로 한 전종근 등(2016)의 연구에서는 가족친화제도를 도입한 기간이 길수록 여성 근로자의 이직의도가 낮게 나타났다. 자녀양육 및 교육지원제도가 이직률과 생산성, 노사관계에 있어서도 간접적으로 긍정적인 영향을 미치고 있어서 조직의 노사안정화를 꾀하는 제도로도 활용될 수 있음을 확인하였다(이병훈, 김종성, 2009). R-EAP의 조직 기여 가능성은 R-EAP가 EAP로서 가족친화제도에 해당한다는 점과 연결된다. 가족친화제도가 이직률, 노동생산성, 노사관계 등에 직간접적으로 영향을 미친다는 선행연구들을 종합해 볼 때, R-EAP는 근로자의 이직의도를 감소시킬 수 있는 방안으로 작동하여 조직의 채용 및 교육 비용을 절감하는 효과를 가져올 수 있다. 근로자들은 R-EAP를 통하여 공통 관심사인 실생활 문제를 함께 고민하고 해결하면서 유사한 어려움을 겪고 있다는 동질감 속에서 정서적 신뢰를 구축할 수 있다. 정서적 신뢰는 근로자들 간에 긍정적 관계를 형성하고, 긍정적 관계맺음은 이직의도를 감소시킬 수 있다. 이는 단기적으로는 매출액이나 생산성 증가로 이어지기 어려울 수 있지만, 조직의 요구인 이직률을 감소시키는 변인이 되어 채용 및 교육 비용을 절감시킬 수 있다.

근로자의 일-가족 갈등이 조직의 생산성을 감소시키는 요인으로 보고되고 있지만, 매출액이나 생산성의 증가 등 재무적 성과를 입증하는 연구 성과는 미흡한 상황이다(이병훈, 김종성, 2009). 이는 근로자의 일-가족 갈등이 생산성 감소로 이어지기는 쉬운 반면, 생산성 증가를 가져오기는 어렵다는 의미로 이해될 수 있다. 바꾸어 말하면, 일-가족 갈등을 관리하지 않으면 생산성의 감소는 짧은 기간 내 단기적으로 나타날 수 있지만, 생산성의 증가를 가져오려면 장기적·지속적인 관리와 지원이 필요하다는 의미로 해석할 수 있다. 특히 국내 EAP 생활지원서비스가 단기적으로 이루어지는 경향을 생각해 볼 때, 선행연구들이 조직의 생산성 증가를 확인할 수 있을 정도로 장기적인 EAP 서비스를 제공한 후에 생산성 증감을 측정했다고 보기 어려운 측면이 있다. 따라서 가족친화제도는 생산성과 관련하여 간접적으로는 효과가 있지만 직접적으로는 효과가 없다고 단언하기보다, 가족친화제도를 제공받는 기간, 즉 지속성의 문제로 파악하는 것이 더 합리적일 것이다.

셋째, R-EAP를 제공하는 것은 **기업의 사회적 책임**(CSR)으로 **인식**될 수 있다. 기업 조직은 EAP를 운영함으로써 복지수준이 우수한 기업으로 인식되고, 사회적 책임을 완수하고 있다는 인식을 얻을 수 있다(최수찬, 2005; 최수찬 등, 2017). 현대는 CSR의 시대라고 칭할 만큼 기업의 사회적 책임은 중요시되고 있다(강승완, 2013). CSR은 기업의 활동 범위가 확대되고 사회에서의 위상이 높아짐에 따라 기본적인 사회적 책임의 완수만으로는 충분하지 않고(김요한, 2009), 기업이 보유한 자원을 활용하여 보다 살기 좋은 사회를 만드는 것이 기업의 중요한 책임으로 부상하였다(김효숙, 2008). 사회적 책임 인식수준이 높은 근로자는 CSR을 다하는 조직에 대하여 긍정적인 인식을 가지며(강승완, 2013), 조직을 판단함에 있어서도 CSR이 중요한 판단기준이 된다(강승완, 2014).

Carroll(1991)은 CSR의 개념을 확장하여 경제적 책임과 법적 책임뿐만 아니라 윤리적 책임과 자선적 책임까지 포괄하였다. Steiner(1979)는 CSR을 종업원과 자원의 이용과 관련된 내부적 책임과, 사회와 문화에 관한 외부적 책임으로 구분하였다. 내부적 책임은 조직 내에서의 사회적 책임으로 종업원의 채용과 훈련, 작업조건, 자원의 효율적인 이용 등과 관련된 책임이다. 외부적 책임은 조직의 경계를 넘어서 사회의 소외계층을 위한 원조나 문화 및 예술에 대한 공헌, 시민의 기본권리 보호, 인간존중 등에 관한 책임이다. 근로자에 대한 생활지원교육으로서의 R－EAP는 Carroll의 구분에 따르면 경제적 책임이나 법적 책임을 넘어선 **윤리적 책임**이나 **자선적 책임**에 해당한다. R－EAP가 조직 내 근로자만을 대상으로 하는 생활지원교육일 경우에는 **내부적 책임**에 국한되지만, 조직 내 근로자뿐만 아니라 그의 가족 혹은 지역사회의 주민과 고객에게도 참여의 기회를 제공한다면 **외부적 책임** 수행으로 볼 수 있다. 그러므로 R－EAP를 제공하는 행위는 기업의 사회적 책임 중 윤리적 책임과 자선적 책임의 이행으로 인식될 수 있다.

넷째, R－EAP를 운영함으로써 **기업 이미지**를 **제고**할 수 있다. CSR은 기업에게 장기적으로 지속가능한 경영활동과 성과 제고의 효과뿐만 아니라, 기업 이미지를 고양하는 데 도움이 될 수 있다는 점에서 중요한 관심사이다(김주헌, 조정, 2011). 기업 이미지는 제품이나 상표와 관련된 것이라기보다 소비자인 대중과 관련 기관들이 기업에 대해 가지는 이미지이자 태도 또는 신념을 말한다(Kunkel & Berry, 1968). 국내 연구에서는 CSR과 기업 이미지 간의 관계에 대한 연구(간형식 등, 2012; 곽강희, 2017; 김요한, 2009; 김주헌, 조정, 2011; 안보섭, 권근혜, 2005; 장설경 등, 2017; 진종훈, 양해술, 2008)가 다수 등장하는데, 이는 CSR을 통하여 기업 이미지를 제고함으로써 조직의 요구를 충족시킬 수 있다는 가능성을 시사한다.

기업 이미지의 선행변인으로서의 CSR(Alpert & Kamins, 2004; Gürhan-Canli & Batra, 2004)은 사회적으로 중요한 이슈, 기업의 환경친화성, 고용의 다양성, 공동체의식, 문화행사나 자선활동에 대한 후원 등과 관련된다(허원무 등, 2007). Winters(1986)는 기업 이미지를 기업행동 이미지, 사회적 행동 이미지, 사회공헌 이미지로 구분하였고, 사회공헌 이미지는 사회적 평판과 문화적 공헌, 사회복지 공헌의 3가지 기부적 이미지를 포함한다고 하였다. R-EAP를 제공하는 행위는 Winters(1986)의 구분에 의하면 **사회공헌 이미지** 중 **문화적 공헌** 또는 **사회복지 공헌**에 해당한다. 교육으로서의 R-EAP는 문화 활동에 해당하므로 문화적 공헌이 될 수 있고, WLB 등 사회적 이슈와 관련된 부분을 지원한다는 측면에서는 사회복지 공헌의 특성을 띤다. R-EAP는 근로자의 일과 삶의 균형에 기여하고 가정에서 기인하는 다양한 사회문제 해결에 기여할 수 있다는 점을 고려하면 기업 이미지에도 긍정적인 변인으로 작동할 수 있다.

2) R-EAP 도입 시 논의 사항

R-EAP는 가정과 직장에서의 근로자의 생활을 통합적 관점에서 지원하는 관계기반의 대안적인 근로자지원교육프로그램이다. 직장 내 근로자들의 자발적인 학습적 관계맺음(CoP 형태)을 기반으로 가정과 직장에서 경험한 결정적 사건과 문제상황에 관한 관계 인식의 범위와 깊이를 확장하고, 관련 대상들과 본래적 관계맺음을 실천한다. 즉, 관계성(관계 역량)을 개발함으로써 일터와 삶터에서의 근로자의 성장과 행복을 지원하는 동시에 조직에도 기여하고자 한다. 관계성 개발을 중요시하는 R-EAP가 조직 내에 도입되어 지속되기 위해서는 도입 전에 세 가지 측면에 관한 사전 논의와 합의가 필요하다. 첫째, 조직이 제공하는 교육에 대하여 근로자들이 진정한 조직지원으로 인식할 수 있어야 한다는 점이다. 둘째, 관계

성 개발 교육은 앎과 함과 삶이 하나가 되도록 장기적·지속적으로 운영해야 한다는 점이다. 셋째, R-EAP의 수업·수업설계·수업설계모형은 고정된(being) 것이 아니라 되어감(becoming)의 과정임을 수용할 수 있어야 한다는 점이다.

첫째, 근로자들이 R-EAP에 대하여 **진정성 있는 조직지원**으로 인식할 수 있도록 조직 차원에서의 사전 논의가 이루어져야 한다. 조직의 지원적 문화는 조직 구성원의 자발적 몰입과 자기주도적 학습을 촉진하는 데 중요한 요소로 대두되고 있다(Song, Lim, Kang, & Kim, 2014). 그렇지만 조직이 근로자에게 실제로 지원을 제공했다고 하더라도 근로자가 이를 인식하지 못한다면 진정한 조직지원이 아니다(Kessler et al., 1985). 근로자의 복지를 위한 교육이라고 할지라도 **젖소 사회학**(최동석, 2001)의 관점에서 조직이 생산성 향상을 위하여 근로자를 착취하는 수단으로 교육을 제공한다고 인식하면 오히려 POS에 부정적 영향을 미칠 수 있다.

> '회사가 우리한테 들어와서 나를 변화시켜서, 뭐 회사의 성과를 좋게 하려고 하는 거 아니야? 이거?' (웃음) 그런 관점들이 있어요. … 문제를 자기가 인식해야 되는 건데, 그거(교육)를 하는 거 자체가 '조직의 이익을 위해서 하는 거 아니야? 내가 거기에 왜 활용돼야 돼?'라는 생각을 가진 사람들이 무작정 있어요. 그냥 있다고 보시면 돼요. (OS(1)-E-REM-2.5)

조직에서 제공하는 교육에 대하여 근로자들이 젖소 사회학(최동석, 2001)의 관점으로 바라보는 인식은 관계성 개발 교육을 시행하는 데 장애요인으로 작용할 수 있다. '조직의 이익을 위해서 하는 거 아니야? 내가 거기에 왜 활용돼야 돼?'라는 근로자의 인식은 조직의 성과를 위해 근로자의 변화를 강제하는 교육에 대한 거부의사를 나타낸다. 조직이 의도하든 의도하지 않든 R-EAP를 도입하여 POS가 향상되기 위해서는 젖소 사회학적 도구로서의 교육이 아닌, 근로자의 성장과 복지를 위하여 조직이 진정성 있는 지원적 교육을 제공하고 있다고 근로자가 인식해야 한다. R-EAP의 해석학적 수업설계는 학습자 주도로 학습자의 상황에 맞는 수업을 설계함으로써 근로자의 실생활 문제를 다룰 수 있도록 하여 진정한 지원을 받고 있다고 인식할 수 있도록 한다. 따라서 R-EAP는 top-down 방식이 아니라 bottom-up 방식의 교육으로, **생활지원에 대한 근로자의 절실한 필요**에 의하여 시작되는 무형식적 교육으로 운영하는 것이 바람직하다. 이에 대한 **조직 차원의 논의와 지지**가 전제되어야 한다.

둘째, R-EAP는 가정과 직장의 실생활 문제를 중심으로 앎과 함과 삶이 하나가 될 수 있도록 **장기적·지속적으로 운영**해야 한다는 점에 합의가 필요하다. 관계성 개발 교육은 조급함과 성급함을 경계해야 한다. R-EAP의 해석학적 수업은 완성된 지식을 단기간에 직접전달 방식으로 제공하는 것을 지양한다. 태도나 가치관과 관련된 전환적 변화를 추구하는 교육의 경우, 학습자가 좌절하는 상심의 순간을 포착하여 장기적·지속적으로 **지행겸행**(知行兼行)할 수 있도록 지원함으로써 학습자가 스스로 변화를 설계하고 실천할 수 있도록 하는 것이 중요하다. 근로자가 가정과 직장에서 지속적으로 겪게 되는 생활 관련 어려움은 알지 못해서 변화하지 못하는 것이 아니라, 아는 것을 삶을 통해 행하지 못해서 변화하지 못하는 경우가 많다.

> 강의를 계속 들었음에도 불구하고 삶에 변화가 있느냐라는 질문에 'No'라고 답한 사람들에게 왜 변화가 없느냐고 물어보면, 그건 그냥 일반적인 얘기들이라고 표현을 해요. '그냥 그건 이론이잖아요.' 보통 사람들은 머리로 하는 것과 실제의 삶이 다르다고 인식을 해요. 그 이유가 '아는 것은 아는 것일 뿐이고 실제적인 삶은 달라요.'예요. 그러니까 내가 뭘 안다고 해서 이걸 통해서 내 삶을 바꿔보겠다고 하는 사람이 별반 많지 않은 거예요. (FS(1)-B-REM-2.3)

'보통 사람들은 머리로 하는 것과 실제의 삶이 다르다고 인식을 해요.'라는 언급에서 알 수 있듯이, 교육을 통해 삶을 변화시키지 못하는 많은 사람들은 아는 것은 머리로 하는 이론일 뿐 실제 삶은 아는 것과 분리되어 있다고 생각한다. 그러나 지행분리(知行分離)에 대한 현장의 우려는 불식되어야 하고, 지행겸행을 위한 새로운 형태의 교육이 다양하게 모색되어야 한다. '앎과 함과 삶은 하나다', '앎을 알면 얽매인다'(Maturana & Varela, 1984/2020)라는 의미와 연결된다. VUCA의 시대에 앎은 머리로 하는 인지적 학습으로 끝나는 것이 아니라, 복잡하고 모호한 문제상황에 실제로 적용해보고 그 결과를 다시 앎으로 체화하는 삶으로서의 앎이어야 한다. R−EAP의 해석학적 수업은 관계성 개발을 위하여 **성찰·통찰·실천의 과정**을 **삶을 통하여 체화**할 수 있도록 실생활 문제를 중심으로 장기적인 교육을 전제한다. 이를 위하여 경영 조직과 HRD 담당자, 수업설계자로서의 교수자와 학습자는 이해·해석·적용의 동시성(Gadamer, 1990/2012)을 수업에 반영하여 학습자가 배운 것을 삶 속에 적용할 수 있도록 장기적인 교육에 대한 합의와 실질적인 지원방안에 대한 논의가 있어야 한다. 장기적인 교육은 EAP의 도입과 추진에 가장 큰 장애요인이 조직의 인적·물적 자원의 부족(임성견, 우종민, 2011)이었다는 점과 연결되는 문제이다. R−EAP는 조직의 인적·물적 자원의 한계를 보완하는 방안으로 자발적 CoP의 운영 형태와 사용자−설계자 관점(Banathy, 1991)을 취하여 근로자의 절실한 요구를 쉽게 수업에 반영할 수 있도록 함으로써 학습자의 행위주체성과 학습동기를 지속적으로 유지할 수 있도록 한다.

셋째, R−EAP의 해석학적 수업과 수업설계, 수업설계모형은 고정된(being) 것이 아니라 관계 이해와 관계맺음이 늘 새롭게 **변화되어가는(becoming) 과정**과 관련된 것임을 수용할 수 있어야 한다. 완성된 지식을 외부에서 제공하는 것이 아니라, 수업 참여자들이 변화되어가는 과정을 스스로 설계하며 수업의 완성도를 점진적으로 높여가는 성장의 과정이

R-EAP의 본질이다. 지식은 실천 과정을 통하여 체화되고 전문성은 실천 중에 암묵적으로 형성되며 시간 속에서 변화한다. 비구조화된 결정적 사건의 관계 이해는 정답이 정해져 있지 않거나 때로는 정답이 존재하지 않는 경우도 있으므로 R-EAP의 수업과 수업설계, 수업설계모형은 정답의 발견보다 참여자 간의 지평융합(Gadamer, 1990/2012)에 의한 **관계 이해의 과정에 관심**을 둔다. 학습자의 전환적 배움의 순간인 상심의 가능성(임병덕, 2003)을 기다리고 포착하여 무처방적 지지로 변화되어가는(becoming) 과정을 설계한다. 이는 VUCA의 시대적 변화와 교육적 요청은 '떼려야 뗄 수 없는' 공속(Heidegger, 1978/2000)적 관계에 놓여 있음을 수용하는 문제이기도 하다.

합리주의 시대에는 논리적이며 합리적인 사유에 기반하여 세계를 바라보았고, 이분법적 사고에 의하여 문제를 해결하고자 하였다. 합리주의 시대의 선형적 사고방식은 '관계'에 대한 이해도 부분에 대한 절차적 분석을 통하여 전체의 관계도 온전히 파악할 수 있다는 환원론적 관점을 취하였다. 그러나 합리주의 시대를 지나 **VUCA의 시대**에 살고 있는 우리는 특정한 절차를 따라가면 저절로 전체에 대한 관계 이해에 다다를 수 있고 정해진 진리나 정답을 발견할 수 있는 것은 아니다. 복잡성 과학에서는 교수행위를 통해 특정한 결과를 지향한다고 해도 결과가 가장 잘 성취될 수 있는 경로를 따라가는 것은 아니다(Davis, 2004/2014). 불확실성의 시대에는 목표를 설정하고 특정 결과를 의도한다고 해도 가장 효율적이며 효과적인 경로가 무엇인지 알기 어렵고, 또한 그 경로를 따라간 결과가 최상의 결과라고 예단할 수도 없다. R-EAP는 창발적이며 참여적인 학습 조건을 설계하며, **예상하지 못한 과정과 결과**에 대해서도 기꺼이 받아들일 수 있는 개방적이며 **수용적인 조직 문화**를 필요로 한다. 그러므로 복잡계의 비구조화된 문제상황을 해결하고자 하는 R-EAP는 최적의 과정과 최상의 결과를 예측하여 고정된 형태로 수업설계를 하는 것은 바람직하지 않다. R－EAP 수업이 이루어지기 전에 완성된 커리큘럼을 제공하는 것은 모순이며 경계해야 할 일이다. 합리적 이성에 의한 명확한(being) 해결책을 바라는 데카르트적 사유와, 시대적으로 그러한 해결책을 제공받을 수 없는(becoming) 데카르트적 불안(Bernstein, 1983/2017) 사이에서 오는 딜레마를 경영 조직과 HRD 담당자, 교수자와 학습자 간에 조율해야 한다.

VUCA의 시대에 복잡계에서 살아가는 인간은 부모가 됐든 자녀가 됐든, 또는 상사가 됐든 부하가 됐든, 결정적 사건이나 문제상황에 있어서 관계에 대한 이해의 폭과 깊이를 더하는 것은 인식의 지평을 넓히고 삶에 대한 통찰력을 키우는 데 필수적이다.

R-EAP를 통한 결정적 사건 및 문제상황에 대한 새로운 이해와 해결 과정은 자기교육(Gadamer, 2000/2004)으로서 과거·현재·미래(시간성)를 통찰하는 자기성장(자기계발)의 과정이다. 또한 일터와 삶터(공간성)를 연계하여 이해를 확장하는, 즉 가정에서의 사건과 직장에서의 사건 간의 영향 관계를 통찰함으로써 근로자와 조직이 함께 성장할 수 있도록 한다. 이는 자기교육으로서의 자기성장을 확장하여 공동체적 성장으로 나아갈 수 있도록 하는 것이다.

에필로그

R-EAP는 매순간 목표를 향해 매진하는 '행복 추구'라기보다 홍운탁월(烘雲托月)과 같은 자연스럽게 이르는 행복을 지향한다. 홍운탁월은 하얀 여백에 직접 달을 그리는 것이 아니라, 달을 감싸고 있는 구름을 그림으로써 자연스럽게 달이 드러나도록 한다. R-EAP는 행복감을 추구하기보다 근로자들이 양육 및 생활 관련 어려움을 함께 해결해가는 과정에서 자기교육으로서의 자기성장이 이루어지고, 그 영향이 다른 근로자들에게 확산되어 장기적으로는 조직의 성장에도 도움이 되는 선순환적인 홍운탁월의 고리를 그리고자 한다.

에필로그

R-EAP는 근로자를 위한 EAP 생활지원서비스의 성격을 띠는 교육 프로그램이지만, 근로자를 대상으로 직장에서만 운영될 수 있는 교육프로그램은 아니다. R-EAP는 **가정, 학교, 지역사회 등**에서도 **관계성 개발**을 위한 교육으로 운영될 수 있다. 먼저, R-EAP는 **가정에서 부모교육 및 양육상담 측면**에서 관계성을 개발하는 데 활용될 수 있다. 가정에 있어서 '관계'의 중요성은 두 가지 측면에서 논의되었다. 첫째, 가정은 생애발달사적 측면에서 관계성을 개발하는 출발지이고, 가정에서 개발된 관계성은 생애 전반에 걸쳐 인간의 정서적·사회적 발달과 관련하여 지속적인 영향을 미치므로 중요하다. 부모교육은 생애발달사적 측면에서 영유아를 자녀로 둔 부모들에게만 필요한 것이 아니라, 아동과 청소년 그리고 성인을 자녀로 둔 부모들에게도 필요하다(Feldman & Scherz, 1967; 정채옥, 2009). 부모교육은 자기이해를 기반으로 생애주기별로 부모로서의 삶의 특징과 역할에 대한 끊임없는 학습과, 자녀에게 수행해야 할 실천적 가르침에 대한 통찰을 지속적으로 제시할 수 있어야 한다.

또한 부모는 VUCA의 시대를 살아가야 할 자녀에게 문제상황에 대한 관계 인식을 넓혀주기 위해, 다양한 해석과 총체적인 통찰을 할 수 있도록 다각적인 관점을 보여주는 역할을 수행해야 한다(김현경, 유영만, 2018). 불확실성과 복잡성의 시대에 부모는 자녀에게 비구조화된 문제에 대해 명확한 정답을 제시해 줄 수 없다. 단지 문제상황에서 관계 인식의 폭을 확장하고 관계맺음을 개선할 수 있도록 다양한 관점을 보여주고 선택할 수 있도록 지원할 수 있을 뿐이다. 이런 상황에서 R-EAP는 가정에서 관계성 개발을 위한 장이며 도구로써 활용될 수 있다. 가정은 가족 구성원 모두가 문제상황과 관련하여 다양한 관점을 나누며 새로운 성찰과 통찰을 통하여 변화를 실천하는 가장 기본적이면서도 가장 핵심적인 관계성 개발을 위한 지반이다. **형형색색** 너무나도 **다른 빛깔**을 지닌 **부모와 자녀**들은 갈등의 원인이거나 포기해야 할 대상이 아니라, 다양한 관점을 제공해주고 갈등 조율을 연습할 수 있는 **관계성 개발**을 위한 **최적의 조건**이 된다. 또한 가정에 영향을 미치는 다양한 문제상황(가족 구성원의 문제, 자녀의 학교 내 문제, 부모의 직장 내 문제 등)은 R-EAP 수업에 있어서 관계성 개발을 위한 최적의 학습과제가 된다.

다음으로, R-EAP는 **학교에서 융합교육 및 생활지도 측면**에서 관계성을 개발하는 데 활용될 수 있다. 2015 개정 교육과정은 지식정보사회가 요구하는 핵심역량을 함양하여 창의융합형 인재를 양성하는 것에 중점을 두었고, 구체적 방안으로 융합교육과 STEAM 교육을 활성화하고자 하였다. 2022 개정 교육과정의 개정 방향도 불확실성에 대응할 수 있는 기본역량 및 변화대응력을 키워 포용성과 창의성을 갖춘 주도적 인간을 육성하는 것을 중요시한다(교육부, 2021b). 2022 개정 교육과정은 특히 인간상 설정 시 자기 주도성(주체성, 책임감, 적극적 태도), 창의와 혁신(문제해결, 융합적 사고, 도전), 포용성과 시민성(배려, 소통, 협력, 공감, 공동체 의식)을 고려사항으로 제시하였다(교육부, 2021a: 12). '창의와 혁신'이 가능하기 위해서 '문제해결' 역량과 '융합적 사고' 역량이 중요하며, 이를 위해서는 해결하고자 하는 문제상황의 다양한 '관계'를 파악하고 **융합적 사고**에 의해 **'관계'**를 **연결**

할 수 있어야 한다. 또한 복잡계의 문제상황에 대한 '관계' 파악은 한 개인의 관점보다 **협력적 활동**에 **기반**한 **다양성**과 **융합적 관점**을 도입하는 것이 보다 효과적이다. '포용성과 시민성'을 키우기 위해서 '배려, 소통, 협력, 공감, 공동체 의식'을 중요시한 까닭도 이와 같은 관점에서 이해할 수 있다.

학교교육에 있어서 관계성을 개발하는 것은 미래사회를 살아갈 학생들에게 필수조건이 되었다. 창의융합형 인재를 양성하기 위한 융합교육과 STEAM 교육은 융합을 위한 다양한 학문 영역 간의 관계 인식을 필요로 하며, 문제해결을 위한 학습자들 간의 포용적인 관계맺음이 중요하다. R－EAP의 해석학적 수업에서 실생활의 문제상황에 대한 관계 인식의 확장과 본래적 관계맺음의 실천은 주요활동이 되므로, 융합교육과 STEAM 교육을 위한 **기본태도**를 **함양**하는 교육으로 도입할 수 있다. 또한 R－EAP는 학교에서 일어나는 다양한 갈등상황(학생－학생, 학생－부모, 학생－교사, 교사－부모, 교사－교사 간)을 학습과제로 선정하면, 문제를 해결해가는 과정에서 자연스럽게 **생활지도** 또는 **생활상담**을 위한 **교육적 방안**으로 활용할 수 있다. VUCA의 시대에는 첨단과학기술을 활용할 수 있는 디지털 소양 교육이 중요시되지만, 실생활 문제를 해결하기 위해서는 학교교육은 여전히 학생들에게 다양한 관점의 차이를 수용할 수 있는 기본태도를 길러주어야 한다. 더불어 본래적 관계맺음을 실천하는 경험을 제공하고 융합적 문제해결을 통한 새로운 지식과 가치를 창출할 수 있도록 지원해야 한다. 이런 과정 중에 R－EAP를 도입하면 **문제상황 및 갈등상황**에 대한 **이해와 수용**의 폭을 넓힐 수 있을 것이다.

VUCA의 시대에 복잡계에서 살아가는 인간은 **부모가 됐든 자녀가 됐든**, 또는 **상사가 됐든 부하가 됐든**, 결정적 사건이나 문제상황에 있어서 관계에 대한 이해의 폭과 깊이를 더하는 것은 인식의 지평을 넓히고 삶에 대한 통찰력을 키우는 데 필수적이다. 그러나 부모들은 문제상황에서 자녀에게 **다양한 관점**을 **보여주기**보다 **길을 잃고 머뭇거리는 경우**가 많다.

A: 대화할 때 어떤 프레임이 있었으면 좋겠다는 생각이 든 게, 저는 갑자기 백지가 되면서 애는 막 얘기를 하는데 내가 무슨 말을 해야 될지 잘 모르겠고. 막 '어, 속상하겠다.' 이러고만 있고. 뭔가 제 안에 프레임이 있어서 1번, 2번, 3번을 쭉 학습하면 어떤 케이스가 들어와도 그걸로 이렇게 얘기를 할 수 있으면 좋겠다는 생각이 들었어요.

B: 저는 이 주제로 얘기해야지. 내 마음 속에 이걸 딱 가지고 얘기를 했는데, 갑자기 하다가 다른 데로 막 삼천포로 가는… 이론적으로는 알겠는데 뭘 말해야 될지 모르겠는, 애한테 그냥 끌려가다가 결국은 그렇게 하다가 끝나버리고.

D: 훈육을 어떻게 할 것인가에 대해서 고민을 했어요. 어떻게 환경을 만들어서 어떻게 이해를 시키고, 아빠의 입장에서 어떻게 말을 해야 되고.

(PT_3－6_A, B, D)

부모는 문제상황에서 자녀에게 다양한 관점을 보여주기보다 문제해결을 위한 손에 잡히는 프로세스를 원한다. 1번, 2번, 3번을 따라가면 삼천포로 빠지지 않고 어떤 케이스에도 적용할 수 있는 프레임을 제공받기 원한다. 이는 VUCA의 시대에 데카르트적 불안(Bernstein, 1983/2017)이 만들어낸 현상이며, COVID－19 팬데믹으로 인하여 소통이 더욱 어려워진 상황에서 일상의 삶이 더욱더 버거워졌음을 의미한다. 그러나 VUCA의 시대에 모든 문제상황을 해결하고 불안을 제거할 수 있는 만능열쇠와 같은 프로세스는 존재하지 않는다. 복잡계에서 비구조화된 문제를 해결하고자 하는 사람은 **불안을 삶의 일부로** 받아들이는 **수용력과 포용력**을 키워야 한다. 이제 불안은 delete key를 눌러 삭제해야 할 대상이 아니라, 삶 속에서 견디고 받아들여야 하는 일상이 되었다. 자신과 타인에게 영향력을 발휘하고자 하는 사람은 **불안과 고통** 속에서 **자기 자신**을 **성장**시킬 수 있어야 한다.

교육의 본질은 자신의 한계를 지각하는 순간에 자신의 힘을 강화하고자 하는 노력에서부터 시작되는 **자기교육**이며(Gadamer, 2000/2004), 참된 이해는 낯선 지평을 통하여 낯선 곳에서 나를 만나는 것이다(한국문화인류학회, 2006). 자신의 한계를 지각하는 것은 낯선 상황에서 낯선 지평에 의해 자기 자신을 달리 바라볼 수 있을 때 가능하다. 우리가 기존에 가지고 있던 자신에 대한 인식은 낯선 관점과 익숙하지 않은 상황에 부딪히게 됐을 때 한계를 드러내고, **자신의 한계**에 대한 **참된 이해**가 있을 때 자기를 성장시키고자 한다. 자기에 대한 어제와 다른 인식은 세계에 대한 해석을 달리하게 하고, 그에 따라 자신과 관계 맺는 세계도 달라질 수 있다. 이런 관점에 비춰볼 때 인간의 본래적 성장을 지향하는 R-EAP는 자기교육(Gadamer, 2000/2004)과 맥을 같이한다. R-EAP를 통한 결정적 사건 및 문제상황에 대한 새로운 이해와 해결 과정은 자기교육(Gadamer, 2000/2004)으로서 과거·현재·미래(시간성)를 통찰하는 자기성장(자기계발)의 과정이다. 또한 일터와 삶터(공간성)를 연계하여 이해를 확장하는, 즉 가정에서의 사건과 직장에서의 사건 간의 영향 관계를 통찰함으로써 **근로자와 조직**이 **함께 성장**할 수 있도록 한다. 이는 자기교육으로서의 **자기성장**을 **확장**하여 **공동체적 성장**으로 나아갈 수 있도록 하는 것이다.

특히 R-EAP는 고통과 좌절의 순간에 깨닫게 되는 자신의 한계를 배움의 순간인 상심의 가능성(임병덕, 2003)으로 전환하여 성장할 수 있도록 지원한다. 가정과 직장에서 겪는 결정적 사건과 문제상황은 자신의 한계를 지각하게 하는 고통과 상심의 순간이 된다. 그러나 이런 상심의 가능성은 자신의 익숙한 지평과 타인의 낯선 지평 간의 융합을 통하여 결정적 사건 및 문제상황에 관한 인식론적 이해와 존재론적 이해를 새롭게 한다. 일터와 삶터에서 근로자가 경험하는 결정적 사건이나 문제상황은 관계에 대한 인식론적 이해를 확장함으로써 해결할 수 있는 상황도 있고, 그것을 바라보고 해석하는 사람들 간의 존재론적 관계맺음을 통하여 해결될 수도 있다. R-EAP는 존재론적 측면과 인식론적 측면에서 자신의 선이해에 대한 성찰과 타인의 의미 세계에 대한 이해를 포괄하며, 관계 인식을 확장하고 본래적 관계맺음을 실천하는 R－EAP의 방법론적 활동을 통하여 문제상황을 해결하고자 한다.

R-EAP의 해석학적 수업설계모형은 부정성을 내포하는 결정적 사건들이나 문제상황 안에서도 삶의 의미를 성찰하고 통찰함으로써 스스로 변화를 실천하고 성장할 수 있도록 지원한다. 자녀양육의 문제가 되었든 직장에서의 관계의 어려움이 되었든 근로자들이 공통적으로 관심을 갖는 비구조화된 문제상황에 대하여 학습자 자신의 선이해와 지평을 확인하고 상호 개방할 수 있도록 한다. 이때 학습자들이 각자의 지평을 자유롭게 드러내어 낯설고 이질적인 지평을 접할 수 있도록 하며, 기존의 지평을 넘어 새로운 지평융합을 실천할 수 있도록 **관계의 장**을 **점진적**으로 **확대**해야 한다. 태도와 가치관 등에 변화를 가져올 수 있는 결정적 사건에 대한 새로운 이해는 익숙한 지평이 아닌 낯선 지평과 만날 때 새로운 통찰이 가능하다. 비본래적인 상심의 순간에 본래적인 성장으로 돌아서는 전향적인 변화도 그 사람이 살아온 시간성과 공간성을 넘나들며 해석자성에 의하여 세계에 대한 관계를 새롭게 통찰할 때 가능하다.

관계는 체제를 구성하는 핵심적인 요소로서 사건이나 현상에 대한 이해뿐만 아니라 인간의 태도와 행동에 대한 이해와 그에 대한 전향적인 변화 역시 체제로서의 관계 안에서 이해되어야 한다. 자녀에서 부모로, 부하에서 상사로 성장해가는 근로자는 일터와 삶터의 체제 안에서 수많은 관계들과 얽혀있고 매순간 관계맺음을 수행하며 살아간다. 그리고 누구나 그 안에서 불행한 삶이 아닌 행복한 삶을 희망한다. 그렇지만 Frankl(1988/2005)이 말했듯이 **'행복 추구'**는 오히려 행복을 좌절시키고 행복으로부터 스스로 멀어지게 만드는 결과를 초래할 수 있다. 반면 행복할 이유가 있다면, 다시 말해 행복할 수 있는 **삶의 의미**를 찾을 수 있다면 자연스럽게 행복에 이를 수 있다.

R－EAP는 확고한 목표를 설정하고 매 순간 그 목표를 향해 매진하는 '행복 추구'라기보다 **홍운탁월**(烘雲托月)**과 같은 자연스럽게 이르는 행복**을 지향한다. 홍운탁월은 하얀 여백에 직접 달을 그리는 것이 아니라, 달을 감싸고 있는 구름을 그림으로써 자연스럽게 달이 드러나도록 한다. R－EAP의 해석학적 수업은 행복감을 추구하기보다 인식론적·방법론적 해석학에 기대어 관계에 대한 이해를 확장하고, 존재론적 해석학에 의탁하여 본래적 관계맺음을 실천함으로써 일터와 삶터의 근로자들이 나날이 지평을 확장하고 융합하여 본래적인 성장으로 나아갈 수 있도록 한다. 근로자들이 R－EAP를 통하여 **양육 및 생활** 관련 어려움을 함께 해결해가는 과정에서 자기교육으로서의 **자기성장**(자기계발)이 이루어지고, 그 영향이 다른 근로자들에게 확산되어 장기적으로는 **조직의 성장**에도 도움이 되는 선순환적인 홍운탁월의 고리가 만들어지기를 희원해 본다.

본 저술을 마무리하며 이 글을 시작할 때 가졌던 바람을 확인해 보자. 지금 당신의 마음속에 '**아, R-EAP는 대충 이런 모습으로 그려질 수 있겠구나. 나도 동료들과 함께 R-EAP 커뮤니티를 한번 만들어볼까?**'라는 생각이 떠오르는지? R－EAP의 수업설계모형에 차용된 철학적 개념과 성찰·통찰·실천의 방법론적 난제를 최대한 쉽게 풀어내어 독자의 이해를 돕고자 하였으나 아직 부족함이 많다. 본 저술은 R－EAP에 대한 개론서(입문서)의 성격을 갖는다면 **후속 저술**은 R－EAP의 해석학적 수업을 구현하는 **실천서**의 성격을 띨 것이다. R－EAP의 해석학적 수업이 어떻게 자기교육으로서의 자기성장(자기계발)을 가져오고 그것이 공동체(가정, 조직, 지역사회 등)의 성장으로 이어질 수 있는지, 즉 R－EAP에 의한 성장을 향한 홍운탁월의 과정은 후속 저술을 통하여 좀 더 구체적으로 그려질 것이다. 후속 저술에서 지금 느끼는 부족함과 아쉬움을 좀 더 채울 수 있기를 기대해 본다.

참고문헌

간형식, 류정혜, 최한아(2012). 기업의 문화지원 시 새로운 문화 마케팅 브랜딩이 기업 이미지에 미치는 영향. 상품학연구, 30(2), 9-18.

강승완(2013). 윤리적 리더십과 기업의 사회적 책임에 대한 종업원 태도 간의 관계. 한국콘텐츠학회논문지, 13(12), 447-454.

강승완(2014). 리더-부하 적하효과(trickle-down effect)에 대한 탐색적 연구: 조직윤리기준 인식 명확성과 사회적 책임 인식수준. 인사조직연구, 22(2), 35-62.

곽강희(2017). 조직의 사회적 책임활동, 이미지, 그리고 취업기업선호도 간의 상관관계: 기업이미지의 매개효과를 중심으로. 관광연구저널, 31(9), 59-70.

교육부 대학지원실(2013). 고등교육 종합발전 방안(시안). https://www.moe.go.kr/boardCnts/view.do?boardID=339&boardSeq=49870&lev=0&m=02 에서 2013. 08. 13 검색

교육부(2021a). 2022 개정 교육과정 총론 주요사항(시안). https://www.moe.go.kr/boardCnts/viewRenew.do?boardID=294&boardSeq=89671&lev=0&searchType=null&statusYN=W&page=1&s=moe&m=020402&opType=N 에서 2021. 11. 24 검색

교육부(2021b). 2022 개정 교육과정 총론 주요사항의 신·구 대비표. https://www.moe.go.kr/boardCnts/viewRenew.do?boardID=294&boardSeq=89671&lev=0&searchType=null&statusYN=W&page=1&s=moe&m=020402&opType=N 에서 2021. 11. 24 검색

국립국어원(2008). 표준국어대사전. http://stdweb2.korean.go.kr/search/View.jsp 에서 검색

권대봉, 조대연(2019). HRD essence: 시스템 접근 기반(수정판). 서울: 박영스토리.

권성연, 김혜정, 노혜란, 박선희, 박양주, 서희전, … 최미나(2018). 교육방법 및 교육공학. 파주: 교육과학사.

권혁기, 박봉규(2010). 변혁적 리더십과 자기효능감이 직무만족에 미치는 영향. 인적자원관리연구, 17(2), 203-218.

김광현, 이찬, 고승연(2017, 4, 3) [DBR/Special Report] 채용이냐 육성이냐 … 인재관리, 그것이 문제로다. 동아일보. http://news.donga.com/Economy/more29/3/all/20170402/83654257/1 에서 검색

김대성, 최수찬, 우종민, 류향우, 이경용, 양경영, …. 박경희(2006). 한국형 근로자지원프로그램(EAP)의 개발 및 적용가능성 연구 (보건분야-연구자료 연구원 2006-212-934). 산업안전보건연구원.

김동환, 신호철, 양인덕(2009). 조직공정성과 조직시민행동의 관계에서 조직지원인식의 매개역할에 관하여. 인사조직연구, 17(4), 47-85.

김상미(2009). 초등수학 영재교육원 학생들의 프랙탈 구성 방법 분석. 수학교육학연구, 19(2), 341-354.

김성남(2018). 미래조직 4.0: 4차 산업혁명 시대 기업과 리더의 성공 바이블. 서울: 더퀘스트.

김승호(2007). 수업의 근본구조 탐색. 교육과정연구, 25(3), 193-214.

김신자, 이인숙, 양영선(2006). 교육공학의 이론과 실제. 서울: 문음사.

김영천(2013). 질적연구방법론 Ⅱ: Methods(초판). 파주: 아카데미프레스.

김영천(2016). 질적연구방법론 Ⅰ: Bricoleur(3판). 파주: 아카데미프레스.

김영환, 이승민, 강두봉(2017). 부모교육 관련 국내 연구동향 분석. 교육문화연구, 23(3), 75-94.

김요한(2009). 기업의 CSR 활동 광고와 기업의 관련성이 기업 이미지에 미치는 영향: 사전 기업 이미지와 CSR 광고의 형태를 조절변인으로. 미디어 경제와 문화, 7(4), 96-146.

김재건, 이홍숙(2008). 체제적 관점에서의 수업이론 변화과정에 관한 분석연구. 국제경상교육연구, 5(1), 63-102.

김정원(1999). 부모교육 프로그램의 개발과정에 관한 연구. 박사학위논문, 이화여자대학교 대학원.

김종표(2006). 기업교육론. 파주: 양서원.

김주헌, 조정(2011). 외국기업의 CSR 활동이 기업이미지와 구매의도에 미치는 영향. 국제경영리뷰, 15(3), 1-23.

김현경(2019a). 관계기반 근로자지원교육프로그램(R-EAP)의 해석학적 수업설계모형 개발. 박사학위논문, 한양대학교 대학원.

김현경(2019b). 관계기반 근로자지원교육프로그램(R-EAP)에 대한 요구분석적 탐색. 경영교육연구, 34(5), 219-251.

김현경(2019c). 관계기반 근로자지원교육프로그램(R-EAP)의 교육적 지향: 자녀양육 및 생활 지원을 중심으로. 열린부모교육, 11(4), 1-26.

김현경(2022). COVID-19 시대 대학교육에서의 상호작용 수업컨설팅: 질의응답 및 협력학습을 중심으로. 학습자중심교과교육연구, 22(3), 299-321.

김현경, 강수돌(2015). 커뮤니케이션 풍토가 지식공유 의도에 미치는 영향. 경영교육연구, 30(4), 405-433.

김현경, 류옥현(2021). 대학교육에서의 역량기반 융합교과 개발 사례연구: '생산시스템실무'의 개발 지침 및 원리를 중심으로. 학습자중심교과교육연구, 21(13), 767-792.

김현경, 유영만(2017). 결정적 사건으로 바라본 부모로서의 삶에 대한 의미 찾기. 교육인류학연구, 20(1), 99-133.

김현경, 유영만(2018). 대안적 부모교육 프로그램의 개념적 관계망 개발을 위한 질적 연구. 열린부모교육연구, 10(1), 1-30.

김현경, 유영만(2020a), 관계기반 근로자지원교육프로그램(R-EAP)의 해석학적 수업설계모형 개발을 위한 이론적 탐색. 기업교육과인재연구, 22(1), 195-229.

김현경, 유영만(2020b). 관계기반 근로자지원교육프로그램(R-EAP)의 개념적 모형과 교육적 지향의 관계 이해. 질적탐구, 6(3), 35-74.

김현경, 유영만(2021). 관계기반 근로자지원교육프로그램(R-EAP)의 구현을 위한 학습자중심 활동방법에 대한 해석학적 이해. 학습자중심교과교육연구, 21(3), 235－265.

김혜경(2014). 부모교육 프로그램 및 개발 연구의 동향 분석. 아동과 권리, 18(3), 331－366.

김혜영(2013). 융합교육의 체계화를 위한 융합교육의 방향과 기초융합교과 설계에 대한 제언. 교양교육연구, 7(2), 11－38.

김혜원(2011). 가족친화제도와 기업성과. 노동정책연구, 11(3), 1－24.

김효숙(2008). 기업 CSR 활동이 구직자의 구직 의도에 미치는 영향에 관한 연구. 한국광고홍보학보, 10(4), 139－162.

남기섭(2017). 일과 생활의 균형(WLB)과 생활만족 간의 관계에서 직무스트레스의 매개효과. 기업경영리뷰, 8(2), 105－124.

문용경(2013). 네오프래그머티즘에 기반한 과정적 실재로서의 전문성 축적과 형성에 관한 개념적 모형 개발. 박사학위논문, 한양대학교 대학원.

박성연, 김상희, 김지신, 박응임, 전춘애, 임희수(2008). 자녀와의 진정한 만남을 위한 부모교육(개정판). 파주: 교육과학사.

박성환, 최성우(2010). Blened－Learning 기반의 부모교육 프로그램(Parenting Cross－ fertilizing Program) 개발을 위한 요구분석. 평생교육·HRD연구, 6(2), 21－39.

박순, 장영철(2015). 일과 삶의 균형(WLB) 지원제도가 종업원 인게이지먼트에 미치는 영향: 조직지원인식 조절효과를 중심으로. 경영과 정보연구, 34(5), 49－69.

박순영(1993). 해석학. 철학과현실, 17, 123－142.

박승립(2017). 형평성 민감도가 조직시민행동 및 지식공유에 미치는 영향: 협력, 경쟁 맥락의 조절효과를 중심으로. 박사학위논문, 성균관대학교 대학원.

박시현, 연문희(2009). 의사소통 집단상담 프로그램이 의사소통, 대인관계, 스트레스와 직무만족에 미치는 효과연구: 기업장면을 중심으로. 상담학연구, 10(2), 887－910.

박정열, 손영미(2014). 여성근로자의 일과 삶의 균형 유형화: 전일제 여성 임금근로자를 중심으로. 한국가족자원경영학회지, 18(2), 75－102.

박종길, 하형소, 김초경, 손재형, 노경민, 정언숙, … 김종한(2011). 선진기업복지제도 업무메뉴얼. 고용노동부·근로복지공단.

배상식(2006). 하이데거 사유에서 '시간성(Zeitlichkeit)'의 의미. 동서철학연구, 40, 235-258.

배수경(2008). 만델브로트가 들려주는 프랙탈 이야기. 서울: 자음과모음.

배지희, 조미영, 봉진영, 김은혜(2011). 유아교육기관에서의 부모교육 및 참여에 대한 부모들의 경험과 기대. 유아교육연구, 31(3), 279-304.

서영희, 권미량, 김은주(2006). 유아교육기관의 부모참여 인식과 요구에 대한 질적 연구. 유아교육연구, 26(6), 33-57.

손승남(2001). 교육해석학. 서울: 교육과학사.

손영미, 박정열(2015). 일과 삶의 균형에 영향을 미치는 가정, 조직, 지역사회 변인의 영향력에 대한 국가비교연구: 한국, 일본, 영국 기혼여성근로자를 중심으로. 한국가족자원경영학회지, 19(2), 51-74.

신은경, 현영섭(2017). 요구분석 연구 동향: 2006~2016년 국내 학술지 게재 논문을 중심으로. HRD연구, 19(1), 65-97.

신진욱(2008). 구조해석학과 의미구조의 재구성. 한국사회학, 42(2), 191-230.

신진욱(2009). 해석학의 존재론적 전환과 '정당한 이해'의 이상: 사회과학의 해석적 방법론에 대한 함의. 한국사회학, 43(1), 23-55.

안보섭, 권근혜(2005). 기업의 사회 책임 활동 태도가 기업 이미지와 구매의도에 미치는 영향 연구: 공중의 목적 인식의 조절적 역할을 중심으로. 홍보학연구, 9(1), 5-38.

양동훈(2017). 가족친화제도와 조직성과의 관계: 1인당 매출액과 자발적 이직률을 중심으로. 인사조직연구, 25(1), 81-107.

오인탁(1990). 현대교육철학. 서울: 서광사.

오헌석, 최윤미, 배진현, 위현진, 배형준, 권귀헌, … 이상훈(2009). ASTD를 통해 본 인적자원개발의 최근 동향. 직업능력개발연구, 12(1), 49-73.

우종민, 박주언, 최수찬, 탁진국, 유경진, 하정민(2009). 근로자지원프로그램(EAP)의 합리적 도입운영모델 연구. 한국EAP협회.

우종민, 최수찬(2008). 근로자지원프로그램(EAP)의 이론과 실제. 김해: 인제대학교 출판부.

유영만(2002). 비구조적 문제상황 이해를 위한 체제-해석적 수업체제설계 모델(SI-ISD Model) 개발. 교육공학연구, 18(2), 125-171.

유영만(2006). 교육공학의 학문적 지평확대와 깊이의 심화(2탄): 학문적 통섭을 위한 인식론적 결단과 방법론적 결행. 서울: 원미사.

유영만(2007). 한국 HRD의 과거, 현재, 미래: 존재론적 HRD와 관계론적 HRD의 도전과 응전의 역사. Andragogy Today, 10(2), 147-188.

유영만, 김정이, 박재연, 손소영, 송미영, 이규영, … 최수진(2009). 제4세대 HRD. 서울: 학지사.

윤선경, 정보영, 차미리, 송영수(2017). HRD 분야 이론활용 연구동향 분석: 국내 HRD 주요 학술지 논문(2007~2016년)을 중심으로. HRD연구, 19(3), 1-37.

이병훈, 김종성(2009). 가족친화경영의 조직성과에 관한 연구. 산업관계연구, 19(2), 153-175.

이상은(2019). OECD Education 2030에 나타난 역량교육의 주요 특징 및 시사점: 2015 개정 교육과정과의 비교를 중심으로. 비교교육연구, 29(4), 123-153.

이상은, 김은영, 김소아, 유예림, 최수진, 소경희, 신연재(2018). OECD 교육 2030 참여 연구: 역량의 교육정책적 적용 과제 탐색 (RR2018-08). 한국교육개발원.

이소정, 홍아정(2017). 상사 지원과 동료 지원이 일몰입을 매개로 지식공유에 미치는 영향. 지식경영연구, 18(2), 1-22.

이원영, 이태영, 강정원(2008). 영유아교사를 위한 부모교육. 서울: 북카페.

이은철, 최문선(2015). 국내의 실천공동체(Communities of Practice)연구 동향 분석 및 성공 요인 분석. 한국콘텐츠학회논문지, 15(3), 438-447.

이인숙(2000). 교육공학과 체제학: 지금까지를 돌아보고 앞으로를 내다보며. 교육공학연구, 16(3), 95-121.

이정미, 강희경, 최수형(2018). 일과 생활의 균형(WLB) 지각이 잡 크래프팅(job crafting)에 미치는 영향: 적응적 행동의 매개효과. 인적자원관리

연구, 25(5), 81-101.

이정주, 이종연(2014). 부모교육 프로그램의 연구동향. 상담학연구, 15(2), 943-967.

이종규(2006). 질적 연구방법론. 서울: 교육과학사.

이한나, 한정원(2018). 맞벌이 부모가 인지하는 일-가정 양립의 이점과 갈등이 부모의 행복감에 미치는 영향. 한국산학기술학회논문지, 19(7), 231-238.

이호준(2007). 부모교육 프로그램 평가의 성찰과 전망: 참가자 관점을 중심으로. 아시아교육연구, 8(1), 247-268.

이혜정(2012). 다수준 분석을 통한 일과 삶의 균형에 관한 연구: 세대별 일의 가치와 제도 및 지원분위기의 효과. 박사학위논문, 한양대학교 대학원.

임대환, 김동주(2014). 변혁적 리더십이 지식공유에 미치는 영향: 구성원 간 신뢰와 집단응집성의 매개효과. 경영교육연구, 29(1), 23-51.

임병덕(2003). 키에르케고르의 간접전달(2판). 서울: 성경재.

임성견, 우종민(2011). 일부 지역 기업의 인사 및 보건관리자가 인식하는 근로자지원프로그램(EAPs)의 요구도 조사. 스트레스硏究, 19(2), 123-128.

임해진, 조유진(2018). 영아 자녀를 둔 맞벌이 어머니들의 부모됨의 경험. 인지발달중재학회, 9(2), 23-42.

장설경, 이수형, 전상택(2017). 중국 전자상거래 기업의 사회적 책임활동이 기업이미지 및 고객충성도에 미치는 영향에 관한 연구: 브랜드이미지 조절 효과중심으로. 경영교육연구, 32(4), 119-144.

전정호(2012). 조직후원인식과 경영진에 대한 신뢰가 지식공유에 미치는 영향: 조직몰입의 매개효과를 중심으로. 경영교육연구, 27(5), 155-182.

전종근, 김선미, 이승미, 구혜령(2016). 가족친화인증이 기업의 재무성과와 근로자의 일-가정 균형 및 이직의도에 미치는 영향: 표면상 무관 회귀분석과 다수준분석을 이용하여. 한국인사행정학회보, 15(2), 123-147.

정계숙, 문혁준, 김명애, 김혜금, 심희옥, 안효진, … 한세영(2012). 부모교육. 서울: 창지사.

정승환, 호예담, 송영수(2014). 핵심어 네트워크 분석(network analysis)을 통한 국내 HRD 연구동향 탐색. HRD연구, 16(3), 1－33.

정옥분, 정순화(2016). 부모교육(2판). 서울: 학지사.

정채옥(2009). 저출산·고령화시대를 대비한 부모교육의 방향. 열린부모교육연구, 1(1), 9－26.

정현옥, 강운경, 성상호, 김초경, 고민진, 윤길자, … 김종한(2010). 선진기업복지제도 업무메뉴얼. 노동부·근로복지공단.

조대연(2021). 평생교육론: 성인학습을 위한 예술과 과학. 서울: 박영스토리.

조옥래, 이도화, 김정만, 김미숙(2007). 신뢰와 경쟁이 조직구성원의 지식제공 행위에 미치는 영향. 한국경영학회 통합학술발표논문집, 2007(단일호), 1－21.

조태준(2013). 기존 HRD 패러다임 고찰을 통한 새로운 HRD 패러다임의 탐색: 인간중심 패러다임. HRD연구, 15(2), 23－52.

진권장(1999). 교육경험의 의미에 관한 해석학적 이해. 교육인류학연구, 2(1), 123－169.

진성희(2019). 산업체 요구분석을 통한 신산업 융합기술교육의 방향. 한국융합학회논문지, 10(8), 105－113.

진종훈, 양해술(2008). 기업의 문화마케팅이 기업이미지제고를 통해 구매의도에 미치는 영향. 한국콘텐츠학회논문지, 8(4), 147－154.

차용선(2016). 수도권 대학의 융·복합 교육 과정에 관한 연구: 디자인 전공 분야를 중심으로. 한국과학예술포럼, 23, 389－398.

채준안, 이준우(2012). 한국 EAP의 이해와 실천. 고양: 서현사.

최동석(2001). 경영관리의 위기: 올바른 경영관리 철학을 찾아서. 서울: 비봉.

최명선(2005). 해석학과 교육: 교육과정사회학 탐구. 서울: 교육과학사.

최상덕(2016). 대학의 핵심역량 교육 및 혁신적 학습생태계 형성 방안 (이슈페이퍼 IP 2016－07). 한국교육개발원.

최성우(2016). 부모학: 성인학습적 관점에서의 탐구. 평생교육·HRD연구, 12(1), 143－166.

최수찬(2004). 기업 근로자의 사회심리적 당면문제에 관한 연구: 한국적 근로자 지원 프로그램(EAPs)의 도입을 위한 논의. 한국사회복지행정학, 6(1), 71－103.

최수찬(2005). 국내 기업복지의 활성화 방안: 근로노동자의 욕구에 근거한 기업복지 프로그램개발. 서울: 집문당.

최수찬, 우종민, 왕은자, 장승혁(2017). 근로자지원프로그램 EAP. 파주: 군자출판사.

최윤진(2011). 교육의 형식성과 형식화 과정에 관한 고찰. 교육철학연구, 33(2), 181－296.

최형윤(2007). 유아교육기관의 부모 교육·부모 참여에 대한 맞벌이 부모의 인식 및 요구. 석사학위논문, 이화여자대학교 대학원.

최혜미(2019). 핵심역량 함양을 위한 대학융합전공기준 개발 연구. 박사학위논문, 고려대학교 대학원.

한국문화인류학회(2006). 낯선 곳에서 나를 만나다. 서울: 일조각.

한성심(2005). Winnicott의 대상관계이론에 기초한 부모교육 프로그램 개발을 위한 이론적 탐색. 아동복지연구, 3(3), 145－169.

허원무, 우정, 정의파(2007). 기업 이미지가 소비자 동일시, 브랜드 친숙도, 신제품 평가에 미치는 영향. 광고연구, 76, 143－171.

홍경자(2015). 철학상담 관점에서 바라본 행복의 의미와 긍정성의 과잉문제. 철학논집, 42, 87－110.

홍병선(2016). 현행 융합교육에 대한 진단과 융합역량 제고 방안. 교양교육연구, 10(4), 13－35.

Alpert, F. H. & Kamins, M. A. (1994). Pioneer brand advantage and consumer behavior: A conceptual framework and propositional inventory. *Journal of the Academy of Marketing Science*, *22*(Summer), 244－253.

Amin, A. & Roberts, J. (2008). Knowing in action: Beyond communities of practice. *Research Policy*, *37*(2), 353－369.

Aube, C., Rousseau, V., & Morrin, E. (2007). Perceived organizational support and organizational commitment: The moderating effect of locus of control and work autonomy. *Journal of Managerial Psychology, 22*(5), 479–495.

Banathy, B. H. (1991). *Systems design of education: A journey to create the future.* Englewood cliffs, NJ: Educational Technology Publications.

Beckman, T. J. (1997). *A methodology for knowledge management.* International Association of Science and Technology for Development (IASTED). AI and soft Computing Conference, Banff.

Bernstein, R. J. (1983). *Beyond objectivism and relativism: Science, hermeneutics, and praxis.* 황설중, 이병철, 정창호 역 (2017) 객관주의와 상대주의를 넘어서: 과학과 해석학 그리고 실천. 서울: 철학과현실사.

von Bertalanffy, L. (1968). *General systems theory.* 현승일 역 (1990) 일반체계이론. 서울: 민음사.

Biesta, G. (2016). *Good education in an age of measurement: Ethics, politics, democracy*. New York: Routledge.

Blau, P. (1964). *Exchange and power in social life.* New York: J. Wiley.

Bock, G. W., Zmud, R. W., Kim, Y. G., & Lee, J. N. (2005). Behavioral intention formation in knowledge sharing: Examining the roles of extrinsic motivators, social–psychological forces, and organizational climate. *Management Information Science Quarterly, 29*(1), 87–112.

Boulding, K. E. (1956). General systems theory: The skeleton of science. *Management Science, 2*(3), 197–208.

Bowen, H. R. (1953). *Social responsibility of the businessman.* New York: Harper & Row.

Carroll, A. B. (1991). The pyramid of corporate social responsibility: Toward the moral management of organizational stakeholders. *Business Horizons, 34*(1), 39–48.

Compton, R. L. & McManus, J. G. (2015). Employee assistance programs in Australia: Evaluating success. *Journal of Workplace Behavioral Health, 30*, 32–45.

Corey, M. S., Corey, G., & Corey, C. (2014). *Groups: Process and practice.* 김진숙, 유동수, 전종국, 한기백, 이동훈, 권경인 역 (2016) 집단상담: 과정과 실제(9판). 서울: 센게이지러닝코리아.

Danner, H. (2004). *Methoden geisteswissenschaftlicher Pädagogik: Einführung in Hermeneutik, Phänomenologie und Dialektik.* 조상식 역 (2004) 독일 교육학의 이해: 정신과학적 교육학의 방법론. 서울: 문음사.

Davis, B. (2004). *Inventions of teaching: A genealogy.* 심임섭 역 (2014) 구성주의를 넘어선 복잡성 교육과 생태주의 교육의 계보학. 서울: 씨아이알.

Eisenberger, R., Huntington, R., Hutchinson, S., & Sowa, D. (1986). Perceived organizational support. *Journal of Applied Psychology, 71*, 500–507.

Employee Assistance Professionals Association (2011. 10). Definitions of an employee assistance program(EAP) and EAP core technology. Retrieved from http://www.eapassn.org/About/About–Employee–Assistance/EAP–Definitions–and–Core–Technology

Feldman, F. L. & Scherz, F. H. (1967). *Family social welfare: Belping troubled families.* New York: Atherton Press.

Frankl, V. E. (1988). *The will to meaning: Foundations and applications of logotherapy.* 이시형 역 (2005) 삶의 의미를 찾아서. 파주: 청아출판사.

Gadamer, H. G. (1976). *Vernunft im Zeitalter der Wissenschaft: Aufsätze.* 박남희 역 (2017) 과학 시대의 이성(개정판). 서울: 책세상.

Gadamer, H. G. (1990). *Wahrheit und Methode: Grundzüge einer philosophischen Hermeneutik.* 임홍배 역 (2012) 진리와 방법2: 철학적 해석학의 기본 특징들. 파주: 문학동네.

Gadamer, H. G. (2000). *Erziehung ist sich Erziehen.* 손승남 역 (2004) 교육

은 자기교육이다. 서울: 동문선.

Gilley, J. W., Eggland, S. A., & Gilley, A. M. (2002). *Principles of human resource development* (2nd ed). 장원섭 역 (2003) 인적자원개발론. 서울: 학지사.

Grant, R. M. (1996). Toward a knowledge−based theory of the firm. *Strategic Management Journal, 17*, 109−122.

Grondin, J. (2008). *Einführung in die philosophische Hermeneutik* (2nd ed). 최성환 역 (2009) 철학적 해석학 입문: 내적 언어를 향한 끝없는 대화. 파주: 한울.

Gürhan−Canli, Z. & Batra, R. (2004). When corporate image affects product evaluations: The moderating role of perceived risk. *Journal of Marketing Research, 43*(May), 197−205.

Guzzo, R. A., Noonan, K. A., & Elron, E. (1994). Expatriate managers and the psychological contract. *Journal of Applied Psychology, 79*, 617−625.

Heidegger, M. (1978). *Identitat und differenz*. 신상희 역 (2000) 동일성과 차이. 서울: 민음사.

Heidegger, M. (1979). *Sein und zeit* (7th ed). 이기상 역 (1998) 존재와 시간 (17판). 서울: 까치글방.

Howe, D. (2013). *Empathy: What it is and why it matters*. 이진경 역 (2017) 이기주의의 배신. 경기: 넥서스.

Hunter, D., Thorpe, S., Brown, H., & Bailey, A. (2012). *The art of facilitation: The essentials for leading great meetings and creating synergy*. 정혜선 역 (2007) (그룹시너지 창출) 퍼실리테이션. 서울: 시그마플러스.

Jackson, S. E., May, K. E., & Whitney, K. (1995). Understanding the dynamics of diversity in decision making teams. In R. A. Guzzo & E. Salas (Eds.), *Team effectiveness and decision making in organizations* (pp. 204−261). San Francisco: Jossey−Bass.

Johlke, M. C., Stamper, C. L., & Shoemaker, M. E. (2002). Antecedents to boundary−spanner perceived organizational support. *Journal of Managerial Psychology, 17*(2), 116−128.

Jonassen, D. H. (1997). Instructional design models for well−structured and ill−structured problem solving learning outcomes. *Educational Technology Research and Development, 45*(1), 65−83.

Kahn, W. A. (1990). Psychological conditions of personal engagement and disengagement at work. *Academy of Management Journal, 33*(4), 692−724.

Kessler, R. C., Price, R. H., & Wortman, C. B. (1985). Social factors in psychopathology: Stress, social support and coping processes. *Annual Review of Psychology, 36*, 531−572.

Kuhn, T. S. (1970). *The structure of scientific revolutions* (2nd ed). 김명자 역 (1999) 과학혁명의 구조. 서울: 까치.

Kuhn, T. S. (2012). *The structure of scientific revolutions* (4th ed). 김명자, 홍성욱 역 (2013) 과학혁명의 구조. 서울: 까치.

Kunkel, J. H. & Berry, L. L. (1968). A behavioral conception of retail image. *Journal of Marketing, 32*(4), 21−27.

Kurzman, P. A. (1993). Employee assistance programs: Toward a comprehensive service modal. In P. A. Kurzman & S. H. Akabas (Eds.), *Work and well−bing* (pp.26−45). Washington, DC: Nationalof Social Workers.

Laker, D. R. (1990). Dual dimensionality of training transfer. *Human Resource Development Quarterly, 1*(3), 209−223.

Lave, J. & Wenger, E. C. (1991). *Situated learning: Legitimate peripheral participation*. New York: Cambridge University Press.

Leadbeater, C. (2017). *Student agency*. In OECD(2017). Education 2030−Conceptual learning framework: Background papers (pp. 67−90). Retrieved from http://www.oecd.org/education/2030−project/contact/Conceptual_learning_framework_Conceptual_papers.pdf

Lee, D. & Ahn, J. (2007). Reward system for intra−organizational knowledge sharing. *European Journal of Operational Research, 180*(2), 938−956.

Levering, R. (2000). *A great place to work: What makes some employers so good (and most so bad).* San Francisco: Great Place to Work Institute.

Levering, R. & Moskowitz, M. (1998). The 100 best companies to work for in America. *Fortune, 137*(1), 84−95.

Lewicki, R. J. & Tomlinson, E. C. (2003, 12). Trust and trust building. In G. Burgess & H. Burgess (Eds.), *Beyond intractability.* Conflict research consortium, University of Colorado, Boulder. Retrieved from http://www.beyondintractability.org/essay/trust_building

Lewis, J. D. & Weigert, A. (1985). Trust as a social reality. *Social Forces, 63*(4), 967−985.

Livingstone, D. W. (2001). *Adults' informal learning: Definitions, findings, gaps and future research.* Toronto: OISE/UT.

Luhmann, N. (1979). *Trust and power.* Chichester, UK: John Wiley & Sons.

Maturana, H. R. & Varela, F. J. (1984). *Der baum der Erkenntnis.* 최호영 역 (2020) 앎의 나무: 인간 인지능력의 생물학적 뿌리. 서울: 갈무리.

McAllister, D. J. (1995). Affect−and cognition−based trust as foundations for interpersonal cooperation in organizations. *Academy of Management Journal, 38*(1), 24−59.

Nonaka, I. & Takeuchi, H. (1995). *The knowledge−creating company.* New York: Oxford University Press.

OECD (2018). *The future of education and skills: Education 2030.* Position Paper.

Palmer, R. E. (1969). *Hermeneutics: Interpretation theory in Schleiermacher, Dilthey, Heidegger, and Gadamer.* 이한우 역 (2011) 해석학이란 무엇인가(2판). 서울: 문예출판사.

Paris, E. (2013). Interrupting trauma and advancing development: Considering parent education in contemporary psychoanalytic treatment. *Clinical Social Work Journal, 41*(1), 84–92.

Quick, J., Henley, A. B., & Quick, J. C. (2004). The balancing act: At work and at home. *Organizational Dynamics, 33*(4), 426–438.

Rancière, J. (1987). *Le maître ignorant: Cinq leçons sur l'émancipation intellectuelle*. 양창렬 역 (2016) 무지한 스승: 지적 해방에 대한 다섯 가지 교훈(2판). 파주: 궁리.

Rhoades, L. & Eisenberger, R. (2002). Perceived organizational support: A review of the Literature. *Journal of Applied Psychology, 87*(4), 698–714.

Rich, B., Lepine, J. A., & Crawford, E. R. (2010). Job engagement: Antecedents and effects on job performance. *Academy of Management Journal, 53*(3), 617–635

Richey, R,, Klein, J. D., & Tracey, M. W. (2011). *The instructional design knowledge base: Theory, research and practice*. 정재삼, 임규연, 김영수, 이현우 역 (2012) 교수설계 지식기반. 서울: 학지사.

Roos, G. & Roos, J. (1997). Measuring your company's intellectual performance. *Long Range Planning, 30*(3), 413–426.

Royer, J. M. (1979). Theories of the transfer of learning. *Educational Psychologist, 14*, 53–69.

Salanova, M. & Schaufeli, W. B. (2008). A cross–national study of work engagement as a mediator between job resources and proactive behavior. *The International Journal of Human Resource Management, 19*(1), 116–131.

Schön, D. A. (1983). *The reflective practitioner: How professionals think in action*. New York: Basic Books.

Seligman, M. E. P. (2004). *Authentic happiness: Using the new positive psychology to realize your potential for lasting fulfillment*. 김인자

역 (2009) 긍정심리학. 서울: 도서출판 물푸레.

Song, J. H., Kim, H. M., & Kolb, J. A. (2009). The effect of learning organization culture on the relationship between interpersonal trust and organizational commitment. *Human resource development quarterly*, *20*(2), 147–167.

Song, J. H., Lim, D. H., Kang, I. G., & Kim, W. (2014). Team performance in learning organizations: Mediating effect of employee engagement. *The Learning Organization*, *21*(5), 290–309.

Steiner, G. A. (1979). *Strategic planning: What every manager must know*. New York: The Free Press.

Swanson, R. A. & Holton, E. (2009). *Foundations of human resource development* (2nd ed). 오헌석, 이현응 역 (2010) 인적자원 개발론. 서울: 학지사.

Taylor, P. C., Taylor, E. L., & Luitel, B. C. (2012). Multi–paradigmatic transformative research as/for teacher education: An integral perspective. In B. J. Fraser, K. G. Tobin, & C. J. McRobbie (Eds.), *Second international handbook of science education* (pp. 373–387). Dordrecht: Springer.

UNESCO (2005). *Toward knowledge societies*. Paris: UNESCO.

Van Den Bergh, N. (1995). Employee assistance program: Toward a comprehensive service model. In P. A. Kuzman & S. H. Akavas (Eds.), *Work and Well–being* (pp. 26–45). Washington, DC: National Association of Social Workers.

Voss, J. F. (1987). Learning and transfer in subject–matter learning: A problem solving model. *International Journal of Educational Research*, *11*(6), 607–622.

Wadsworth, L. & Owens, B. (2007). The effect of social support on work–family enhancement and work–family conflict in the public sector. *Public Administration Review*, *67*(1), 75–87.

Waldman, D. A., de Luque, M. S., Washburn, N., House, R. J., Adetoun, B., Barrasa, A., ... Debbarma, S. (2006). Cultural and leadership predictors of corporate social responsibility values of top management: A GLOBE study of 15 countries. *Journal of International Business Studies, 37*(6), 823−837.

Warnke, G. (1987). *Gadamer: Bermeneutics, tradition and reason*. 이한우 역 (1999) 가다머: 해석학, 전통 그리고 이성. 서울: 민음사.

Wayne, S. J., Shore, L. M., & Liden, R. C. (1997). Perceived organizational support and leader−member exchange: A social exchange perspective. *Academy of Management Journal, 40*(1), 82−111.

Webster, L. & Mertova, P. (2007) *Using narrative inquiry as a research method: An introduction to using critical event narrative analysis in research on learning and teaching*. 박순용 역 (2017) (연구방법으로서의) 내러티브 탐구. 서울: 학지사.

Wenger, E. C. (1998). *Communities of practice: Learning, meaning, and identity*. 손민호, 배을규 역 (2007) 실천공동체: 지식창출의 사회생태학. 서울: 학지사.

Wenger, E. C., McDermott, R., & Snyder, W. (2002). *Cultivating communities of practice: A guide to managing knowledge*. Boston, MA: Harvard Business School.

Wenger, E. C. & Synder, W. (2000). Communities of practice: The organizational frontier. *Harvard Business Review, 78*(1), 139−145.

Winters, L. C. (1986). The effect of brand advertising on company image: Iimplications for corporate advertising. *Journal of Advertising Research, 26*(2), 54−59.

Wood, R. E. & Bandura, A. (1989). Social cognitive theory of organizational management. *Academy of management Review, 14*(3), 361−3 84.

Woods, P. (1993). *Critical events in teaching and learning*. Basingstoke, UK: Falmer Press.

Yalom, I. D. & Leszcz, M. (2005). *The theory and practice of group psychotherapy* (5th ed). 최해림, 장성숙 역 (2008) (최신) 집단정신치료의 이론과 실제(5판). 서울: 하나의학사.

찾아보기

[ㅇ]

근로자와 조직이 함께 성장하는

관계기반 근로자지원교육프로그램(R-EAP)

초판발행 2022년 10월 21일

지은이 김현경
펴낸이 노 현

편 집 김민조
기획/마케팅 조정빈
표지디자인 BEN STORY
제 작 고철민·조영환

펴낸곳 ㈜ 피와이메이트
서울특별시 금천구 가산디지털2로 53, 210호(가산동, 한라시그마밸리)
등록 2014. 2. 12. 제2018-000080호
전 화 02)733-6771
f a x 02)736-4818
e-mail pys@pybook.co.kr
homepage www.pybook.co.kr
ISBN 979-11-6519-345-4 93370

정 가 19,000원

박영스토리는 박영사와 함께하는 브랜드입니다.